Le *Dictionnaire philosophique*
de Voltaire

T0385643

CHRISTIANE MERVAUD

Le *Dictionnaire philosophique* de Voltaire

Nouvelle édition augmentée

Voltaire foundation, oxford
Presses de l'université Paris-Sorbonne
2008

La Voltaire Foundation est un département de l'université d'Oxford

Les PUPS sont un service général de l'université Paris-Sorbonne

© 2008 Voltaire Foundation Ltd
ISBN 978-0-7294-0962-9

© Presses de l'université Paris-Sorbonne, 2008
ISBN 978-2-84050-631-7

Directrice éditoriale
Sophie LINON-CHIPON

Responsable éditorial
Sébastien PORTE

Maquette et réalisation : Lettres d'Or
lettresdor.fr / mail@lettresdor.fr

PUPS
Maison de la recherche
Université Paris-Sorbonne
28, rue Serpente – 75006 Paris
France

pups@paris-sorbonne.fr
http://pups.paris-sorbonne.fr
Tel. (33) 01 53 10 57 60
Fax. (33) 01 53 10 57 66

Voltaire Foundation Ltd
University of Oxford
99 Banbury Road
Oxford OX2 6JX
Angleterre

email@voltaire.ox.ac.uk
www.voltaire.ox.ac.uk

Cet ouvrage reprend les sept premiers chapitres de l'introduction
de l'édition critique du *Dictionnaire philosophique* dans les *Œuvres complètes de Voltaire*
(978-0-7294-0375-7, Oxford 1994), t. 35-36.

Liste des sigles et abréviations

BV   *Bibliothèque de Voltaire : catalogue des livres*, 1961

CN   *Corpus des notes marginales de Voltaire*, 1979-

D   Voltaire, *Correspondence and related documents*, éd. Th. Besterman, dans les *Œuvres complètes de Voltaire*, t. 85-135, 1968-1977

M   *Œuvres complètes de Voltaire*, éd. L. Moland, 1877-1885

OH   Voltaire, *Œuvres historiques*, éd. R. Pomeau, 1957

Studies   *Studies on Voltaire and the eighteenth century*

V   *Œuvres complètes de Voltaire*, Genève, Banbury, Oxford, 1968-

64   *Dictionnaire philosophique*, [Grasset, Genève], 1764 (voir.p.31)

65   *Dictionnaire philosophique*, [Rey, Amsterdam], 1765 (voir p.36)

65v   *Dictionnaire philosophique*, « Varberd » [Grasset, Genève], 1765 (voir p.38)

67, 67s   *Dictionnaire philosophique* et supplément, [Rey, Amsterdam], 1767 (voir p.40)

69   *La Raison par l'alphabet*, [Cramer, Genève], 1769 (voir p.41)

I

Voltaire et l'âge d'or des dictionnaires

Le dix-huitième siècle est le siècle des dictionnaires. Les historiens de l'édition soulignent la croissance quantitative de ces publications, leur amplification en volume, le nombre des rééditions, l'ajout de suppléments, la variété des champs du savoir concernés. [1] Sciences, théologie, histoire, géographie, beaux-arts, langue, tout prend une forme alphabétique, y compris des anecdotes. On trouve même un *Dictionnaire d'amour* et un *Dictionnaire des aliments*. [2] Relevés et statistiques [3] corroborent le sentiment des contemporains. Dès 1722, dans l'«Epître dédicatoire» de son *Dictionnaire de la Bible*, dom Calmet justifie ainsi son entreprise : «Nous vivons», écrit-il, «dans un siècle que l'on peut appeler le siècle des dictionnaires. Jamais on ne vit tant de ces sortes d'ouvrages, qu'il en a paru depuis cent ans». [4] Il va donc offrir un «précis» des connaissances qui avaient été exposées dans son *Commentaire littéral sur tous les livres de l'Ancien et du Nouveau Testament* et dans ses *Dissertations*. Dès 1758, on ressentit le besoin de dresser un relevé de cette production alphabétique. Durey de Noinville fait paraître une *Table alphabétique des dictionnaires en toutes sortes de langues et sur toutes sortes de sciences et d'arts*. L'*Année littéraire* en rend compte longuement, résumant à grands traits l'argumentation d'une «Question sur les dictionnaires» qui précède le catalogue proprement dit. Cet essai «très estimable» devrait être amélioré ; il faudrait présenter une vie abrégée des auteurs, compléter la liste des ouvrages qui n'est pas exhaustive. [5] La *Correspondance littéraire* commente ainsi cette publication :

> La fureur des dictionnaires est devenue si grande parmi nous qu'on vient d'imprimer un *Dictionnaire des dictionnaires*. Il contient une liste de tous les dictionnaires publiés en toutes sortes de langues. Je doute qu'on y trouve la liste des dictionnaires d'Allemagne, qui est cependant le pays où il s'en est fait plus que dans aucun autre. [6]

i. «Je crois qu'il faudra dorénavant tout mettre en dictionnaires»

Voltaire n'est pas resté insensible à cet engouement. [7] Le 9 janvier 1763, il accuse réception du *Dictionnaire universel des fossiles* d'Elie Bertrand (D10894):

> Je crois, qu'il faudra d'oresnavant tout mettre en dictionaires. La vie est trop courte pour lire de suitte tant de gros livres; malheur aux longues dissertations! Un dictionaire vous met sous la main dans le moment, la chose dont vous avez besoin. Ils sont utiles surtout aux persones déjà instruites, qui cherchent à se rappeller ce qu'ils ont sçu.

Pas la moindre allusion à son *Dictionnaire philosophique portatif* qui va paraître l'année suivante. L'intérêt de Voltaire pour la forme lexicographique, sans doute aiguisé par cette mode, n'est pas un simple produit de l'air du temps. Voltaire précède son siècle autant qu'il le suit. Il a ainsi conféré de la dignité aux dictionnaires par la place qu'il leur a accordée dans son «Catalogue de la plupart des écrivains français» du *Siècle de Louis XIV*.

Il n'en cite pas moins d'une quinzaine. Il accuse Barral dans son *Dictionnaire historique, littéraire et critique* de faire preuve de partialité à l'égard des jansénistes. [8] Il attaque l'abbé Ladvocat pour avoir imprimé dans son *Dictionnaire historique portatif* une lettre forgée par Ramsay et attribuée à Pope. [9] Il exprime ses réserves quant au Richelet, «dictionnaire presque tout satirique», donc plus dangereux qu'utile. [10] Il signale comme dignes d'attention les suppléments apportés par Basnage au Furetière. [11] Il n'a garde d'omettre ni les «compilations» de Calmet, ni les dictionnaires de langue latine et des antiquités de Pierre Danet, «l'un de ces hommes qui ont été plus utiles qu'ils n'ont eu de réputation», ni la *Bibliothèque des auteurs ecclésiastiques* de Dupin, ni la *Bibliothèque orientale* d'Herbelot, ni la *Bibliothèque universelle* de Leclerc, ni le *Dictionnaire des mathématiques* d'Ozanam. [12] Il rend hommage à l'immensité des connaissances de Du Cange et, dans une addition de 1756, aux contributions de Dumarsais à l'*Encyclopédie*. [13] Il signale l'utilité du Moreri et de la *Bibliothèque historique de la France* de J. Le Long. [14] Il consacre une notice, qu'il ne cessera

d'enrichir, au fil des rééditions, au *Dictionnaire historique et critique*
de Bayle :

> S'il avait prévu combien son *Dictionnaire* serait recherché, il l'aurait
> rendu encore plus utile, en en retranchant les noms obscurs, et en
> y ajoutant plus de noms illustres. C'est par son excellente manière
> de raisonner qu'il est surtout recommandable, non par sa manière
> d'écrire. [15]

Si en 1733, non sans provocation, Voltaire avait proposé de
réduire le *Dictionnaire* de Bayle à un seul tome, il reconnaît mieux
l'importance de l'ouvrage de ce «dialecticien admirable» aux
alentours de 1750. Il transformera ensuite Bayle en «docteur de
l'incrédulité». [16]

Persuadé que «la multiplicité des faits et des écrits devient
si grande qu'il faudra bientôt tout réduire aux extraits et aux
dictionnaires», [17] Voltaire a reconnu d'emblée l'importance de ce
mode d'exposition du savoir dont il fait grand usage.

Voltaire s'est procuré bon nombre de ces instruments de travail
comme en témoigne le catalogue de sa bibliothèque. On dénombre
plus d'une trentaine de dictionnaires. [18] Il dispose des grands
ouvrages du temps, ceux qui eurent une diffusion importante
ou ceux qui embrassent un large champ de connaissances : le
Dictionnaire universel français et latin, dit *Dictionnaire de Trévoux*, dans
l'édition de 1743 (BV1029) ; le *Dictionnaire de l'Académie française*
dans l'édition de 1762 (BV1028) ; *Le Grand dictionnaire historique*
de L. Moreri (Amsterdam 1740 ; BV2523) ; *Le Grand dictionnaire
géographique et critique* de Bruzen de La Martinière (La Haye 1726-
1739 ; BV564) ; le *Dictionnaire historique et critique* de Bayle (Rotterdam 1697 ; BV292) ; le *Dictionnaire historique, critique, chronologique,
géographique et littéral de la Bible* de Calmet (Paris 1730 ; BV615) ;
l'*Encyclopédie* (BV1216), ainsi que le *Recueil de planches* et le *Supplément à l'Encyclopédie* par J.-B.-R. Robinet (Amsterdam 1776-1777).
En 1754, lorsque défense lui fut stipulée de revenir à Paris, il
envisage de vendre son Moreri, son *Trévoux*, son La Martinière
et son Bayle qui coûtent cher à transporter (D5824), et qu'on
trouve partout. Si Mme Denis accéda à cette demande, il est à
noter que Voltaire s'empressa de racheter ces ouvrages qui lui
étaient indispensables.

Il possède en outre des dictionnaires plus spécialisés : P.-A. Alletz, *Dictionnaire portatif des conciles* (1758; BV53); P. Barral, *Dictionnaire historique, littéraire et critique* (1758-1759; BV269); L. Echard, *Dictionnaire géographique portatif,* traduit de l'anglais (1759; BV1199); P.-Fr. Guyot Desfontaines, *Dictionnaire néologique à l'usage des beaux-esprits du siècle* (1728; BV1006); J. Lacombe, *Dictionnaire portatif des beaux-arts* (1759; BV1812); J. Pontas, *Dictionnaire de cas de conscience* (1734; BV2791). Il complète son Bayle par l'achat de J.-G. Chauffepié, *Nouveau dictionnaire historique et critique* (1750-1756; BV731). Il s'efforce de se tenir au courant en matière scientifique : outre le *Dictionnaire universel des fossiles* d'Elie Bertrand (1763; BV379), il se procure le *Dictionnaire de physique portatif* d'A.-H. Paulian (1760; BV2669), le *Dictionnaire de chimie* de P.-J. Macquer (1766; BV2249). Il achète aussi des encyclopédies concernant la vie quotidienne : le *Dictionnaire portatif de santé* de C.-A. Vandermonde (1759; BV3392), le *Dictionnaire universel d'agriculture et de jardinage* d'Aubert de La Chesnaye Des Bois (1751; BV207), le *Dictionnaire économique* de N. Chomel (1732; BV763). Il s'empressera d'acquérir les réfutations de ses adversaires : le *Dictionnaire anti-philosophique* de Chaudon (1767; BV728), le *Dictionnaire philosopho-théologique portatif* de Paulian (1770; BV2671), le *Dictionnaire philosophique de la religion* de Non-notte (1772; BV2578). Il complète ses dictionnaires de langue par l'achat du *Dictionnaire du vieux langage français* de F. Lacombe (1766; BV1810), du *Dictionnaire de l'élocution française* d'A. Demandre (1769; BV979). Dans les dernières années de sa vie, il enrichit encore sa bibliothèque avec le *Dictionnaire historique et critique* de Bonnegarde (1771; BV464), le *Dictionnaire raisonné universel d'histoire naturelle* de J.-C. Valmont de Bomare (1776; BV3389).

Bien que réduite aux cinq tomes actuellement parus du *Corpus des notes marginales,* l'enquête sur Voltaire usager des dictionnaires ne laisse aucun doute : le nombre de signets, notes marginales, traces de lecture, témoigne de consultations fréquentes et attentives. Encore doit-on ajouter que la correspondance fait état de lectures de l'*Encyclopédie* sans signet.[19] Lorsqu'il indique ses réactions en marge de son exemplaire, ses commentaires sont critiques, par exemple pour les articles «Ame» et «Athée» de l'abbé Yvon ou pour l'article «Enfer» de Mallet, ce qui l'incita peut-être à écrire les articles de son *Dictionnaire philosophique* sur les mêmes sujets. [20] Sa mauvaise humeur à l'égard de Pierre Barral, dont le *Dictionnaire historique, littéraire et critique* contient des vies des hommes illustres, éclate à maintes reprises (CN, i.213-17). Cet ouvrage lui tient lieu d'une biographie universelle.

Voltaire reproche à Bayle d'avoir accordé de l'attention à trop de personnages obscurs, mais il ne les néglige nullement. [21] Cornes et rubans signalent non seulement des articles comme «Arche», «Baptême», «Résurrection», «Veau d'or» du *Dictionnaire de la Bible* de Calmet, mais aussi sa «Traduction littérale des noms hébreux» et sa «Bibliothèque sacrée» (CN, ii.323-24).

Même si la bibliothèque imaginaire de Pococurante dans *Candide*, à la suite de celle des *Lettres persanes*, ne fait mention d'aucun dictionnaire, Voltaire a donc su leur faire une place de choix dans son cabinet de travail et dans son œuvre. [22]

Au fil de sa correspondance et à maintes reprises dans ses œuvres, il distribue éloges et critiques. Aucun dictionnaire n'est à l'abri de réserves de détail, même le meilleur d'entre eux, le Bayle. [23] Il s'instaure son défenseur. Il réprimande fermement d'Alembert coupable d'avoir écrit dans l'article «Dictionnaire» de l'*Encyclopédie* que le *Dictionnaire historique et critique* était un «ouvrage que l'auteur aurait rendu infiniment estimable, en y supprimant ce qui peut blesser la religion et les mœurs» (iv.967):

> Ah que vous m'avez contristé! Il faut que le démon de Jurieu vous ait possédé dans ce moment là. Vous devez faire pénitence toutte votre vie de ces deux lignes. Qu'auriez-vous dit de plus de Spinosa et de la Fontaine? Que ces lignes soient baignées de vos larmes! Ah monstres! ah tirans des esprits! quel despotisme afreux vous exercez! si vous avez contraint mon frère à parler ainsi de notre père. [24]

Voltaire signale des insuffisances dans l'*Encyclopédie*, [25] relève des peccadilles dans *Trévoux* et dans La Martinière, [26] admire Moreri [27] et se déchaîne contre le *Dictionnaire historique, littéraire et critique* de l'abbé Barral, pris comme exemple des «dictionnaires de calomnies»:

> Un nouveau poison fut inventé depuis quelques années dans la basse littérature. Ce fut l'art d'outrager les vivants et les morts par ordre alphabétique. [28]

Usager exigeant des ouvrages alphabétiques, Voltaire se réfère sans cesse à eux pour nourrir sa réflexion et affiner sa documentation. Son immense polygraphie leur doit beaucoup, et sans doute plus qu'on ne le soupçonne.

ii. *Voltaire collaborateur d'entreprises alphabétiques*

L'intérêt de Voltaire pour les inventaires alphabétiques se mesure aussi à sa disponibilité lorsque sa collaboration est sollicitée. Le volume 33 des *Œuvres complètes* a regroupé sa participation à l'*Encyclopédie* à laquelle il a donné 45 articles, et au *Dictionnaire de l'Académie française* pour lequel il a rapetassé 117 articles.

Voltaire s'était empressé de rendre hommage à l'*Encyclopédie* dans la première édition du *Siècle de Louis XIV*.[29] Dès 1752, il veut travailler avec l'abbé Yvon à «l'Encyclopédie de la raison», terme dont on ne sait quel ouvrage il désigne.[30] En 1754, il s'est fait «compagnon dans l'attelier de l'Enciclopédie» (6 juin; D5836) et il envoie des «cailloux pour fourrer dans quelques coins de mur», de simples essais que d'Alembert peut corriger comme il l'entend.[31] Sa participation a été annoncée dans l'«Avertissement des éditeurs» du quatrième volume.[32] Sa correspondance avec d'Alembert met en lumière ses qualités de collaborateur conscient des problèmes que soulève une œuvre collective. Le 9 décembre 1755, il demande des éclaircissements sur les articles «Facile», «Fausseté», «Feu», «Finesse», «Faiblesse», «Force», «Français» dont il est chargé. Il propose sa contribution pour «Goût», «Génie», «Histoire» (D6619). Il fait preuve de célérité, envoie le 28 décembre «Figuré» qu'il a corrigé, «Force», «Faveur», «Franchise», «Fleuri», enfin «Fornication». «Formaliste» lui paraît sans intérêt (D6655). Il laisse carte blanche à d'Alembert pour amender ou retrancher. Il se documente pour «Français» et demande à Briasson de faire une recherche à la Bibliothèque du roi pour en trouver le premier emploi.[33] Après la crise de 1758 et les malentendus liés à la défection de d'Alembert, Voltaire offre de nouveau à Diderot d'écrire des articles.[34] Il en rédigea encore dix et suscita d'autres collaborations. Puis il est sollicité par d'autres tâches alors que l'*Encyclopédie* est condamnée et que son achèvement paraît problématique. V. W. Topazio a raison de dire qu'il ne fut pas exclu pour défaut d'aptitude (V 33, p. 5). Modestie, diligence, régularité dans la remise des articles,[35] souci de la bonne marche de l'entreprise, Voltaire a joué dûment son rôle de collaborateur.

Lorsqu'en 1760 Duclos sollicite sa participation à la nouvelle édition du *Dictionnaire de l'Académie française*, Voltaire qui veut faire élire Diderot, s'empresse de répondre par l'affirmative.[36] Il reçoit pour sa part la lettre T (D9289) et envoie ses contributions au cours de l'hiver 1760-1761. Son intérêt ne faiblit pas bien que cette quatrième édition, parue en 1762, ne soit pas un succès (D10469, D10474). Quelques semaines avant sa mort, il détermine l'Académie à commencer un nouveau dictionnaire selon un plan qu'il rédigea.[37]

En participant à deux entreprises collectives, un dictionnaire de mots et un dictionnaire de choses, Voltaire fit un apprentissage stimulant et put réfléchir à ce qui lui semblait souhaitable en la matière.

iii. *L'exigence voltairienne de brièveté et la mode du portatif*

Par goût autant que par souci d'efficacité, Voltaire est impitoyable pour les longueurs. Il avait fait scandale en 1733 en préconisant de réduire Bayle à un tome. Il prétendait alors que Bayle disait «souvent qu'il n'aurait pas composé plus d'un in-folio s'il n'avait écrit que pour lui, et non pour les libraires».[38] Il envisageait la suppression de «plus de deux cents articles de ministres et de professeurs luthériens ou calvinistes».[39] Pour le *Dictionnaire historique et critique*, le temps des abrégés était venu. On veut saisir l'esprit de Bayle.[40] Voltaire se montrera peu satisfait de ces extraits.[41]

Dans sa correspondance avec d'Alembert, il dénonce les «dissertations» dont s'encombre l'*Encyclopédie*. Dès le début de sa collaboration en 1754, il déplore qu'on veuille des articles trop longs. Il n'avait prévu pour «Littérature» qu'un essai de 4 ou 5 pages qu'il dut développer (D5824, D5832, D5836). Il répète qu'il faut se limiter à ce qui est strictement nécessaire (D7539). Il critique les discours inutiles de l'article «Enthousiasme», prétend que l'article «Humeur» ne mérite qu'une demi-page (D7055, D7539). Voltaire est toujours prêt à retrancher. En 1766, il proposera de réduire l'*Encyclopédie* qui serait alors imprimée à l'étranger (D13456, D13469).

Dans cette perspective, il paraît vraisemblable que Voltaire n'ait pas été insensible à la vogue du portatif. En consultant les répertoires de Quemada, du *Dictionnaire des ouvrages anonymes* de Barbier, la bibliographie de P. M. Conlon et l'index de l'*Inventaire de la Correspondance littéraire*, on dénombre – et ce compte n'est pas exhaustif – une trentaine de dictionnaires portatifs de 1738 à 1763.[42] Les périodiques, tels que *L'Année littéraire*, leur consacrent des recensions. Voltaire est parfaitement au fait de ce phénomène éditorial. Il a eu en mains des portatifs avant d'intituler son ouvrage: *Dictionnaire philosophique portatif*. Sa bibliothèque en comprend cinq dont les dates d'édition s'échelonnent entre 1758 et 1760.[43] Il consulte en décembre 1762 l'un d'entre eux, le *Dictionnaire portatif des conciles* d'Alletz (D10860). Dans un «Discours préliminaire», Alletz se justifie ainsi d'avoir écrit un portatif:

> On trouvera peut-être mauvais, qu'au lieu de réduire cet abrégé dans la forme d'un dictionnaire, on ne l'ait pas mis dans l'ordre naturel, qui était de rapporter les conciles selon l'ordre des temps; mais nous avons été obligés de céder en cela au goût du public, à qui cette forme plaît davantage; et d'ailleurs, on doit convenir, qu'elle est d'une grande commodité, quand on veut trouver sur-le-champ un point d'histoire sur lequel on hésite, ou dont on conteste avec quelqu'un.[44]

Un tel choix suppose des sacrifices: dans un in-quarto, les citations peuvent être indiquées dans les marges, mais les libraires ont leurs impératifs de vente et ce dictionnaire se présente donc en un tome in-douze.

Les auteurs d'abrégés mettent en avant la maniabilité, la modicité du prix.[45] Même Calmet se flatte, en réduisant à deux tomes in-folio la matière foisonnante de son *Commentaire littéral*, d'offrir un «précis» qui pourra tenir lieu d'un grand nombre d'autres livres.[46] Voltaire fait volontiers prévaloir le coût des livres et les exigences de la vulgarisation:

Je voudrais bien savoir quel mal peut faire un livre qui coûte cent écus. Jamais vingt volumes in-folio ne feront de révolution; ce sont les petits livres portatifs à trente sous qui sont à craindre. Si l'évangile avait coûté douze cents sesterces, jamais la religion chrétienne ne se serait établie.[47]

Le portatif a ses contraintes de mise en page. L'in-folio autorise des corps typographiques différents[48] et adopte, en général, la disposition en double colonne. La composition en pleine page de la plupart des portatifs les apparente aux autres œuvres littéraires.[49] Les références n'y sont guère nombreuses. C'est le parti qu'adopte Voltaire et qui s'oppose à la prolifération érudite de Bayle où le commentaire et les références tiennent la première place. L'essentiel dans le *Dictionnaire philosophique portatif* est le texte même de l'article.

Dix-sept articles seulement comportent des notes ou des renvois, dont la plupart sont fort courts. Dans l'édition de 1764, huit notes indiquaient des références («Athée», «Messie», «Résurrection»); deux étaient des renvois à d'autres articles de l'ouvrage («Catéchisme chinois»), une se référait à l'*Encyclopédie* («Certain»); deux notes sont explicatives («Fraude», «Catéchisme du Japonais»). En 1765, d'autres notes explicatives sont ajoutées, l'une sur les Sinous dans «Catéchisme chinois», l'autre sur les canusi dans «Catéchisme du Japonais»; de plus, cinq notes dans ces deux articles attirent l'attention sur des anagrammes et enfin d'autres répondent à des critiques («Catéchisme chinois», «Liberté», «Luxe»). En 1767, «Athée» II renvoie à «Fraude». En 1769, Voltaire qui pratique l'annotation dans la mesure où elle lui permet des mises au point (par exemple dans ses tragédies), enrichit «Amour nommé socratique» d'une anecdote, commente un passage de Flavius Josèphe dans «Christianisme», donne «Credo» accompagné d'une référence à Arnobe et à Clément d'Alexandrie, ajoute un renvoi dans «Lois» et une note dans «Salomon».

Sans méconnaître l'usage des notes, Voltaire en a donc usé avec beaucoup de sobriété pour étayer son propos (les références) ou pour faciliter la lecture (les renvois). Il n'écrit point comme Bayle un dictionnaire des erreurs, longuement discutées, preuves à l'appui.[50] Il prétend enseigner ses vérités.

Voltaire se trouve donc à l'aise dans la série des portatifs qui fleurissent de son temps. On a remarqué que le titre de *Dictionnaire philosophique portatif* avait été utilisé avant lui.[51] Chicaneau de Neuvillé avait réédité avec cet intitulé en 1756 son *Dictionnaire philosophique ou introduction à la connaissance de l'homme*.[52] On ne trouve nulle mention de cet ouvrage dans les œuvres de Voltaire et il ne figure pas dans le catalogue de sa bibliothèque. Rien ne prouve qu'il l'ait connu, ni qu'il ait ignoré ce titre.[53] Il n'aurait emprunté tout au plus qu'un titre. Il suffit de consulter ce *Dictionnaire* de Chicaneau de Neuvillé qui se veut l'introduction à un «Essai sur les moyens de se rendre heureux» pour le classer parmi ces portatifs qui sont des «sous-dictionnaires à tout faire».[54] Cet ouvrage est portatif, non seulement par ses dimensions, un petit in-octavo de 381 pages, mais par un contenu fort léger. Se refusant à traiter des «sublimes spéculations de la métaphysique», son auteur se limite à des définitions des vices, des vertus, des plaisirs, des passions.[55] A titre d'exemples, l'article «Athéisme» se réduit à dix lignes, «Destinée» à sept, «Matière» à trois, «Morale» à cinq. Ceux qui sont un peu plus développés sont artificiellement gonflés par des citations qui tiennent lieu d'analyse des concepts. L'ensemble est d'une affligeante médiocrité.[56] Il est amusant de constater que lorsque Chicaneau de Neuvillé fit rééditer son ouvrage en 1756 et qu'il lui donna le titre de «portatif», il le gonfla d'un grand nombre d'articles. Ainsi la lettre A qui comprenait vingt-huit articles en 1751, en comprend quarante-sept en 1756. D'une édition à l'autre, les articles sont repris textuellement; ils sont regroupés, parfois avec l'indication d'un renvoi, par exemple «Adolescence» renvoie à «Age»; il arrive aussi que ces regroupements par synonymes impliquent un réel mépris du sens exact: ainsi de l'article «Adresse, souplesse, finesse, ruse, artifice». La consultation de ces deux éditions donne un aperçu d'une production moyenne.

A côté des in-folio de prestige destinés à une clientèle lettrée et bien rentée, où peut se donner libre cours la passion totalisante du dix-huitième siècle, s'est donc développée une forme plus modeste, visant un public élargi. Ces abrégés font le point sur une matière. Ils tiennent lieu d'encyclopédies pratiques: ainsi on relève un *Dictionnaire portatif de la cuisine* en 1767, un *Dictionnaire portatif de santé* en 1759, un *Dictionnaire portatif de jurisprudence* de Lacombe de Prezel en 1763 et un *Dictionnaire domestique portatif* en 1762.[57] Ils sont donc volontiers très utilitaires. Mais ils font aussi une percée dans des domaines où régnaient jusqu'alors de pesants ouvrages: P.-A. Alletz fait paraître en 1756 un *Dictionnaire théologique portatif*, J. Lacombe, un *Dictionnaire portatif des beaux-arts*. Tous les domaines du savoir eurent droit à leur portatif: physique (Paulian, 1758); géographie et histoire (Morenas, 1760); histoire naturelle (Leclerc de Montlinot, 1762). Ce sont les «Que sais-je?» du dix-huitième siècle avec leurs visées sélectives et abréviatrices.

Le portatif représente enfin un espace de liberté à l'intérieur de la contrainte de l'écrit bref. Il n'est astreint ni à l'exhaustivité ni au discours savant puisqu'il est censé vulgariser et condenser une masse infinie de connaissances. Dans ce secteur éditorial en pleine expansion, des compilateurs de profession faisaient tourner les presses. Alletz alignait sans vergogne un *Agronome: dictionnaire portatif du cultivateur* et un *Dictionnaire portatif des conciles*; Aubert de La Chesnaye Des Bois se sentait apte à donner un *Dictionnaire militaire portatif* et un *Dictionnaire universel d'agriculture et de jardinage*. La compétence ne paraissait pas indispensable ou du moins pouvait s'acquérir vite pour ces abrégés alphabétiques. Ils répondaient à un véritable besoin de l'époque de condenser et de cataloguer.

Ils avaient été précédés par des abrégés chronologiques ou par des «Bibliothèques». Voltaire faisait grand usage des uns et des autres. A Berlin, il emprunte les *Mémoires chronologiques et dogmatiques pour servir à l'histoire ecclésiastique depuis 1600 jusqu'en 1716* d'H. Robillard d'Avrigny, l'*Abrégé chronologique de l'histoire de France* de F. Eudes de Mézeray, le *Nouvel abrégé chronologique de l'histoire de France* de Ch.-F. Hénault, la *Bibliothèque des théâtres* de Maupoint, les *Tablettes chronologiques de l'histoire universelle* de N. Lenglet Dufresnoy, les *Mémoires pour servir à l'histoire des hommes illustres* de J.-P. Nicéron.[58] Bibliothèques et abrégés étaient parfois des ouvrages fort longs; les portatifs qui voulaient mériter leur nom devaient garder des dimensions modestes.

Le sens tactique de Voltaire saisit les virtualités de ce phénomène si marquant de la librairie de l'époque. Point de condescendance chez lui pour «les petits livres portatifs à trente sous» (D13235). Il se saisit d'une forme à la mode, se l'approprie, en exploite les modalités et comprend qu'il peut en faire un instrument incomparable dans la diffusion des Lumières. Il lui donne une ampleur insoupçonnée. Mais la partie n'était pas gagnée d'avance. Le texte préliminaire de la *Table alphabétique des dictionnaires* en 1758 se montrait fort critique quant à l'utilité des dictionnaires. L'abbé Bellet qui signe ce texte prouve que «les auteurs de dictionnaires que Scaliger appelait les portefaix de la littérature et M. de Fontenelle des *copistes à gages*, ne peuvent aspirer à aucune espèce de gloire littéraire», et que ces «compilations indigestes, loin de contribuer au progrès de nos connaissances, affaiblissent l'amour de l'étude, étouffent l'émulation, et rendent les hommes superficiels».[59] Argumentation singulièrement passéiste. Dans la préface de la première édition du *Dictionnaire historique et critique* en 1697, Bayle faisait déjà allusion à ce jugement de Scaliger (p.XIV). Dans l'article «Dictionnaire» de l'*Encyclopédie*, d'Alembert rappelle que le «Discours préliminaire» et l'«Avertissement» du troisième tome ont déjà parlé longuement de l'utilité des dictionnaires.[60] Au dix-huitième siècle, le mépris pour les «compilations»[61] qui s'affiche encore, va devenir caduc. S'il n'appartenait qu'à un «siècle philosophe de tenter une *Encyclopédie*»,[62] il appartint à Voltaire de donner un portatif d'envergure.

2
Histoire de l'œuvre

Avare de confidences sur la rédaction de ce «dictionnaire diabolique», prompt à le désavouer parce qu'il «sent le fagot», Voltaire conjugue ruses et imprudences en un mélange inextricable pimenté d'impertinences joyeuses. Pour fêter ses soixante-dix ans, il illustre non sans panache le programme de vie qu'il expose à Mme Du Deffand et qui le retient hors de la capitale (15 janvier 1761; D9542):

> D'ailleurs, je suis si insolent dans ma manière de penser; j'ai quelquefois des expressions si téméraires; je hais si fort les pédants; j'ai tant d'horreur pour les hipocrites; je me mets si fort en colère contre les fanatiques, que je ne pourais jamais tenir à Paris plus de deux mois.

Toutes libertés qu'il s'est accordées en composant ce *Portatif* dont la première idée remonte fort loin, mais dont la réalisation fut rendue possible, du moins selon la forme qu'il a prise, par la retraite que Voltaire s'est aménagée.

i. *La genèse du* Dictionnaire philosophique

«L'encyclopédie de la raison»[1]

L'acte de naissance du *Dictionnaire philosophique* a été fixé avec une précision si exemplaire qu'elle éveille des doutes. Collini, secrétaire de l'homme de lettres à Potsdam, est l'auteur de cette révélation. Ce Florentin, venu chercher fortune en Prusse, fut engagé par Voltaire en 1752 et resta à son service jusqu'en 1756. Devenu historiographe de l'électeur palatin, il décide de rapporter «des anecdotes et des particularités peu connues sur la vie privée et sur les œuvres du plus célèbre écrivain du xviiie siècle». Ses mémoires posthumes, intitulés *Mon séjour auprès de Voltaire*, parurent en 1807.[2]

Collini paraît donner toutes garanties. Lecteur de Voltaire, le
soir, il s'entretient familièrement avec lui (p.32):

> Le 28 septembre [1752], il se mit au lit fort préoccupé: il m'apprit
> qu'au souper du roi on s'était amusé de l'idée d'un dictionnaire
> philosophique, que cette idée s'était convertie en un projet sérieuse-
> ment adopté, que les gens de lettres du roi et le roi lui-même
> devaient y travailler de concert, et que l'on en distribuerait les
> articles, tels que Adam, Abraham, etc. Je crus d'abord que ce
> projet n'était qu'un badinage ingénieux inventé pour égayer le
> souper; mais Voltaire vif et ardent au travail, commença dès le
> lendemain.

Collini précise qu'il a rédigé la relation de son séjour auprès de
Voltaire « sur des notes, en forme de journal, recueillies pendant
cinq années consécutives » (p.xiv). Faut-il mettre en doute ses
affirmations? Il ne paraît pas avoir sous les yeux un exemplaire du
Dictionnaire philosophique lorsqu'il énumère, sans respecter l'ordre
alphabétique, les articles « Adam », puis « Abraham ». Une trace
subsiste de la rédaction d'un article « Abraham » adressé à Frédéric II,[3] mais un premier texte, dont nous ignorons l'intitulé, avait
été envoyé au roi (D5052). La rédaction d'une première ébauche
d'«Adam » qui n'aurait rien à voir avec l'article du *Dictionnaire
philosophique*, ajouté en 1767, pourrait être envisagée,[4] si l'on pense
qu'un secrétaire, chargé de travaux de copiste, peut enregistrer
des informations exactes. Quant au « badinage ingénieux » au cours
d'un petit souper, rien ne permet de dire qu'il eut ou qu'il n'eut
pas lieu.[5] Mais cette préoccupation ne tire point son origine du
seul hasard de la conversation.

En Prusse, à la cour et à la ville, on s'intéressait aux dictionnaires. Dès 1750, Frédéric veut faire écrire « l'esprit de Bayle »,
c'est-à-dire un extrait du *Dictionnaire historique et critique*.[6] Voltaire
avait-il eu vent des projets avortés de Formey, secrétaire de
l'Académie de Berlin, qui, dès 1743, avait proposé à Briasson un
dictionnaire philosophique adapté de Chambers?[7] En juillet 1751,
on attend « incessamment » à Potsdam le premier tome de l'*Encyclopédie*.[8] Voltaire ajoute dans l'édition du *Siècle de Louis XIV* des
amabilités à l'égard de la « société de savants remplis d'esprit et
de lumières » qui vont « transmettre à la postérité le dépôt de
toutes les sciences et de tous les arts ».[9] Les deux premiers tomes

de l'*Encyclopédie* ont été condamnés en France le 7 février 1752. Après censure de sa thèse par la Faculté de théologie de Paris (27 janvier 1752), puis condamnation par le pape Benoît XIV (22 mars 1752), l'abbé de Prades que le «Discours préliminaire» avait présenté de manière élogieuse,[10] cherche refuge en Prusse où il arrive le 15 août 1752. Il apporte des nouvelles fraîches sur les difficultés que rencontre l'entreprise. D'Alembert remercie Voltaire d'avoir accueilli chaleureusement cet «homme de bien» et évoque le 24 août la «violente tempête» que les encyclopédistes ont dû essuyer (D4990). Le 5 septembre, Voltaire lui fait part de ses réflexions, non exemptes d'arrière-pensées (D5011a):

> Il est vrai qu'un tel ouvrage devait être fait loin des sots et des fanatiques sous les yeux d'un roy aussi philosofe que vous, mais les secours manquent icy totalement. Il y a prodigieusement de bayonets et fort peu de livres. Le roy a fort embelli Sparte mais il n'a transporté Athene que dans son cabinet, et il faut avouer que ce n'est qu'à Paris que vous pouvez achever votre grande entreprise.

Le jour même où il écrit à d'Alembert, Voltaire annonce à Frédéric que d'Argens, l'«hérésiarque» de Prades, et lui-même ont de «beaux projets pour l'avancement de la raison humaine».[11] Le chambellan de Sa Majesté a accès au cabinet du roi, une bibliothèque bien fournie.[12] Il emprunte, par le canal de Walther, des ouvrages à Dresde. Loin de la Sorbonne, il jouit d'une certaine liberté de penser et s'est déjà concerté avec les «philosophes» de Potsdam. Depuis le début de septembre 1752, ses demandes de livres indiquent que ses recherches ont pris un autre cours. C'est, parmi les ouvrages historiques, la mention d'un Bayle dont il a un besoin pressant, puis d'un dictionnaire de la fable.[13] Le souper du 28 septembre n'aurait été que l'occasion de lancer un projet déjà fermement esquissé et d'obtenir l'aval royal.

Dès le 29 septembre, Voltaire s'adresse à Mme de Bentinck pour obtenir qu'on lui prête «le dictionnaire de la bible de Don Calmet, avec tous les tomes de ses commentaires, et sur tout ses prolégomènes»[14] et le 3 octobre, il se dit «affublé d'occupations» qui l'éloignent de la poésie (D5029). Il envoie au roi un premier article dont ce dernier accuse réception sans que son intitulé soit indiqué, puis les articles «Athée», «Baptême», «Ame», «Abra-

ham», «Moïse», «Julien» sans que l'on puisse les dater avec
précision. [15] Frédéric s'étonne de sa rapidité d'exécution. [16] Effectivement ces articles ont dû être rédigés pendant une période fort
courte, Voltaire s'étant engagé déjà dans la querelle qui l'opposera
à Maupertuis, puis au roi en personne. Frédéric le met en garde à
mots couverts, faisant allusion aux querelles «pour et contre
Leibniz» et remarquant que les gens de lettres ne vivent point
tranquillement ensemble. [17] Début novembre, chacun a choisi son
camp. [18] Il ne sera plus question de ce dictionnaire dont la teneur
était antireligieuse: «Chérisac coulerait à fonds les s[ts] pères», disait
Voltaire (D5057) auquel Frédéric faisait écho: «Votre dictionnaire
imprimé, je ne vous conseille pas d'aller à Rome; mais qu'importe
Rome, sa sainteté, l'inquisition, et tous les chefs tondus des ordres
irreligieux qui crieront contre vous!» (D5056).

Cet échange de billets pendant quelques semaines entre Voltaire
et Frédéric a été d'autant plus vif que l'écrivain avait tout intérêt
à maintenir ce commerce philosophique avec le souverain. De ces
huit textes qui nous sont parvenus, quatre messages de Voltaire
et quatre réponses de Frédéric, [19] il ressort que l'ouvrage devait
être collectif et qu'il avait reçu le patronage royal. Le «théologien
de Belzebut» met aux pieds du roi[20] les textes qu'il a rédigés. Il
lui soumet ses idées, lui envoie un mémoire détaillé, fait des
propositions sur le plan financier, se dit prêt aussi bien à se
résigner si l'ouvrage est abandonné qu'à exécuter les ordres de Sa
Majesté.

Il propose des collaborateurs, mais ne se porte garant que de
leur style, non de leur caractère (D5057). Il a pris des contacts: la
margrave de Bayreuth s'est engagée à écrire quelques articles. [21] Il
demande au roi son avis sur les normes des articles et sollicite sa
participation: «Ce livre, honoré de quelques articles de votre
main, ferait du bien au monde» (D5057). Frédéric joue le jeu d'un
responsable. Il donne ses directives: commencer par établir «la
table alphabétique des articles», choisir les articles principaux,
éviter les «petits détails» et des «articles subordonnés aux autres»
afin de préserver «l'unité du but qu'il faut se proposer dans un
ouvrage de ce genre» (D5052). Il n'accueille point favorablement
les suggestions de Voltaire, ni le mémoire détaillé, ni les ouvertures
ayant trait au financement: «Il m'a paru», écrit Voltaire pour se

défendre, «qu'il y aurait une prodigieuse indiscrétion à moy de proposer de nouvelles dépenses à V. M. pour mes fantaisies, quand elle me donne 5000 écus par an pour ne rien faire» (D5057). Point d'indépendance financière, une liberté limitée, celle que peut octroyer une œuvre collective supervisée par un souverain admiratif et critique, telles sont les conditions. Frédéric apprécie les textes qui lui sont envoyés,[22] mais il émet des réserves sur les articles «Athée», «Ame» et surtout «Julien» pour lequel il suggère ajouts et corrections.[23]

Le titre de «dictionnaire philosophique» n'apparaît point en 1752. Employé par Collini qui a fait un rapprochement qui paraissait aller de soi, il a été repris par la critique pour désigner ce projet prussien. La margrave de Bayreuth le 20 octobre écrit à son frère: «Il y a quelques gens de lettres qui, sous la direction de Voltaire, travaillent à un *Dictionnaire de raison*, dont le titre seul fera crier les dévots».[24] Voltaire fait allusion à une «encyclopédie de la raison», le mot de «raison» devait figurer dans ce projet initial, il figurera dans l'édition de 1769. Commencée peut-être plus tôt qu'il n'est souvent admis,[25] la rédaction d'articles se poursuit même lorsque les relations de Voltaire avec le roi sont devenues très mauvaises. Alors que la *Diatribe du docteur Akakia* est «débitée», Voltaire adresse au marquis d'Argens qui se tient prudemment à l'écart de la polémique, un article du «Dictionnaire de *scriberius audens*». Il sollicite l'avis du «cher Isaac», regrettant sa défection: «Je suis fâché que vous ne vous appliquiez plus à ces bagatelles rabbiniques, théologiques et diaboliques; j'aurais de quoi vous amuser».[26] On a conservé la trace de sept ébauches, celles dont il est question dans la correspondance avec Frédéric; d'autres furent peut-être esquissées.[27] Mais la situation devenant intenable,[28] Voltaire n'a plus sans doute ni le loisir ni le goût de se consacrer à ces «bagatelles antireligieuses» destinées à faire les délices d'un roi qui n'était point bigot, mais fin politique. Voltaire aurait pu se trouver prisonnier de ce dictionnaire qui lui aurait interdit de s'aventurer hors de Prusse, conséquences que le souverain supputait malignement.[29] Le projet s'inscrit donc à l'intérieur de ce contrat de vie commune qui avait marqué l'établissement en Prusse.[30] C'était une ultime tentative, camouflant mal des désaccords, expression d'illusions qui perduraient encore. Voltaire pouvait-il mener à bien en Prusse une «encyclopédie de la raison» sous la houlette d'un prince sourcilleux qui avait sa propre conception de la «philosophie» et qui devait collaborer à l'ouvrage? L'*Akakia* mit fin à une situation viciée. Après un lancement fulgurant, non exempt de leurres, ce projet mourut alors que le libelle de Voltaire était brûlé sur les places de Berlin. Mais il renaîtra, tout différent de ce qu'il était auparavant.

Une seconde naissance

Resté à l'état d'ébauche, ce dictionnaire laisse des traces dans l'esprit de Voltaire. Sans doute n'est-ce point sans raison qu'il rédige pour sa *Paméla*, pendant son séjour en Alsace, son «petit dictionnaire à l'usage des rois», dictionnaire de l'anti-philosophie d'un souverain qui confond les amis et les esclaves et dont l'orange trop pressée dénonce les manœuvres. [31] Cette page parodique scelle la mort du projet ancien. Puis le silence s'appesantit. Voltaire est accaparé par de multiples travaux. Il satisfait son goût pour une activité alphabétique en collaborant à l'*Encyclopédie* (1754-1758). L'état de nos recherches ne nous permet ni de dater avec précision le moment où Voltaire décida d'écrire ce qui allait devenir le *Portatif*, ni de déterminer nettement les phases de sa rédaction. L'histoire du *Dictionnaire philosophique* reste plus riche de doutes que de certitudes, d'hypothèses que de preuves. Tout au plus dispose-t-on de repères.

Le plus marquant est sans conteste une confidence de Voltaire à Mme Du Deffand du 18 février 1760 (D8764):

> J'ai l'honneur de vous écrire rârement, Madame, ce n'est pas seulement ma mauvaise santé et ma charüe qui en sont cause. Je suis absorbé dans un compte que je me rends à moi même par ordre alphabétique, de tout ce que je dois penser sur ce monde cy et sur l'autre, le tout, pour mon usage, et peut être après ma mort pour l'usage des honnêtes gens.

Vérification faite, Voltaire écrit régulièrement à Mme Du Deffand depuis plusieurs mois. [32] Point de rupture dans le rythme de leur correspondance qui permettrait de déceler cette nouvelle préoccupation. En revanche, de minces indices laissent penser qu'il est absorbé par ce «compte»: son insistance sur Ezéchiel, [33] une «suite aux entretiens chinois» annoncée à la belle philosophe, Mme d'Epinay, qui pourrait faire allusion au «Catéchisme chinois»,[34] un discours destiné au marquis d'Argence prouvant que les lois de Moïse ignoraient l'immortalité de l'âme, les peines et récompenses dans une autre vie.[35] Une déclaration du 13 octobre 1759 paraît significative. Voltaire fait la leçon à Mme Du Deffand qui s'ennuie, réclame des «brimborions» et veut qu'on l'amuse (D8533):

> Mais vous, Madame, prétendez vous lire comme on fait la conversation? prendre un livre comme on demande des nouvelles? le lire et le laisser là? en prendre un autre qui n'a aucun raport avec le premier, et le quitter pour un troisième? En ce cas vous n'aurez pas grand plaisir. Pour avoir du plaisir il faut un peu de passion, il faut un grand objet qui intéresse, une envie de s'instruire déterminée, et qui occupe l'âme continuellement.

Voltaire, manifestement, éprouve une nouvelle passion en ces derniers mois de 1759.

On ne prétendra point, à la manière de Pangloss, déterminer la raison suffisante du *Dictionnaire philosophique*. Il se pourrait qu'il y en eût plusieurs. Du moins évoquera-t-on le climat dans lequel naît cette nouvelle entreprise.

C'est celui d'une réussite sociale et personnelle qui donne de nouvelles forces pour de nouveaux combats. Qui dira le rôle qu'ont pu jouer l'immense succès de *Candide*, la liquidation du passé avec les ajouts du 6 et du 27 novembre 1759 et du 12 février 1760 aux spirituels *Mémoires pour servir à la vie de M. de Voltaire*, la revendication triomphante du bonheur personnel, l'engagement contre l'infâme que Voltaire ne se contente plus d'égratigner?[36] L'*Encyclopédie de la raison* prussienne était une œuvre assujettie au bon plaisir royal, le *Dictionnaire philosophique* sera celle de la liberté chèrement acquise.

Le chambellan de Frédéric II, logé au «château», portait, comme l'on disait alors, des «marques» qui caractérisaient sa «commensalité»[37] et surtout recevait des appointements.[38] M. de Voltaire s'est aménagé une retraite dans une terre libre où il mène un train de vie princier. Dans sa correspondance revient comme un *leitmotiv* le thème propriété et liberté. Il fait réflexion que des «circonstances

uniques» lui font goûter cette indépendance, si préférable aux
«chaînes dorées» des cours:

> Trouver des terres libres où on est le maître absolu, être à la fois
> dans trois souverainetés et ne dépendre d'aucune, c'est un bonheur
> singulier, auquel je n'osais pas prétendre. [39]

Voltaire rejette tout assujettissement: «je ne connais d'autre liberté
que celle de ne dépendre de personne; c'est celle où je suis parvenu
après l'avoir cherchée toute ma vie». [40] Il le mande à ses amis
parisiens: «Plus j'approche de ma fin, mon cher ange, plus je
chéris ma liberté». [41] S'étant avisé de devenir «un être entièrement
libre», il donne carrière à sa hardiesse et à son insolence: «je ne
peux plus écrire que ce que je pense, et je pense si librement qu'il
n'y a guères d'aparence d'envoyer mes idées par la poste». [42] Mme
Denis l'avait noté: «sa pétulance augmente avec l'âge». [43] Car le
temps presse. Le *Dictionnaire philosophique* est l'œuvre d'un vieillard
gai, ayant ses coudées franches, non d'un courtisan toujours sur
le qui-vive, contraint aux courbettes de la flatterie. Il est aussi
l'œuvre d'un homme sûr de lui qui jouit de ses acquisitions, de
l'activité qu'il déploie:

> Si quelqu'un est en souci de savoir ce que je fais dans mes
> chaumières et s'il me dit *que fais tu là maraut?* je luy réponds, je
> *règne*, et j'ajoute que je plains les esclaves. Votre pauvre Diderot
> s'est fait esclave des libraires et est devenu celuy des fanatiques. [44]

Conscient de son rôle de chef de file de la philosophie, Voltaire,
qui compare sa situation à celle de ses congénères empêtrés dans
des difficultés sans nombre, se doit de lancer une pièce d'«artillerie
lourde». [45] Les traverses rencontrées par l'*Encyclopédie* ne sont pas
étrangères au projet du *Portatif*.

Le tome VII de l'*Encyclopédie* avait été publié en novembre 1757.
Après la défection de d'Alembert, Voltaire a réclamé ses articles,
puis les a renvoyés et a proposé d'en écrire d'autres, [46] ce qu'il fit.
Depuis longtemps, Voltaire pense qu'«il eût fallu [...] que ce
grand ouvrage eût été fait et imprimé dans un pays libre, ou sous
les yeux d'un prince philosophe». [47] C'est la première hypothèse
qu'il retient. Il plaint Diderot de se trouver en butte à tant de
tracasseries et de persécutions (D7561):

Que je vous plains de ne pas faire l'*Encyclopédie* dans un pays libre! Faut il que ce dictionnaire, cent fois plus utile que celui de Bayle, soit gêné par la superstition qu'il devrait anéantir; qu'on ménage encore des coquins qui ne ménagent rien; que les ennemis de la raison, les persécuteurs des philosophes, les assassins de nos rois osent encore parler dans un siècle tel que le nôtre!

Le 26 février 1758, dans une lettre écrite à d'Argental, mais destinée à Diderot, il se fait explicite (D7653):

Cette entreprise immense vaudra donc à m[r] Diderot environ trente mille livres! Elle devrait luy en valoir deux cent mille (j'entends à luy et à m[r] Dalembert et à une ou deux personnes qui les secondent), et s'ils avaient voulu seulement honorer le petit trou de Lausane de leurs travaux, je leur aurais fait mon billet de deux cent mille livres.

Tentative de captation de l'*Encyclopédie*, ou proposition en l'air? L'offre de ce Mécène, répétée en mars (D7666), ne sera pas retenue.

Le 6 février 1759, l'*Encyclopédie* a été condamnée, son privilège révoqué le 8 mars. Colère de Voltaire, message de solidarité aux persécutés.[48] Il prend position en ajoutant à son *Ode sur la mort de S. A. S. Mme la princesse de Bareith* une note où il dénonce les ennemis de l'*Encyclopédie*. Il se range délibérément parmi les encyclopédistes et trace un portrait du philosophe (M.viii.467-73). Diderot apprécie cette note.[49] Au cours de l'été 1759, Diderot lui fait parvenir un message par l'intermédiaire de Grimm qui accompagne à Genève Mme d'Epinay, venue se faire inoculer:[50] «Dites-lui, pour le mettre à son aise, que les libraires et moi et tous nos collègues ont résolu d'achever; que la persécution a fait son effet ordinaire: c'est de produire l'enthousiasme et le fanatisme; que tout paroîtra à la fois, soit ici avec permission tacite, soit en Hollande, soit à Genève où j'irai; et que c'est de ma part que vous vous ouvrez à lui».[51] Il faut solliciter la collaboration de Voltaire en obtenant une liste des articles qu'il enverra pour chaque lettre et celle de son prêtre de Lausanne Polier de Bottens. Grimm s'acquitta-t-il mal de cette négociation? On ignore ce que Voltaire pensa de cette ouverture, mais en janvier 1760, il décline une invitation. En 1756, il avait proposé un article «Idée» (D7067), il refuse maintenant de l'écrire:

Je ne peux songer de longtemps à l'Encyclopédie. D'ailleurs, comment traiter *idée*, et les autres articles? Ma levrette accoucha ces jours passés, et je vis clairement qu'elle avait des *idées*. Quand j'ai mal dormi, ou mal digéré je n'ai point *d'idées*; et par Dieu, les idées sont une modification de la matière, et nous ne sçavons point ce que c'est que cette matière, et nous n'en connaissons que quelques propriétés, et nous ne sommes que de très plats raisonneurs.

Il conclut: «ce n'est pas la peine d'écrire pour ne point dire la vérité. Il n'y a déjà dans l'*Encyclopédie* que trop d'articles de métaphisique pitoïables; si l'on est obligé de leur ressembler, il faut se taire» (D8702).

«Encyclopédiste déçu»,[52] Voltaire n'est plus disponible pour ce qui ne sera jamais qu'«un gros fatras».[53] Il ne se désintéresse pas de la lutte encyclopédique, mais sans doute a-t-il commencé à rédiger des articles pour le *Dictionnaire philosophique*. Dans la préface de *L'Ecossaise*, en 1760, il fait allusion à cet «ouvrage nécessaire au genre humain, dont la suspension fait gémir l'Europe» (V 50, p.356). Vernet dans la troisième édition de ses *Lettres critiques* (1766) n'aura pas tort de remarquer malignement: «M. de Voltaire prend le ton tragique sur la suspension du *Dictionnaire encyclopédique* jusqu'à dire que *cette suspension fait gémir l'Europe.* Serait-ce pour consoler l'*Europe gémissante* qu'on vient de donner le *Dictionnaire philosophique portatif,* qui peut-être en contient l'esprit?»[54] Avec la suspension de l'*Encyclopédie* une place est à prendre. Voltaire met au point une tactique diamétralement opposée à celle qui avait été suivie: une œuvre portative au lieu d'infolio, une édition clandestine faite à l'étranger pour éviter et les déboires d'une aventure éditoriale française et d'inévitables concessions aux préjugés. R. Naves remarque à juste titre que l'histoire mouvementée de l'*Encyclopédie* «est à l'origine du *Dictionnaire philosophique*, beaucoup plus que le fameux souper du roi de Prusse» (p.65).

En fait le *Portatif* se trouve au point de convergence d'un coup d'arrêt de la grande entreprise de Diderot et d'un épanouissement personnel de Voltaire favorisé par des conditions excellentes, par un sentiment de réussite alors que s'impose à lui l'urgence de la mission à accomplir.

Quelle fut la méthode de Voltaire? Remit-il sur le métier un ouvrage ancien en consultant ses ébauches de 1752? On en doute. Les articles du *Dictionnaire philosophique* dont les intitulés correspondent à ceux de la période prussienne sont fort différents de ce qui a été dit de ces premiers textes.[55] Rédigea-t-il en priorité des articles pour lesquels il n'avait besoin d'aucune recherche complémentaire puisqu'ils reprennent une argumentation déjà développée?[56] La démarche paraîtrait logique, mais pourquoi Voltaire se conduirait-il ainsi? Ce n'est pas un esprit systématique. On remarque qu'en 1752 Frédéric lui suggère d'établir d'abord la table des matières, ce qui prouve que Voltaire, déjà engagé dans la rédaction de textes, avait omis ce préalable. Son goût du neuf le poussa-t-il à appliquer les préceptes qu'il expose le 1er janvier 1760 et qui semblent, pour lui, dotés d'une valeur générale (D8687):

> Partir toujours du point où l'on est, regarder le moment présent comme celuy où tout commence pour nous, calculer l'avenir, et jamais le passé, regarder ce qui s'est fait hier comme s'il était arrivé du temps de Pharamond, c'est je crois la meilleure recette.

Se laissa-t-il tout bonnement guider par l'inspiration du moment? On se trouve dans l'impossibilité de répondre de manière satisfaisante. Du moins paraît-il probable qu'il avait déjà un certain nombre de textes en portefeuille lorsqu'il évoque pour la première fois ce projet qu'il a mis à exécution.

La rédaction du *Dictionnaire philosophique*

Les délais sont très courts puisque ce fut peu de temps avant le 26 juillet 1763 que Voltaire aurait remis à Gabriel Grasset, selon le témoignage de son frère François Grasset, un manuscrit qui, à la suite de recoupements, a été identifié par A. Brown et U. Kölving comme celui du *Dictionnaire philosophique*:[57]

> Dès le 26e du mois passé mon frère, Maître Imprimeur à Genève, et qui est un peu également le sujet de la haine de Mess⁵ Cramer, me marqua que Mr de Voltaire l'avoit fait demander, et qu'il lui avoit dit qu'il vouloit lui faire sa fortune; et en effet il lui remit tout de suite des feuilles de Mss^ts pour un ouvrage de deux volumes in 8° à faire sur le petit Romain; et il s'offrit de le corriger lui

même; il le chargea en même temps d'écrire à tous les Libraires de France, d'Allemagne, de Hollande et d'Angleterre.[58]

L'édition de 1764 comprend 73 articles d'«Abraham» à «Vertu». Comment Voltaire trouva-t-il le temps, en moins de quatre ans (entre 1759 et 1763), de mener à bien ces réflexions alphabétiques, étant donné la liste de ses œuvres et la multitude de ses préoccupations pendant cette période? On ne détecte point un intervalle de calme relatif où il se serait consacré à cette entreprise dont il a décidé de parler le moins possible. On est conduit à penser que, pour l'essentiel, il a rédigé ses articles en marge de ses autres travaux. Si l'on dispose d'une profusion de détails pour une œuvre officielle comme les *Commentaires sur Corneille*, on se perd en conjectures pour le *Dictionnaire philosophique*. C'est l'effet d'une tactique: «Frappez, et cachez votre main», conseille Voltaire,[59] prudence nécessaire à l'abri de laquelle on peut dire «hardiment et fortement» tout ce que l'on a sur le cœur.

Un seul article du *Dictionnaire philosophique* est daté: «Dogmes» qui paraîtra dans l'édition faite sous l'adresse de Varberg: «Le 18 février de l'an 1763 de l'ère vulgaire, le soleil entrant dans le signe des Poissons, je fus transporté au ciel, comme le savent tous mes amis». A l'exception de cette galéjade, Voltaire a omis toute autre indication et il évite les fuites. En mai 1760, Gabriel Cramer confie à Grimm que Voltaire travaille à un dictionnaire (D8911):

> Nous avons sur le métier un certain dictionnaire dont nous parlerons, & qui faira beau bruit; c'est un ouvrage commencé il y a 20 ans & dont personne n'a jamais rien vû.

Il confie seulement à Mme Du Deffand deux manuscrits en 1760, dont l'un sur Ezéchiel.[60] Le 30 novembre 1762, il communique à Damilaville un article «Moïse» «d'un dictionnaire que j'avais fait pour mon usage»; il en parle comme s'il s'agissait d'une œuvre terminée, ce qui incite à penser qu'il a déjà en réserve un bon nombre d'articles (D10816). Cette demi-confidence peut être rapprochée de sa réaction, en date du 1er novembre 1762, après lecture du *Dictionnaire des hérésies* de l'abbé Pluquet: «je connais quelque chose d'un peu plus fort».[61]

Faute de renseignements sur l'élaboration de ce «quelque chose», il a fallu procéder à des recoupements, scruter des allusions.[62] Les lectures de Voltaire fournissent des indications lacunaires, celles de ses emprunts lorsqu'un ouvrage manque dans sa bibliothèque, celles de ses réactions lorsqu'il s'avise d'en faire part à quelque correspondant.

Au cours de l'année 1760, Voltaire a fait venir toutes les œuvres de Conyers Middleton et il réclame la *Divine legation of Moses demonstrated* de William Warburton dont il n'a que les deux premiers tomes[63] et qu'il recevra, après maintes demandes, le 11 août.[64] Il est curieux de voir comment Warburton s'y prend «pour prouver que l'ignorance de l'immortalité de l'âme, est une démonstration qu'on est conduit par Dieu même» (D8858). Lorsqu'il a son Moïse complet, il s'exclame: «Il [Moïse] a fait le pantateuque comme vous et moy, mais qu'importe! Ce livre est cent fois plus amusant qu'Homere, et je le relis sans cesse avec un ébahissement nouvau» (D9132). Warburton confirme ses doutes;[65] il le cite dans la première question de l'article «Religion». Le passage qu'il traduit est extrait du premier livre en sa possession depuis 1757 (D7362), mais peut-être l'a-t-il relu. Dans le livre vi, reçu en 1760, il a pu trouver des développements sur l'ignorance des Juifs quant à l'immortalité de l'âme et quant à l'idée de châtiment ou de récompense après la mort, qui ont peut-être nourri les réflexions sur ces thèmes des articles «Ame», «Athée», «Enfer». L'allusion à l'affaire Petitpierre d'«Enfer» permet de le dater sûrement de 1760,[66] celles aux convulsionnaires dans la correspondance semble indiquer que «Convulsions» remonte aussi à 1760. Voltaire s'intéresse aussi à «Salomon», à «Pierre», travaille peut-être à son grand article sur le christianisme.[67]

En 1761, il fait toujours ses délices de l'Arioste et du Pentateuque,[68] relit l'histoire du père Daniel auquel il reproche d'avoir trop parlé de frère Coton,[69] juge détestable le *Testament politique du maréchal duc de Belle-Isle*,[70] consulte la *Somme théologique* de saint Thomas,[71] fait allusion à l'ouvrage de Peter Annet, *The History of the man after God's own heart*.[72] Des traces de ces lectures se retrouvent dans «Confession», «David», «Dieu», «Etats», «Grâce».

Début 1762, Voltaire lit avec enthousiasme le *Manuel des inquisiteurs* de Morellet auquel il emprunte beaucoup pour son article «Inquisition».[73] Il cherche des références. Il a demandé à son ami

Sébastien Dupont de lui trouver celle d'une bulle du pape qui avait permis de manger du beurre, des œufs et du fromage en carême et qui fut brûlée à Paris.[74] Vers la fin de l'année, il a consulté le *Dictionnaire des hérésies* de l'abbé Pluquet,[75] *La Religion chrétienne prouvée par les faits* d'Houtteville.[76] Il a réclamé les «dialogues de cet imbécile de saint Grégoire le grand»,[77] enfin le *Dictionnaire portatif des conciles* d'Alletz,[78] tous ouvrages utiles pour ce qu'il appelle désormais son «dictionnaire d'hérésies» et dont il envoie un échantillon aux «frères».[79] La préparation du *Traité sur la tolérance* l'accapare, mais ses thèmes recoupent ceux du *Dictionnaire philosophique*. Le 29 décembre 1762, il écrit à sa nièce Mme de Fontaine qu'il n'épargne pas «les impertinences de l'église» (D10863):

> Je me suis fait un petit tribunal assez libre où je fais comparaître la superstition, le fanatisme, l'extravagance et la tyrannie.

Vaste programme pour lequel il continue à accumuler des textes, complétant peut-être ceux qu'il a en chantier.[80]

Sauf l'indication en janvier 1763 d'une relecture des *Actes des martyrs* qu'il trouve semblables aux *Mille et une nuits* (D10885), les six premiers mois de cette année ne laissent rien deviner des travaux de Voltaire. Pour être en mesure de remettre en juillet un manuscrit qui, imprimé, fera un volume de 344 pages, il lui fallut déployer toute son énergie. Les thèmes traités ont conduit à dater approximativement de 1763 les articles «Jephté», «Histoire des rois juifs», «Fausseté des vertus humaines», «Inondation». Voltaire qui procède à une révision et à une mise au point réclame son article «Idole, idolâtre, idolâtrie» qu'il avait donné à l'*Encyclopédie* et l'insère dans le *Dictionnaire philosophique*.[81]

Les lectures de Voltaire servent de repères pour dater avec une certaine marge d'approximation les articles du *Dictionnaire philosophique*. Mais pour chacun d'entre eux, d'autres facteurs interviennent à des degrés divers. A titre d'exemple, on exposera le cas de «Catéchisme du curé».

Le dialogue entre Téotime et Ariston entretient de multiples rapports avec les préoccupations quotidiennes de Voltaire et avec les thèmes récurrents de sa pensée. Alors qu'il est aux prises avec le curé de Moëns depuis le début de décembre 1760,[82] qu'il a

entrepris en mai 1761 la construction d'une église à Ferney dont
la dédicace sera strictement déiste, Voltaire étrenne son théâtre
prêt depuis le 3 octobre 1761 (D10052), en mettant en scène dans
Olympie un digne prêtre dont il dira que «catholiques, huguenots,
lutériens, déistes, tout le monde l'aime» (D11163). Cette nouvelle
tragédie, «espièglerie de jeune homme», composée dans l'enthousiasme en six jours (D10080), remise plusieurs fois sur le chantier,
doit, grâce à ce vertueux pontife, faire pièce au fanatique Joad.
Voltaire l'affirme à deux reprises [83] et joint à sa pièce une dissertation sur Joad. Ce passionné de théâtre avait réagi en mai 1761,
lorsque l'excommunication des comédiens était à l'ordre du jour
(D9761):

> il est plaisant qu'on enterre le bourreau avec cérémonie, et qu'on
> ait jetté à la voirie Mlle Le Couvreur. Je sçais bien que les Rituels
> de L'Italie et des Gaules sont les mêmes, je sçais que dans les uns
> et dans les autres on excommunie les sorciers, les farceurs qui
> vendent de L'orviétan dans la place publique pendant la messe,
> les sauterelles, et ceux qui ne paient pas les dixmes à L'Eglise. [84]

En appliquant des lois désuètes, la France se singularise par cette
«barbarie gothique» qu'il ne se lasse pas de dénoncer. Aussi
Voltaire entend-il faire profiter les Genevois des délices du théâtre.
Sur la vaste scène qui a été aménagée, on joue *Olympie*, pièce à
grand spectacle. Avec une grande barbe blanche, une mitre de
deux pieds de haut, un manteau beaucoup plus beau que celui
d'Aaron, de l'onction dans ses paroles, Voltaire, en noble Hiérophante, fait «pleurer les petits garçons» (D11761). Il n'apprécie
guère le calembour «O l'impie» (D10906, D10922). Il a publié en
février 1762 l'*Extrait des sentiments de Jean Meslier*, précédé par un
«Abrégé de la vie de Jean Meslier». De ce pauvre curé de
campagne de mœurs irréprochables, il a fait un déiste. Le thème
du bon prêtre, «ministre d'un dieu de paix et de douceur» (*Olympie*,
v.3), celui du malheureux curé d'Etrepigny sont donc présents à
son esprit.
    Sur ces entrefaites, un autre ecclésiastique va solliciter son
attention. A la date du 14 juin 1762, il a lu l'*Emile* de Jean-Jacques
Rousseau (D10507). Dans ce «fatras d'une sotte nourrice», il
distingue la «Profession de foi du vicaire savoyard» qui peut,

selon lui, rendre des services. [85] Le 19 juin 1762, à Genève, l'*Emile*
et *Du contrat social* sont condamnés au feu et leur auteur décrété
de prise de corps. Voltaire suit avec attention les tribulations
du citoyen de Genève. La «Profession» de ce «Diogène» qu'il
intégrera plus tard dans le *Recueil nécessaire* suscite en lui de
l'émulation. A la duchesse de Saxe-Gotha qui n'aime point les
productions athées (D10655), mais déteste les persécuteurs et
plaint Jean-Jacques, il a envoyé d'abord un Meslier (D10626,
D10690), puis le 19 juillet 1763 un «petit catéchisme» qui lui paraît
«assez raisonnable» (D11313). Il s'agit sans doute du *Catéchisme de
l'honnête homme, ou dialogue entre un caloyer et un homme de bien traduit
du grec vulgaire par D.J.J.R.C.D.C.D.G.* (initiales qui signifient
Dom Jean Jacques Rousseau Ci Devant Citoyen De Genève),
ouvrage dont il assure la diffusion au cours de l'année 1763. La
duchesse remercie, affirme que ce catéchisme est plus hardi que la
profession de foi du vicaire savoyard (D11344). Voltaire a donc
répondu sur le plan du dogme. Mais le vicaire savoyard pouvait
prétendre illustrer le personnage du vertueux ecclésiastique selon
la philosophie des Lumières. Il rejetait dans l'ombre les déguisements voltairiens, Oroés, «ce mage révéré que chérit Babylone»
(*Sémiramis*, i.v) ou, plus proche, l'Hiérophante d'*Olympie*. Voltaire
ne laissera pas Jean-Jacques occuper ce terrain. Il crée Téotime.
Au vicaire qui ambitionne sans espoir l'honneur d'être curé, car
une «adventure de jeunesse» l'a mis mal avec son évêque, [86] et qui
débite sa confession devant le cadre somptueux des Alpes au soleil
levant, Voltaire va opposer un curé bien installé dans sa petite
cure, entretenant avec le seigneur du lieu les meilleures relations
du monde et ne parlant que parce qu'on l'interroge. Le vicaire
s'adresse à un jeune expatrié dont il a favorisé l'évasion et qui,
réduit à la dernière misère, est tenté de ne plus croire. Ce fugitif,
Jean-Jacques se lasse vite de n'en parler qu'à la troisième personne
et avoue qu'il s'agit de lui-même. Le curé de Voltaire répond à
un honnête homme et même au meilleur, comme son nom,
Ariston, l'indique. Aux effusions du premier répondent les articles
précis du «catéchisme» du second.

Voltaire n'a pas laissé Jean-Jacques lui ravir la vedette, même en
matière d'ecclésiastique vertueux. Ce «catéchisme du curé», sans
que l'on puisse lui assigner une date précise de rédaction, s'inscrit

dans l'horizon de la pensée voltairienne au cours des années 1761-1762.

La recherche qui a été tentée reste décevante. En cernant chronologiquement des centres d'intérêt de Voltaire, elle indique des probabilités, sans pour autant garantir des dates de rédaction. [87] On les considère donc comme des lueurs trouant çà et là les ténèbres qui, selon la volonté de Voltaire, ont préservé cette œuvre des curiosités indiscrètes.

Pour comprendre la genèse du *Dictionnaire philosophique*, faute de dates sûres, de brouillons ou versions remaniées, il reste une voie à explorer, celle de l'état d'esprit de Voltaire pendant qu'il rédige ces 73 premiers articles. Il avait annoncé le 18 février 1760 un «dictionnaire d'idées»; il passera en revue, dit-il, ce qu'il doit penser «sur ce monde cy et sur l'autre» (D8764). Sa référence est Montaigne, ce qui implique des méditations sur l'humaine condition. Or le manuscrit mis au point est un ouvrage agressivement militant. Des premières semaines de 1760 à la mi-1763, les temps ont changé. Le *Dictionnaire philosophique* reflète une évolution perceptible de Voltaire.

A l'attaque contre les philosophes de Lefranc de Pompignan lors de son discours de réception à l'Académie française (10 mars 1760), Voltaire réplique par une campagne d'épigrammes: les *Quand*, les *Non*, les *Oui*, les *Que*, les *Qui*, les *Quoi*, les *Pour*, toute *L'Assemblée des monosyllabes*. En réponse aux *Philosophes* de Palissot, pièce soutenue par les dévots qui ridiculisait Diderot sous le nom de Dortidius, dont la première représentation eut lieu le 2 mai 1760, Voltaire, après de savantes manœuvres, fait jouer en juillet *Le Caffé ou l'Ecossaise* qui était dirigée contre Fréron. [88] Son engagement contre les antiphilosophes est marqué aussi par la publication du *Recueil des facéties parisiennes pour les six premiers mois de l'année 1760*, pot-pourri qui réunit les «pièces du procès». Dans ce climat de guérilla, Voltaire, le 23 juin, songe à des ripostes d'importance:

> Je voudrais voir après ces déluges de plaisanteries et de sarcasmes quelque ouvrage sérieux et qui pourtant se fît lire, où les philosophes fussent pleinement justifiez et l'infâme confondue. [89]

Il travaille à cet «ouvrage sérieux», sans doute par intermittences.

Il se vantait de rire de tout, ou mieux encore de «ricaner», en mai 1760 (D8933, D8946); moins d'un an plus tard, en avril 1761, il se montre combatif, à la suite de ses démêlés avec les jésuites d'Ornex et le curé de Moëns:

> J'ay soufert quarante ans les outrages des bigots et des polissons. J'ay vu qu'il n'y avait rien à gagner à être modéré; et que c'est une duperie. [90]

Le 11 mai 1761, furieux contre cette prêtraille qui attache de l'infamie à l'art du comédien, il rêve de solutions expéditives:

> Esce que la proposition honnête et modeste d'étrangler le dernier jésuite avec les boyaux du dernier janséniste ne pourait amener les choses à quelque conciliation? [91]

Des événements vont l'ancrer dans ses convictions. En octobre 1761, l'autodafé de Lisbonne l'indigne. [92] Il proteste dans son *Sermon du rabbin Akib*. Il met au point l'*Extrait des sentiments de Jean Meslier* en janvier 1762 et pense que:

> Jamais le temps de cultiver la vigne du seigneur n'a été plus propice. Nos infâmes ennemis se déchirent les uns les autres. C'est à nous à tirer sur ces bêtes féroces pendant qu'elles se mordent et que nous pouvons les mirer à notre aise. [93]

C'est alors qu'il apprend la mort de Jean Calas:

> Il vient de se passer au parlement de Toulouse une scène qui fait dresser les cheveux à la tête. On l'ignore peutêtre à Paris, mais si on en est informé, je défie Paris tout frivole, tout opéra comique qu'il est, de n'être pas pénétré d'horreur. [94]

Il résume le drame, puis conclut: «J'en suis hors de moy. Je m'y intéresse comme homme, un peu même comme philosophe. Je veux savoir de quel côté est l'horreur du fanatisme». Devenu le défenseur de Calas, il rédige des mémoires, compose son *Traité sur la tolérance* tout en complétant son *Dictionnaire philosophique*.

Le *Portatif* se constitue alors que Voltaire s'engage de plus en plus profondément dans son combat contre l'infâme et alors qu'il ne doute pas du succès final. D'où l'orientation du texte, son déchaînement polémique contre le fanatisme et la superstition. Composé par un esprit aussi sensible à l'absurde qu'à l'horrible, il reflète l'oscillation qui marque le *Traité sur la tolérance*: «il y a des endroits qui font frémir, et d'autres qui font pouffer de rire».[95] La genèse du *Dictionnaire philosophique* s'inscrit sur ce fond d'alternance des colères et des rires voltairiens.

ii. *Les éditions*

L'édition de 1764

Un double sentiment de sécurité et d'urgence commande cette publication. Voltaire n'est point de ceux qui gardent la chandelle sous le boisseau et il se sent hors d'atteinte:

> Je n'habite point en France, je n'ay rien en France qu'on puisse saisir, j'ay un petit fonds pour les temps d'orage. Je répète que le parlement ne peut rien sur ma fortune, ny sur ma personne ny sur mon âme, et j'ajoute que j'ay la vérité pour moy.

Alors éclate sa détermination:

> Voicy le temps où mon sang bout, voicy le temps de faire quelque chose. Il faut se presser, l'âge avance. Il n'y a pas un moment à perdre. Ils me font jouer de grands rôles de tragédie pour amuser ces enfans et ces génevois. Mais ce n'est pas assez d'être un vieil acteur. Je suis et je dois être un vieil auteur, car il faut remplir sa destinée jusqu'au dernier moment.[96]

Il remplit sa «destinée» en 1764, en s'adressant à ces «hommes raisonnables» dont l'Europe est remplie, pour les éclairer.[97]

Intitulé *Dictionnaire philosophique portatif*, l'ouvrage imprimé clandestinement par Gabriel Grasset paraît en juillet 1764 (sigle: 64), après que l'arrêt du Parlement de Toulouse condamnant Calas ait été cassé par le Conseil du roi le 4 juin. Peut-être Voltaire a-t-il attendu ce moment favorable afin de ne point gêner le processus engagé en faveur des Calas.

Voltaire se lance dans une intense campagne de démentis où se mêlent la prudence, le goût du jeu, le sens de la publicité. Ses dénégations s'adressent aux «frères» chargés de diffuser la vérité officielle. Qu'on se le dise, le *Portatif* n'est point de Voltaire:

> Dieu me préserve, mon cher frère, d'avoir la moindre part au Dictionnaire philosophique portatif! J'en ai lu quelque chose; celà sent terriblement le fagot.

> J'ai ouï parler de ce petit abominable dictionnaire; c'est un ouvrage

de Satan [...] Heureusement je n'ai nulle part à ce vilain ouvrage,
j'en serais bien fâché; je suis l'innocence même, et vous me rendrez
bien justice dans l'occasion.[98]

Cette consigne est répétée à d'Alembert (D12027). Et voici un
mot d'édification pour parachever la comédie:

> Vraiment j'ay lu ce dictionaire diabolique. Il m'a effrayé comme
> vous, mais le comble de mon affliction est qu'il y ait des crétiens
> assez indignes de ce beau nom pour me soupçonner d'être l'auteur
> d'un ouvrage aussi antichrétien.[99]

La clandestinité ouvre un espace ludique à l'acteur Voltaire. Mais
ses déguisements ne sont pas gratuits. Selon la législation en
vigueur, tant que l'auteur n'avouait pas, seul son ouvrage pouvait
être poursuivi. D'où la tactique: «Il faut agir en conjurez, et non
pas en zélez. On ne sert assurément ny la vérité ny moy en
m'attribuant cet ouvrage».[100] Ces démentis sont préventifs.

Les remous causés par cette «abomination alphabétique» sont
tels que Voltaire va mettre en place des parades défensives. Dès
le 14 septembre, d'Argental est chargé de prendre contact avec
Marin afin d'empêcher l'entrée du *Portatif* chez les Welches.[101] Or
la réaction ne vint point de Paris, mais de Genève. Le 10 septembre, le procureur général Jean-Robert Tronchin-Boissier a
appris qu'on débitait sous le manteau un ouvrage qui «frappoit
la Religion par des endroits sensibles». Il s'agirait d'un *Dictionnaire
historique portatif*, Londres 1764. Il demande donc au Conseil de
prendre des mesures pour «étouffer la contagion».[102] Le même
jour, le livre est saisi chez tous «marchands-libraires, en gros et
en détail, et chez tous louëurs et loueuses de livres». Seuls deux
exemplaires sont trouvés, chez le sieur Chirol. Ce commis de
librairie de Claude Philibert dépose qu'il s'est procuré une douzaine d'exemplaires chez «la femme Grasset», qu'il les a vendus à
des étrangers, à l'exception de deux exemplaires envoyés en Suisse
et des deux exemplaires remis aux autorités (11 septembre). Eve
Lequin, femme de Gabriel Grasset, affirme n'avoir jamais eu que
ces douze exemplaires vendus à Chirol (12 septembre). Elle les
aurait achetés à un colporteur venu chez elle se fournir en catéchismes. Le 15 septembre, la perquisition chez Grasset ne permet
point aux autorités de découvrir d'autres exemplaires du *Portatif*

(D.app.?49) Pendant que ces interrogatoires et démarches ont lieu, le procureur Tronchin-Boissier lit le *Dictionnaire philosophique* et prépare son rapport.

Le 20 septembre 1764, il remet au Magnifique Conseil un réquisitoire détaillé (D12093). Il dénonce des «paradoxes funestes», des «recherches indiscrètes», des «questions follement curieuses»,[103] «la plus audacieuse critique» sur les dogmes de la religion révélée,[104] une attaque inacceptable des livres de l'Ancien Testament.[105] Il remarque que la forme alphabétique rend ce livre particulièrement dangereux. Puis il s'interroge sur la politique à suivre. Sans doute, «les flammes auxquelles on condamne un Livre, allument [...] la curiosité publique». Mais dans l'état des choses, «un Jugement moins frappant paroîtroit contraster avec un autre Jugement devenu trop fameux», c'est-à-dire avec la condamnation de l'*Emile*. Tout bien pesé, le procureur conclut que le *Dictionnaire philosophique*, soit «lacéré et brûlé devant la Porte de l'Hôtel de Ville, par l'Exécuteur de la Haute Justice, comme téméraire, impie, scandaleux, destructif de la Révélation», que défense soit faite aux libraires et colporteurs d'en imprimer, vendre, distribuer. Suivent des condamnations particulières contre Chirol, Eve Lequin, femme Grasset, et contre l'imprimeur Gabriel Grasset.[106] Ces recommandations de Tronchin seront suivies (voir D.app.249). Le 24 septembre, le *Dictionnaire philosophique* est lacéré et brûlé.

Le 1er octobre, Voltaire est inquiet: «les Frérons et les Pompignans» crient que le *Dictionnaire philosophique* est de lui (D12113). Le 12 octobre, il croit savoir qu'on en a parlé au roi comme d'un livre très dangereux et le 20 que le souverain a chargé quelqu'un de l'examiner.[107] Il écrit au comte de Saint-Florentin (voir D12171a). Le 27 décembre 1764, les *Mémoires secrets* rapportent à ce sujet une anecdote (ii.134):

> Au mois de septembre dernier MM. de l'Académie des belles-lettres ayant été présenter au roi leur nouveau volume... *Eh bien!* (dit le roi au président Hénault, chef de la députation) *voilà votre ami qui fait des siennes.* [...] *Le malheureux*, dit le président à ses confrères, *il travaillait dans ce moment même à revenir en France.*[108]

A Versailles, le dénonciateur aurait été l'abbé d'Estrées auquel

Voltaire n'aurait point fait sa cour lorsqu'il était venu prendre possession de son prieuré près de Ferney.[109] Pour se défendre, Voltaire lance deux versions concurrentes. La première mise sur le partage des responsabilités où resurgit le rêve ancien d'un petit groupe travaillant de concert: «On doit regarder cet ouvrage comme un recueil de plusieurs auteurs, fait par un éditeur de Hollande».[110] Pour la seconde, Voltaire jette en pâture un nom, celui de Dubut, étudiant en théologie. Ce jeune homme devient tout à coup bien vieux.[111] Son identité est flottante: il s'appelle tantôt Dubut, tantôt Des Buttes. Mais comme Voltaire se rend compte du manque de sérieux de cette fiction, tout juste bonne pour amuser la galerie, il s'efforce de prouver que l'ouvrage est de plusieurs mains. C'est alors qu'il compose le mémorandum, envoyé le 19 octobre et énumérant ses emprunts et les contributions étrangères.[112] Cette thèse est soutenue par une intense correspondance,[113] puis par une missive adressée au président Hénault qui devait examiner le *Dictionnaire philosophique* et qui reprend la même argumentation.[114] Voltaire met aussi en avant des raisons techniques: Cramer est son seul éditeur. Un libraire comme lui n'a point imprimé un ouvrage rempli de fautes grossières que Voltaire se fait fort d'énumérer.[115] Les *Mémoires secrets* se moquent cependant du désaveu qu'il a envoyé à l'Académie et qui ne convainc personne (ii.134).

En novembre, Voltaire avoue que, trop vite alerté, il a cru bon «d'aller au devant des coups» (D12208). La répression contre les livres dangereux n'était pas exempte de flottements au dix-huitième siècle. Tantôt on ferme les yeux, tantôt on applique des lois très restrictives. Ainsi, une expédition commandée par l'inspecteur de la librairie d'Hémery, aura-t-elle lieu à Bouillon, lieu de franchise. On y saisira des ouvrages de Voltaire: *La Pucelle, Traité sur la tolérance, Dictionnaire philosophique*.[116] Fin 1764, les craintes de Voltaire se sont évanouies. A Genève, on aurait préféré ne point sévir. Le Conseil n'a pu s'en dispenser, afin de n'être point taxé de laxisme par une bourgeoisie très dévote qui était scandalisée.[117] Aurait-on essayé d'atténuer la sanction? Voltaire aurait reçu la visite d'un magistrat qui serait venu lui «demander poliment la permission de brûler un certain portatif».[118] Choiseul lui enjoint de se tenir tranquille (D12168):

Pourquoi diable vous démenez vous, Suisse marmotte, comme si vous étiez dans un bénitier? On ne vous dit mot, et certainement l'on ne veut vous faire aucun mal; vous désavouez le livre sans que l'on vous en parle, à la bonne heure; mais vous ne me persuaderez jamais qu'il n'est pas de vous.

Le ministre le met en garde sur le mauvais effet produit par ses «lettres multipliées». Rassuré, Voltaire va pouvoir s'occuper d'éditions augmentées.

La publication du *Dictionnaire philosophique* a fait scandale. On ignore à quel nombre d'exemplaires cette édition fut tirée, mais il semble qu'elle fut vite épuisée. Il est difficile d'en trouver à Genève le 25 septembre, impossible le 12 novembre.[119] Le prix était élevé. Chirol avoue avoir vendu ses exemplaires six livres de France (D.app.249). A Paris, Mme de Chamberlin, une veuve aux revenus modestes, s'est mise en quête du *Dictionnaire philosophique*. Elle apprend qu'il se vend clandestinement à cinq louis.[120] Il est donc réservé à une petite clientèle. Grimm dans la *Correspondance littéraire* du 1er septembre l'annonce comme fort rare à Paris: «Au reste, l'édition entière de cet évangile précieux se réduit peut-être à vingt ou vingt-cinq exemplaires» (CLT, vi.65). L'inspecteur d'Hémery pour sa part en a eu connaissance le 1er septembre. Toussaint-Pierre Lenieps écrit à J.-J. Rousseau le 27 octobre qu'il n'a pu se le procurer, mais qu'il a réussi à le parcourir (Leigh 3607). Voltaire n'en a gratifié que les adeptes.[121] Il ne l'enverra à Mme Du Deffand que le 8 octobre, l'exhortant à lire le «Catéchisme chinois», lui expliquant les anagrammes du «Catéchisme du Japonais».[122]

En revanche, la diffusion européenne paraît bien assurée. La duchesse de Saxe-Gotha a reçu l'exemplaire que Voltaire lui a envoyé. Grimm demande qu'un paquet lui soit apporté par quelque honnête voyageur afin qu'il puisse en gratifier des têtes couronnées, l'impératrice de Russie, la reine de Suède, la princesse de Hesse-Darmstadt, la princesse de Nassau-Sarrebruck (D12072).

Les mesures coercitives prises contre le *Dictionnaire philosophique* attisent la curiosité.[123] Il existait un marché, aussi les éditions et contrefaçons se sont-elles multipliées.

Les éditions de 1765

La première édition fut recopiée par différentes éditions de provenance incertaine. [124] Voltaire prétend avoir empêché que le libraire Besongne de Rouen, spécialisé dans les livres prohibés, [125] en ait fait une copie. [126] Un vague projet d'édition expurgée ne paraît pas avoir été réalisé. [127] Le 3 octobre 1764, «Des Buttes», bien que vieux et malade, apporte «un gros cayer d'articles nouveaux et d'anciens articles corrigés». Ces textes seraient «plus circomspects et plus intéressants que les anciens». Un paquet a été envoyé début octobre à Marc-Michel Rey. [128] Le 12 octobre, Voltaire annonce à d'Alembert qu'il se fait une édition très jolie en Hollande à laquelle il lui propose de collaborer (D12137); le 11 décembre, elle serait imprimée avec l'indication: «par une société de gens de lettres». [129] Terminée depuis le 29 novembre, [130] grossie de «plusieurs chapitres insolents», cette édition (sigle: 65) est un succès de librairie: il s'en est débité «quatre mille en huit jours» (D12246). Le 27 décembre 1764, les *Mémoires secrets* l'annoncent (ii.134). Elle comprend sept articles nouveaux: «Catéchisme du jardinier», «Enthousiasme», «Liberté de penser», «Nécessaire», «Persécution», «Philosophe», «Sens commun». Une seconde section a été ajoutée à l'article «Tolérance». Des échos des démêlés de Voltaire avec les ecclésiastiques sont perceptibles dans «Persécution», le ton s'est durci dans «Tolérance» II, et le galérien de l'âme, Médroso, dans «Liberté de penser» pourrait renvoyer à une déception de Voltaire au printemps 1764 qui s'est heurté au refus des protestants de s'installer en Guyane.

Tandis que Voltaire en organise la diffusion, envoyant un paquet à Henri Rieu (D12305), des exemplaires à ses connaissances, [131] les autorités sont sur le pied de guerre. La maladresse de certains religieux contribue au succès de cet ouvrage infernal. Mme de Chamberlin se confesse pour Noël. Cette petite bourgeoise aime avec passion les livres, «Charon, Montagne, Milton, l'histoire générale, Micromegas, Zadic». Dure réprimande de son confesseur qui, tout en colère, lui demande si elle a lu le *Dictionnaire philosophique*. Elle ne l'a pas lu, mais veut le lire et s'adresse à Voltaire qui l'a fait pleurer avec sa *Zaïre*. [132] Brûlé en décembre 1764 en Hollande (D12266), ensuite à Berne, [133] le *Dictionnaire philosophique* éveille la colère d'Omer Joly de Fleury qui a dit qu'il ne mourrait pas content s'il n'avait pas vu pendre un philosophe (voir D12180). Il prépare son réquisitoire. Le *Portatif* sera aussi mis à l'*Index* et condamné par le Parlement de Paris le 19 mars 1765. Cet arrêt du Parlement condamne à la fois le *Dictionnaire philosophique portatif*, et les *Lettres écrites de la montagne* par Jean-Jacques Rousseau.

Après une introduction sur les progrès de la fausse philosophie, Joly de Fleury examine le *Portatif*, en précisant que si l'auteur en était connu, il mériterait de subir les peines les plus rigoureuses. Son analyse met particulièrement en évidence les attaques contre la religion:

> Les dogmes de la religion présentés comme des nouveautés introduites par la succession des temps; dérision de la discipline et des usages de l'Eglise; anéantissement des saintes Ecritures et de toute Révélation: on essaie de saper les fondements de la religion catholique; on nie la divinité de Jésus-Christ; on ne craint pas, on ne rougit pas de traiter de fable ce que les évangélistes en rapportent, et de donner pour institution humaine la foi et la discipline de l'Eglise; les sacrements; le culte des saints pour superstition.

Omer Joly de Fleury reproche à cet ouvrage de ne respecter ni les textes de la Bible, ni ceux des Pères. Puis sa diatribe expose des points condamnables:

> Point de miracles; c'est, selon l'auteur, insulter Dieu que d'en supposer. Point de péché originel dans l'homme; point de liberté dans sa volonté; point de Providence générale ni particulière: la matière est éternelle selon lui: il n'y a de certitude que la Physique et la Mathématique: illusion que l'espérance d'une vie future, l'homme périt tout entier; invectives contre les actes consacrés par la Religion: Lois divines et humaines également méprisées; on présente les religions comme faites pour les climats.

L'argumentation concernant la religion naturelle lui paraît très faible, d'où la conclusion:

> Mystères, dogmes, morale, discipline, culte, vérité de la religion, autorité divine et humaine, tout est donc en butte à la plume sacrilège de cet auteur, qui se fait gloire de se ranger dans la classe des bêtes en mettant l'homme à leur niveau.

Après avoir stigmatisé les moyens adoptés pour répandre ces

erreurs: «le ridicule, la plaisanterie, les doutes, les sophismes, les objections, les difficultés, les blasphèmes», le procureur général affirme qu'il faut proscrire cet ouvrage contraire aux intérêts de la société et qui, de plus, est irrespectueux quant au sceptre et à la couronne. [134]

Voltaire s'est offert le plaisir le 12 janvier 1765 de mystifier le Petit Conseil de Genève. Il lui donne avis que «parmi les libelles pernicieux dont cette ville est inondée depuis quelque temps, tous imprimés à Amsterdam chez Marc Michel Rey, il arrive Lundi prochain chez le nommé Chirol, Libraire de Genève, un ballot contenant des Dictionnaires philosophiques, des Evangiles de la raison et autres sottises» (D12313). Bien entendu la perquisition diligentée par les autorités sera vaine. Chirol, au cours de son interrogatoire, déclare avoir fait arrêter en route ce paquet. Toutes ces péripéties n'empêchent point Voltaire de travailler à une édition augmentée.

L'édition faite sous l'adresse de Varberg en deux volumes est imprimée par Gabriel Grasset (sigle: 65v); voir D.app.270. Cette édition est enrichie d'une préface où l'auteur affirme que cet ouvrage est de plusieurs mains et où il définit son dessein: «joindre l'utile à l'agréable». Seize articles inédits ont été ajoutés: «Abbé», «Confession», «Dogmes», «Esprit faux», «Foi», «Genèse», «Idée», «Du juste et de l'injuste», «Lettres, gens de lettres, ou lettrés», «Martyre», «Orgueil», «Paul», «Prêtre», «Secte», «Théiste», «Théologien». L'article «Salomon» a été remanié. Seize autres articles ont reçu des additions: «Abraham», «Ame», «Catéchisme chinois», «Catéchisme du Japonais», «De la Chine», «Christianisme», «Destin», «Ezéchiel», «Fables», «Guerre», «De la liberté», «Luxe», «Messie», «Moïse», «Religion», «Sensation»; et les articles «Résurrection» et «Superstition» ont reçu chacun une section supplémentaire.

L'ensemble est considérable. Voltaire a mis à profit les recherches entreprises pour *La Philosophie de l'histoire*. Il a bénéficié, comme pour le *Traité sur la tolérance*, de l'érudition du pasteur Paul-Claude Moultou auquel il emprunte des ouvrages, qu'il consulte sur des points délicats. [135] Celui-ci lui signale des «passages singuliers». [136] De bons catholiques dénonceront le rôle des pas-

teurs «sociniens». Selon dom Chaudon les honnêtes gens s'interro
gent: comment Voltaire qui ne sait pas un mot d'hébreu s'avise-
t-il de commenter la Genèse? Voici la réponse du bénédictin:

> Vous vous étonnez mal à propos; M. de Voltaire est l'homme
> universel, et si universel qu'il a expliqué Newton sans l'entendre,
> et qu'il dispute tous les jours avec les pasteurs de Genève sur la
> pauvreté de la langue hébraïque sans la savoir. Quelques-uns de
> ces MM. tiennent un peu au socinianisme; ils sont des petits
> soupers de M. de V., et ils lui fournissent quelques arguments au
> dessert qu'il va écrire tout de suite pour en faire des chapitres de
> son Dictionnaire philosophique. Comme il travaille dans le temps
> de la digestion, et que sa digestion est laborieuse, il n'est pas
> étonnant que vous trouviez beaucoup de bile dans tout ce qu'il
> produit. [137]

Voltaire mettra un signet à cet article «Genèse» (CN, ii.609), et
dans *Le Pyrrhonisme de l'histoire* en 1768 il rétorque (M.xxvii.299):

> Vous en avez menti, mon révérend père: *mentiris impudentissime*,
> comme disait Pascal. Les portes de cette ville sont fermées avant
> l'heure du souper. Jamais aucun prêtre de cette ville n'a soupé
> dans son château, qui en est à deux lieues; il ne vit avec aucun, il
> n'en connaît aucun: c'est ce que vingt mille hommes peuvent
> attester.

Ces articles de Varberg sont nourris aussi de ses lectures récentes, comme «Secte» qui est à mettre en relation avec celle de l'abbé
Houtteville; ils répliquent aussi à des événements contemporains,
comme «Prêtre» qui répond aux actes de l'Assemblée générale du
clergé, ou comme «Abbé» qui lance des banderilles contre Lefranc
de Pompignan. Certaines additions sont polémiques et mettent en
cause l'une des premières réfutations du *Dictionnaire philosophique*,
celle de J.-A. Rosset; [138] d'autres apportent des développements
nouveaux. [139]

L'édition de 1767

En France, les autorités ne désarmaient pas. L'année 1766 le
rappelle cruellement. Le 1er juillet, le chevalier de La Barre, accusé
de sacrilège et de profanation, est exécuté à Abbeville. Sur son
bûcher, on jette un exemplaire du *Dictionnaire philosophique*, comme
l'avait spécifié un arrêt du Parlement de Paris:

Ce faisant le *Dictionnaire philosophique portatif*, faisant partie desdits livres qui ont été déposés au greffe de ladite sénéchaussée, serait jeté par l'exécuteur de la Haute Justice dans le même bûcher où serait jeté le corps dudit Lefebvre de La Barre. [140]

Le procureur général Joly de Fleury avait désigné à la vindicte publique, par-delà le bouc émissaire, ce jeune chevalier qui allait payer de sa vie quelques impiétés, les fauteurs de troubles, c'est-à-dire les philosophes et tout particulièrement Voltaire. Le *Dictionnaire philosophique* avait été saisi dans la bibliothèque de La Barre (D.app.279). Oublié par mégarde à Paris, un courrier spécial avait été dépêché pour qu'il fût brûlé pendant l'exécution. Voltaire, après les habituels démentis (D13405, D13500), et un moment de peur, a repris le combat. [141]

En décembre 1766, la femme Lejeune, qui voulait faire entrer en France des livres interdits, vient à Genève et s'en procure un bon nombre. Parmi ceux-ci se trouvent des exemplaires du *Dictionnaire philosophique*. Recommandée par d'Argental, elle fut bien accueillie à Ferney. Elle sera arrêtée à Collonges et ses malles, remplies de livres cachés sous de vieux vêtements, seront saisies. [142]

En juin 1767, paraît en Hollande une «sixième édition revue, corrigée et augmentée de xxxiv articles par l'auteur» (D14223, D14230). Cette édition de Marc-Michel Rey (sigle: 67, 67s pour son supplément) reprend les articles précédemment parus et comprend dix-huits inédits: « Adam », « Antitrinitaires », « Arius », « Babel », « Conciles », « David », « Des délits locaux », « Divinité de Jésus », « Evangile », « Job », « Judée », « Julien le philosophe », « Maître », « Morale », « Sur le papisme », « Péché originel », « Prophètes », « Transsubstantiation ». Une seconde section est ajoutée aux articles « Athée, athéisme », « Foi », « Des lois », des additions aux articles « Abraham », « Baptême », « Christianisme ». Neuf de ces nouveaux articles sont suivis d'une signature, le plus souvent fantaisiste.

Certains sont à mettre en relation avec la publication des dix volumes restants de l'*Encyclopédie*. En février 1766, Voltaire salue avec enthousiasme cet événement dû à la «tolérance» de Malesherbes. [143] Dans le tome viii étaient publiées dix des contributions de Voltaire dont les articles «Idole, idolâtre, idolâtrie» et «Histoire». Le tome ix contenait «Messie» par Polier de Bottens. Dans ces volumes défigurés par Le Breton, Voltaire fait une découverte, celle de l'article «Unitaires», en mars 1766 (D13206). La lecture de ce long texte de Naigeon est à l'origine des articles «Antitrinitaires», «Arius», «Divinité de Jésus», «Papisme», «Péché originel» et d'une addition à l'article «Baptême». Dès avril 1766, Voltaire a en réserve un certain nombre de textes nouveaux.[144] Sans doute rédige-t-il «Babel» après «Adam», «David» dans la foulée de «Philosophe», paru en 1765. «Evangile» peut être mis en relation avec la lecture de Fréret en juin auquel il attribue l'addition d'«Abraham». Il envoie «Julien» à Frédéric ii en octobre.[145] Les recherches pour *L'Examen important de milord Bolingbroke* ne sont peut-être pas étrangères à l'article «Prophètes». «Transsubstantiation», si violent, est lié à l'affaire La Barre, le jeune chevalier ayant été accusé d'avoir profané des hosties. L'ombre de cette tragédie se profile sur ces additions antireligieuses de 1767, comme elle le fera encore pour celles de 1769.

La Raison par alphabet, 1769

L'édition la plus complète du *Dictionnaire philosophique*, notre texte de base, est celle de 1769, enrichie de quatre nouveaux articles: «Carême», «Credo», «Inquisition», «Torture», et d'additions aux articles «Ame», «Amour nommé socratique», «Job», «Du juste et de l'injuste». Dans cette édition publiée par Cramer en deux volumes sous le titre de *La Raison par alphabet* (sigle: 69), le premier volume comprend les articles des lettres A-I, le second ceux des lettres L-V, suivis de *L'A, B, C*, texte qui avait déjà été publié isolément.

On dispose de peu d'informations sur cette édition. Elle devait être bien avancée en mai 1769, puisque Voltaire envoie une addition pour *L'A, B, C* qui ne sera reprise que dans la deuxième édition de *La Raison par alphabet* en 1770.[146] Pendant l'été, il envoie à Cramer «Torture» et une «petite addition pour la Lettre *I*»,[147] et redemande «Inquisition», peut-être pour un remaniement.[148] Dans l'article «Torture», il résume l'affaire La Barre et commente ironiquement: «nous ne sommes qu'en 1769».

Quelque cinquante articles du *Dictionnaire philosophique*, un an plus tard, seront incorporés aux *Questions sur l'Encyclopédie*. L'acti-

vité alphabétique sera l'une des grandes passions de la vieillesse
de Voltaire.

3
La présence du «déjà dit»

Le *Dictionnaire philosophique* est l'œuvre d'un homme de cabinet, qui vit entouré de milliers de livres et se donne les gants de faire parade d'érudition tout en la critiquant vertement. La cible de choix reste dom Calmet «qui a beaucoup compilé, et qui n'a raisonné jamais» («Ciel des anciens»). Ce bénédictin, auquel Voltaire doit tant, est criblé de flèches.[1] Mais la marge entre les déclarations de principe et la pratique chez Voltaire n'est point étroite. Sur ce point, comme sur d'autres, Voltaire évolue, change d'avis au gré des circonstances.

Par coquetterie d'homme de goût, Voltaire avait cloué au pilori MM. Lexicocrassus et Scriblerius, invité les Daciers, les Saumaises, «gens hérissés de savantes fadaises», à se «décrasser» dans *Le Temple du Goût*.[2] Mais dans *Le Siècle de Louis XIV*, il a reconnu les mérites des travaux d'érudition, ceux qui sont fondés sur une «critique judicieuse des opinions et des faits».[3] Voltaire ne dédaigne point la compilation, même s'il oppose cette besogne aux «fleurs de la poésie». A d'Argental qui l'engage à parfaire ses tragédies, le 3 octobre 1752, alors qu'il se documente pour les articles destinés au projet lancé à la cour de Prusse, il se dit «affublé» d'occupations bien différentes:

> Les ouvrages de génie sont aux compilations ce que le mariage est à l'amour. *L'himen vient quand on l'appelle, L'amour vient quand il luy plaît.* Je compile à présent, et Le dieu du génie est allé au diable.[4]

Pour écrire le *Dictionnaire philosophique*, Voltaire a contracté un mariage qui n'est point seulement de raison avec l'érudition. Son voisin, le président de Brosses, en témoigne: il passe sa vie à lire Calmet.[5] Même dans ses dénégations, Voltaire joue au savant: «Quelle barbarie de m'attribuer un livre farci de citations de s[t] Jérome, d'Ambroise, d'Augustin, de Clément d'Aléxandrie, de Tatien, de Tertulien, d'Origène».[6] Or Voltaire, tout en pillant les auteurs anciens, fait profession de modernité. Il prétend qu'«il n'y a point aujourd'hui de petit livre de physique qui ne soit plus utile que tous les livres de l'antiquité» («Job»). Quoi qu'en ait dit Y. Florenne, sa philosophie n'est point «toute fondée sur l'actualité».[7] Journaliste, sensible à l'air du temps, Voltaire l'est assurément, mais l'étude du passé le sollicite. Il a écrit l'article «Histoire» pour l'*Encyclopédie* et il la définit comme «le récit des faits donnés pour vrais; au contraire de la fable, qui est le récit des faits donnés pour faux» (V 33, p.164). L'historien de l'*Essai sur les mœurs* reste conscient des incertitudes de l'histoire, mais il a engrangé une ample moisson qui lui permet de nourrir son «dictionnaire d'idées». Son champ de prédilection dans le *Dictionnaire philosophique* est l'histoire sacrée et particulièrement ce «recueil des erreurs humaines» qu'est pour lui l'histoire des opinions, aussi importante que celle des événements.

Le dernier paradoxe de Voltaire n'est pas le moindre. Non sans provocation, il se permet dans le *Dictionnaire philosophique* de donner une leçon d'interprétation des textes comme s'il était au-dessus de tout soupçon en la matière («Résurrection» I):

> Donner des sens forcés à des passages clairs, c'est le sûr moyen de ne jamais s'entendre, ou plutôt d'être regardés comme des gens de mauvaise foi par les honnêtes gens.

Voltaire reste un auteur en procès quant à l'utilisation de ses sources. Il l'a été dès le dix-huitième siècle où le jésuite Nonnotte s'est fait connaître par ses *Erreurs de Voltaire*, maintes fois rééditées et augmentées et où toutes les réfutations du *Portatif* collectionnent ses inadvertances ou ses fautes.[8] Le dossier reste ouvert.

Si les bravades de Voltaire incitent à lui demander des comptes quant à l'ampleur de sa documentation, à l'usage qu'il en a fait, il importe de ne point se limiter à cette vision critique et réductrice. Voltaire n'est point l'abbé Trublet, tel, du moins, que les vers caustiques du *Pauvre diable* l'ont dépeint (M.x.108):

> Il entassait adage sur adage;
> Il compilait, compilait, compilait;
> On le voyait sans cesse écrire, écrire
> Ce qu'il avait jadis entendu dire.

Si l'abbé Trublet, suivant son malin censeur, compilait pour masquer son «peu d'esprit», Voltaire est puissamment stimulé par l'esprit ou le manque d'esprit d'autrui.

Vérifier le degré de véracité des références et allégations de Voltaire est une tâche nécessaire, mais non suffisante. Livre qui renvoie à tant de livres, mosaïque de citations et de réminiscences, le *Dictionnaire philosophique* offre un champ illimité à la recherche intertextuelle. Il convient d'étudier la présence affichée ou latente de tant de textes dans ce dictionnaire voltairien et d'apprécier un discours original tenu à partir de discours anciens:

> Les abeilles pillotent deçà delà les fleurs, mais elles en font après le miel, qui est tout leur; ce n'est plus thym ni marjolaine. [9]

Goûter au miel de Voltaire, tout en reconnaissant parfois au passage le thym et la marjolaine, telle est la priorité, même si les résultats escomptés ne peuvent prétendre être complets. [10]

i. *Les citations*

Le mode de présence le plus évident d'un texte dans un autre texte est la citation puisque, par définition, les limites du droit de propriété de chacun y sont indiquées. [11] Pour sa part, en 1770, dans l'article «Auteurs» des *Questions sur l'Encyclopédie*, Voltaire procède à cette mise au point:

> Il y a bien de la différence entre faire mention d'un auteur et citer un auteur. Parler, faire mention d'un auteur, c'est dire: Il a vécu, il a écrit en tel temps. Le citer, c'est rapporter un de ses passages. [12]

Attentif à l'usage, dans l'article «Langue française», il remarque qu'au siècle de Louis xiv, «on citait les anciens, on ne *faisait pas des citations*». [13]

La citation est la suite naturelle du soulignement dans la lecture. Or qui a consulté le *Corpus des notes marginales* sait que la pratique voltairienne tend à isoler par des tirets, des traits, des notes, les fragments significatifs d'ouvrages qu'il consulte. Non sans humour, il évoque sa «louable coutume» qui consiste à «marginer» ses livres (D11549). Cette lecture active trouve son prolongement dans les carnets où sont engrangés souvenirs de lecture et remarques diverses. Voltaire s'est constitué avec ce «sottisier» un florilège de citations mises en réserve voisinant avec ses propres jugements. Il n'avait certes pas besoin de se reporter à un dictionnaire de citations,[14] ce qui ne l'empêche point de déclarer («Tout est bien»):

> Je n'aime point à citer; c'est d'ordinaire une besogne épineuse; on néglige ce qui précède et ce qui suit l'endroit qu'on cite, et on s'expose à mille querelles.

Quelles querelles faudrait-il intenter à l'auteur du *Dictionnaire philosophique*? Les modes de présence des textes d'autrui y sont variés et complexes. On se limitera d'abord aux citations à proprement parler. Pour établir le corpus, on n'a retenu que les fragments d'ouvrages prélevés, découpés et réinsérés, ceux qui s'exhibent comme parole d'autrui dûment rapportée.

La typographie permet en général de repérer les citations. Si l'on doit l'invention des guillemets à l'imprimeur Guillaume en 1670, la citation au dix-huitième siècle est marquée soit par l'italique, soit par les guillemets.[15] Voltaire s'est conformé à l'usage. L'italique attire l'attention sur des expressions ou phrases significatives, le début d'une chanson («Abbé»), l'énumération des trois âmes selon saint Thomas, la *végétative*, la *nutritive* et l'*augmentative* («Ame»). La citation étant produite à titre d'autorité, une phrase introductive garantissant son authenticité la précède parfois.[16] Quand le fragment comprend une ou plusieurs phrases, le texte cité est porteur de sens par lui-même; en revanche des expressions, privées de sens propre, sont dépendantes du commentaire: «et ce même Grammont, par un préjugé inconcevable, prétend que Vanini disait tout cela *par vanité, ou par crainte, plutôt que par une persuasion intérieure*» («Athée» 1). Pour les autocitations, Voltaire use d'un procédé d'enchâssement à valeur de devinette: «comme l'a dit un auteur connu, un catéchiste annonce Dieu aux enfants, et Newton le démontre aux sages» («Athée» 1), ou «on vous l'a déjà dit et on n'a autre chose à vous dire; si vous avez deux religions chez vous, elles se couperont la gorge; si vous en avez trente, elles vivront en paix» («Tolérance» 1).

Liberté et fantaisie règnent dans le *Dictionnaire philosophique* pour ce qui est des références des citations. Tantôt Voltaire n'indique ni l'auteur, ni l'œuvre, laissant à son diligent lecteur le soin de retrouver le texte. Il le fait de manière quasi systématique pour les poètes latins, estimant qu'ils seront reconnus. Il le fait pour ses propres vers: *Zaïre* dans la «Inquisition», *Défense du Mondain* dans «Luxe». Peut-être ne faut-il point chercher d'intentions précises lorsque Voltaire cite l'auteur sans le titre de l'œuvre,[17] l'ouvrage sans l'indication de son auteur,[18] l'auteur et l'ouvrage, parfois avec des précisions de chapitres.[19] Ces indications précises ne garantissent pas l'exactitude de la citation.[20] Les règles de l'érudition peuvent être bousculées par celles du jeu. Ainsi attribue-t-il à «un plaisant du parti janséniste» ses propres vers, déjà parus dans *Sottise des deux parts* («Convulsions»). Qu'on ne s'étonne pas que l'identification de quelques citations ait posé des problèmes!

Les citations du *Dictionnaire philosophique* s'élèvent à plusieurs centaines. Elles sont diversement réparties, et particulièrement nombreuses dans les articles religieux, d'où le fort pourcentage de textes bibliques, d'ouvrages des Pères de l'Eglise, des saints, des apologistes, des théologiens ou des historiens de l'Eglise. Voltaire cite textuellement les Actes des apôtres, censés moins familiers que les autres textes de l'Ancien ou du Nouveau Testament auxquels il fait allusion ou qu'il paraphrase.[21] Il renvoie plusieurs fois à saint Augustin, Lactance, Origène et saint Chrysostome.[22] Des ouvrages politiques sont largement utilisés.[23] La littérature latine est plus représentée que la littérature grecque, Horace et Ovide se taillent la part du lion.[24] La part réservée aux auteurs français et anglais est importante. L'éventail s'élargit avec d'autres citations, les unes littéraires, les autres religieuses.[25]

Ce dénombrement, utile pour une première approche, importe moins que l'examen de la méthode de Voltaire. Si le *Dictionnaire de Trévoux* rend hommage à Le Nain de Tillemont et à Bayle pour l'exactitude de leurs citations,[26] on n'ajoutera pas Voltaire à cette liste. Certaines de ses citations le sont de manière rigoureuse: celle de La Blèterie dans «Julien», la patente de saint Dominique dans «Inquisition», celle d'Agrippa d'Aubigné dans «Ciel des anciens». D'autres sont fautives, sans doute par négligence.[27] Dans l'article «Destin», Voltaire se fie à tort à sa mémoire et ne cite pas correctement Juvénal. Il lit trop vite, confond les notes de Calmet, renvoie au chapitre xxviii des Nombres, alors qu'il aurait dû renvoyer à Exode xxxiv.7 («Ezéchiel»). Il se trompe dans l'«Addition importante » de l'article « Baptême », attribue à Constance une phrase prononcée par Jésus dans *Les Césars* de Julien. Il tronque les textes du Deutéronome, ne respecte point l'ordre des versets et ne le signale pas (« Ame »). Plus graves sont des déformations tendancieuses. David tue les enfants à la mamelle (« David »). La Bible ne fait mention que des hommes et des femmes (I Samuel xxvii.9, 11). Mais, dans I Samuel xv, Yahvé prescrit l'extermination des Amalécites en incluant les enfants à la mamelle. Cette horreur est l'une des obsessions de Voltaire.[28] Pour l'article « David », s'agit-il d'une malignité délibérée ou d'une confusion ? Souvent Voltaire condense les textes, omet d'indiquer par des points de suspension les passages sautés, amalgame des versets par exemple d'Ezéchiel et d'Isaïe pour composer d'étranges chérubins (« Ange »).

De la citation à l'abrégé, la situation peut être indécise, par exemple pour la lettre de Constantin dans « Arius ».[29] Parfois se pose le problème de la traduction, qu'il l'emprunte ou qu'il en soit l'auteur. Il s'est reporté au texte de la Vulgate pour rendre dans leur crudité les dévergondages d'Oolla et Ooliba, édulcorés par Lemaître de Sacy (« Ezéchiel »). Mais il recopie, souvent sans vérifier l'original. Il ne lit pas Hérodote dans le texte, mais dans la traduction de Pierre Du Ryer, prétend en corriger les inélégances, ajoute inexactitudes ou contre-sens (« Circoncision »). Il paraphrase plus qu'il ne traduit Philon ou pratique une traduction très libre de Flavius Josèphe (« Christianisme »).

On l'accuse, non sans raison, d'indélicatesses. Des citations fausses aux fausses citations, une gradation serait à établir. Voltaire ne résiste pas au plaisir d'un bon mot. Il affirme que le bon petit lama Stelca isant Erepi, dont il prend soin d'indiquer en note que c'est un anagramme de l'abbé Castel de Saint-Pierre, voulait dire que « tout prêtre devait faire le plus d'enfants qu'il pourrait » (« Catéchisme chinois »). Ce n'est pas trahir de manière éhontée l'abbé de Saint-Pierre, ni le citer scrupuleusement. Mais faire montre de cet esprit de sérieux est peut-être un contre-sens. Le lecteur doit apprendre à jouer avec les textes, à apprécier cette parodie des Psaumes : « quand j'aurai bien crié que *la montagne du Chang-ti est une montagne grasse, et qu'il ne faut point regarder les montagnes grasses,* quand j'aurai fait enfuir le soleil et sécher la

lune: ce galimatias sera-t-il agréable à l'Etre suprême [...] ?»
(«Catéchisme chinois»). Voltaire forge aussi des textes pour les
besoins de sa cause, comme semble-t-il le discours d'Osius admo-
nestant les évêques avant la réunion du concile de Nicée («Arius»)
et le credo de l'abbé de Saint-Pierre qui porte son estampille
(«Credo»).
 Dans la transcription des textes, Voltaire se montre peu méticuleux. Faut-il dire que l'usage était laxiste de son temps? Ce
jugement mériterait vérification. Voltaire, quant à lui, ne se pique
pas de stricte fidélité aux textes. Ce qui lui importe, c'est de les
utiliser.

 Œuvre d'un esprit de grande culture, le *Dictionnaire philosophique* ne
se prive pas de la valeur ornementale des citations. Les citations
latines des articles «Amour», «Caractère», «Destin», «Enfer»,
«Songes» visent à l'agrément. Lieu de reconnaissance, elles établis-
sent une complicité entre gens du même monde. Valeur élitiste et
valeur de distinction, la citation entre dans les plaisirs de qualité,
d'autant plus qu'elle n'apparaît jamais comme superflue. Le point
de départ de l'article «Amour» est une citation de Virgile. Pour
illustrer des propos sans grande originalité sur le rôle joué par l'estime et les talents dans la naissance de l'amour, Voltaire a ensuite
recours à Lucrèce. Ces références prouvent la pérennité de l'analyse
des sentiments, relient le présent au passé, élargissent l'horizon
culturel. La phrase transplantée revit et fait revivre fugitivement
une œuvre. Jamais la citation littéraire ne donne l'impression d'être
plaquée sur le texte, elle s'inscrit dans le mouvement même de la
pensée et n'a rien à voir avec cet «ornement de barbare», comme
l'appelle Valéry Larbaud de la citation «rencontrée la veille ou sur
le moment» et surajoutée pour faire montre de culture.[30]
 Voltaire a le sens du patrimoine. Il a également celui des
arguments d'autorité. Il amplifie son discours en produisant à
l'appui de ses dires ce qu'ont pensé de grands auteurs – Hésiode,
par exemple, dans l'article «Matière». Mieux, il prouve. La citation
qui met en évidence un texte, et d'abord typographiquement,
innocente ou accuse, elle donne à juger sur pièces. Presque toutes
les citations bibliques sont, pour reprendre le mot de Paul Valéry,
dans la situation de suspects,[31] qui deviennent vite des coupables.

Voltaire rompt avec une pratique ancestrale de la référence scriptuaire alléguée comme vérité. Les textes sacrés sont appréhendés alors qu'ils se désacralisent. Quand le texte cité ne se condamne pas de lui-même, le contexte qui cherche à s'assurer une «appropriation triomphante»[32] tend à dégager sa charge d'erreurs, et par là même celle du livre dont il est tiré. Soigneusement choisis, des versets de l'Ancien Testament jettent le discrédit sur le livre tout entier, comme le montrerait l'examen des articles «David», «Ezéchiel». Le malin auteur, par ses allégations,[33] ruine la crédibilité de maints écrivains chrétiens.

La citation met en contact deux textes, deux pensées. Ce corps à corps produit des frictions. Ainsi s'opposent la parole obscure et la parole claire, celle de Clément d'Alexandrie rapportant les paroles de Jésus prêchant que le royaume des cieux adviendra quand «deux ne feront qu'un, quand le dehors ressemblera au dedans, et quand il n'y aura ni mâle ni femelle»,[34] et celle de l'abbé de Tilladet, signataire fictif de l'article «Evangile». De même, un mythe archaïque: «Dieu fit deux grands luminaires, l'un pour présider au jour, l'autre à la nuit», est confronté aux explications de la science, considérant que «l'Esprit saint se proportionnait à l'esprit du temps» («Genèse»). Plus généralement, le décalage s'accuse entre des écrits inspirés par la foi et les commentaires sceptiques ou agressifs de Voltaire qui se veulent ceux d'un historien critique.

On n'use pas impunément des paroles des autres. *Citare*, c'est mettre en mouvement, faire passer du repos à l'action. Les textes exhumés, réinscrits dans un autre contexte, se mettent de nouveau à parler. Si la voix de Voltaire prédomine le plus souvent, celles qu'il allègue se font entendre dans leur inaliénable altérité. La poésie du Cantique des cantiques triomphe des traitements dénigrants que Voltaire fait subir à cette «églogue juive». Tout au plus réussit-il à ridiculiser les interprétations allégoriques de l'Eglise («Salomon»). Les textes résistent. Les commentaires sur les Proverbes ou l'Ecclésiaste piquent la curiosité. Voltaire a fait lire ceux qu'il attaquait, ses contemporains certes, mais peut-être aussi des auteurs oubliés. Il n'avait point prévu cette publicité. A l'aube d'un âge non théologique, Voltaire porte témoignage sur l'ampleur et la richesse de cette recherche des temps passés, encore intégrée à la culture vivante d'un homme des Lumières et considérée comme devant concerner l'honnête homme.

Voltaire comme Pantagruel dans le *Quart livre* a jeté «pleines mains de paroles gelées». Réchauffées, elles se font entendre: «paroles bien piquantes», «paroles sanglantes», «paroles horrifiques» et «paroles assez mal plaisantes à voir».[35] La majorité des citations de Voltaire s'inscrit dans un climat ironique. Ces citations sont des solistes dans l'orchestre que dirige Voltaire. Mais toutes les autres voix, celles des auteurs mentionnés à divers titres et selon diverses modalités, jouent leurs partitions.

ii. *« Nous ne faisons que nous entregloser »*

C'est Montaigne qui l'a dit.[36] Mais on pourrait le dire de Voltaire. Aux textes d'autrui dont la présence s'affiche dans le *Dictionnaire philosophique*, s'ajoutent tous ceux que l'on peut ou que l'on devrait détecter, et sur ce point, qui peut se vanter d'être un «suffisant lecteur»? Les articles où Voltaire ne mentionne nommément aucun auteur ou aucun ouvrage sont peu nombreux.[37] Ils sont en fait nourris de maints souvenirs de lecture.[38] Les fragments littéraux ou paraphrastiques insérés dans cette œuvre sont dotés d'une présence plus ou moins évidente. Entre l'emprunt et la réminiscence, s'échelonnent toutes les références, renvois et mentions, parfois explicites, parfois simplement indiqués.

Les emprunts permettent d'accréditer la thèse de l'œuvre collective. Dans la préface de l'édition Varberg, Voltaire souligne l'ampleur de sa dette: «nous n'avons fait aucun scrupule de copier quelquefois une page d'un livre connu, quand cette page s'est trouvée nécessaire à notre collection».[39] Elle attribue à des savants les articles «Apocalypse», «Christianisme», «Messie», «Moïse», «Miracles». L'énumération serait incomplète: elle est suivie d'un «etc.». Il est ajouté que l'article «Genèse» serait d'un «habile homme favorisé de l'estime et de la confiance d'un grand prince», que les manuscrits de Dumarsais lui ont beaucoup servi. Le mémorandum d'octobre 1764 désigne Polier de Bottens comme auteur de «Messie», Abauzit comme celui d'«Apocalypse», Middleton comme celui de «Baptême». La *Divine legation of Moses* de Warburton aurait inspiré directement «Christianisme» et «Enfer». Plusieurs autres morceaux seraient imités de Bayle, de Leclerc, du marquis d'Argens et d'autres auteurs (D.app.253). Ces attributions sont répétées avec des variantes dans la correspondance de Voltaire au cours de sa campagne de dénégation d'octobre et novembre 1764.[40] Les déclarations de Voltaire mêlent le vrai et le faux selon des doses variables. En 1767, afin de prouver qu'il n'est point le seul auteur du *Dictionnaire philosophique*, Voltaire indique correctement certains de ses emprunts. Il a recopié l'*Encyclopédie* pour l'article «Antitrinitaires» et pour une addition à l'article «Baptême». Dans les éditions de 1764 et de 1765, aucun article n'affichait une signature étrangère. Il attribue après coup quelques-uns d'entre eux à différents savants. Il ne fait état de cette vérité, d'ailleurs relative, que pour les besoins de sa cause et non pour rendre à chacun ce qui lui est dû. Il ne signale ni la «page entière» prise à Middleton dans «Miracles», ni les passages tirés de Warburton, à l'exception d'une citation dans «Religion» 1, ni les emprunts précis aux manuscrits de Dumarsais.[41] Le lecteur doit le croire sur paroles ou vérifier. L'*Analyse de la religion chrétienne* est un condensé clair et précis des critiques qu'une partie de l'opinion éclairée du temps adressait au christianisme. Cet exposé des doutes sur l'authenticité des livres saints, ce relevé de leurs contradictions, ces discussions sur les prophéties, les miracles, les martyrs n'offraient à Voltaire aucune documentation nouvelle.[42] Il avait jugé avec pertinence Dumarsais dans une addition de 1756 au *Siècle de Louis XIV* en le plaçant parmi cette 'foule de sages' craints des charlatans et qui est 'une suite de l'esprit du siècle'.[43] La politique de Voltaire consiste à condenser les textes dont il s'inspire. Les matériaux d'«Apocalypse» viennent d'Abauzit, mais ils ont fait l'objet d'une mise en forme et des pages d'érudition patristique ont été supprimées. Pour «Messie», Voltaire s'est servi d'un texte de Polier de Bottens, mais il a procédé à des coupures; pour «Genèse», il s'est inspiré de d'Argens.[44] Ses indications ne sont pas parfaitement fiables. On le soupçonne volontiers d'avoir, pour se dédouaner, attribué à quelque savant, dont il respecte l'anonymat, l'article si polémique qu'il a consacré au christianisme, même s'il a beaucoup emprunté, et à de nombreux auteurs, pour rédiger cette pièce maîtresse de sa polémique.

Dans l'édition de 1767, Voltaire, qui s'adonne au jeu des masques, donne dix articles et quatre additions pour des contributions de différents collaborateurs. [45] Les unes seraient l'œuvre de personnages ayant existé, mais de préférence décédés : Fréret, Boulanger, l'abbé Nicaise, Abauzit le cadet, l'abbé de Tilladet, le baron de Broukana. [46] D'autres évoquent soit un personnage difficilement identifiable car son nom est réduit à des initiales (« Le chevalier de R** » pour « Adam »), soit un personnage fictif (« M. Guillaume, ministre protestant », responsable des blasphèmes de « Transsubstantiation »). Voltaire se cache et s'exhibe sous les pseudonymes transparents d'un « descendant de Rabelais » pour « Foi » i, ou d'un « malade aux eaux d'Aix-la-Chapelle » pour « Job ».

La part des emprunts textuels ou paraphrastiques reste difficilement mesurable. Combien de discours préexistants sont-ils enchâssés sans être signalés par aucun indice externe ? Au titre des emprunts inavoués, il convient de signaler l'immense dette voltairienne à l'égard de dom Calmet. Voltaire a trouvé dans les compilations de ce bénédictin un florilège de citations bibliques et de rapprochements entre les divers livres de la Bible, une anthologie de commentaires orthodoxes, un répertoire des difficultés du livre, des aperçus sur les commentaires juifs et protestants. [47] Il reste délicat de cerner les contours de ces emprunts, la pensée de Voltaire s'étant nourrie des informations que lui procurait Calmet, mais s'étant également formulée à leur contact.

L'emprunt affiche une collaboration étrangère, les mentions et références soulignent la présence d'innombrables intertextes. Il convient d'abord d'établir un bilan provisoire qui n'aura pas la prétention d'indiquer toutes les sources de Voltaire.

L'annotation de ces 118 articles démontre de façon éclatante que la documentation de Voltaire est immense. La consultation du catalogue de sa bibliothèque indique qu'il a su s'entourer des instruments de travail nécessaires, celle du *Corpus des notes marginales* montre comment il les utilise. Il puise dans les sommes érudites, Basnage, Dupin, Fabricius, Fleury, Grabe, [48] dans les grands dictionnaires du temps, [49] dans les compilations de Calmet. [50] Il se réfère aux textes originaux chaque fois qu'il le peut, mais utilise des traductions pour les textes grecs. Il possède une traduction latine de la Mishnah,[51] des traductions françaises d'Origène, de Philon le Juif, la traduction par Arnauld d'Andilly de l'historien juif Josèphe.[52] Il a annoté les œuvres de saint Augustin,[53] celles de saint Cyprien,[54] les *Catéchèses* de saint Cyrille de Jérusalem.[55] Quatre éditions d'Eusèbe de Césarée, les douze tomes de saint Jérôme, les œuvres de saint Justin, Lactance, Tertullien, la *Somme théologique* de Thomas d'Aquin figurent en bonne place dans sa bibliothèque.[56] Il complète sa documentation par des demandes d'informations, en empruntant les ouvrages qu'il n'a pas.[57] Les notes et l'index de V 35-36 permettent de tracer un panorama des textes consultés par Voltaire, de ceux auxquels il a le plus souvent recours et qu'il exploite le mieux. Ce tableau n'est pas exempt de zones d'ombres, car qui pourrait se vanter d'avoir fait le tour des sources voltairiennes? Des erreurs peuvent s'y nicher. Le catalogue de la bibliothèque de Voltaire est un instrument de travail de premier ordre, mais la présence d'un livre dans un cabinet de travail ne garantit pas sa lecture. Le *Corpus des notes marginales* fournit des indices plus probants, mais il ne renseigne point, en règle générale, sur la date de lecture ou les dates de lecture d'une œuvre qui peut avoir été reprise maintes fois, tantôt relue, tantôt simplement feuilletée, tantôt consultée pour un détail précis, tantôt regardée négligemment à partir d'une table des matières. L'œil peut être attiré par une note infrapaginale, sans que le passage ait été souligné. Il serait donc vain de prétendre présenter un bilan satisfaisant des sources de Voltaire dans le *Dictionnaire philosophique*, tout au plus peut-on enregistrer quelques résultats.

Sans doute faudrait-il déterminer ce qui vient de nouvelles enquêtes et ce qui est de l'ordre du réemploi. Il est bien normal que Voltaire réutilise des matériaux qu'il a déjà accumulés, ceux qui étaient destinés au *Siècle de Louis XIV* et dont on trouve des traces dans les articles «Dogmes» et «Prophètes», ceux qui furent collectés pour l'*Essai sur les mœurs* et qui sont réemployés dans «Christianisme», «Conciles», «Confession», «Martyre»,[58] ceux qu'il engrange en composant son *Traité sur la tolérance*. Quelques-unes des trouvailles qu'il a faites en traitant des anciennes civilisations, des fables et croyances de l'antiquité dans *La Philosophie de l'histoire* en 1765 seront répercutées dans les éditions du *Dictionnaire philosophique* de 1765 à 1767. Dans la polygraphie voltairienne, les œuvres s'engendrent suivant un mouvement continu. Il est peu de filiations linéaires évidentes entre une assertion du *Dictionnaire philosophique* et une lecture datable. Des souvenirs, parfois proches, parfois lointains, y sont encastrés. Comment distinguer ce qui est découverte lors d'une lecture et ce qui est vérification à la suite de quelque souvenir ? Les renvois aux autres œuvres de Voltaire fournissent des renseignements non négligeables, les carnets permettent de cerner un fonds ancien, de déterminer des préoccupations fondamentales. Ainsi a-t-on accordé de l'intérêt à la première mention d'un texte, au nombre des mentions avant ou pendant la composition du *Dictionnaire philosophique*, et même aux mentions ultérieures qui témoignent de la pérennité du sujet. La circulation textuelle à l'intérieur de l'œuvre importe autant que le traditionnel repérage des sources. Elle indique les thèmes récurrents de la vision de Voltaire.

Son érudition n'est donc pas sans limites. Voltaire se ressource auprès de quelques maîtres livres dont il n'épuise jamais l'intérêt, prompt à réagir comme au premier jour. A la suite de René Pomeau, il convient aussi de remarquer que les savoirs ont changé entre le dix-huitième siècle et nos jours. Le *Dictionnaire philosophique* contient des références à « des faits, à des textes constituant le fonds commun du public auquel s'adressait Voltaire ». [59] On savait qui était Gaufridy cité dans « Superstition » II ; [60] une note est maintenant nécessaire pour identifier le marquis de Broussin, gourmand notoire (« Credo »), ou le baron de Broukana, signataire de l'article « Judée ». Les allusions aux convulsionnaires du cimetière Saint-Médard (« Convulsions »), à l'affaire Petitpierre (« Enfer »), au jugement de La Barre (« Torture ») appartenaient à l'actualité. L'histoire contemporaine n'est pas absente : politique du comte d'Aranda au Portugal (« Inquisition »), mouvements de troupes pendant la Guerre de Sept Ans (« Chaîne des événements »), réformes de Catherine II (« Torture »). Depuis l'édition Varberg, le *Dictionnaire philosophique* pose une devinette en citant une chanson à la mode (« Abbé »), le clin d'œil aux contemporains est devenu objet de recherche. Des livres, familiers alors, le sont moins maintenant : les *Voyages* de P. Lucas dans le Levant (« Nécessaire »), le *Traité des maladies vénériennes* d'Astruc (« Job »),

Le Spectacle de la nature de l'abbé Pluche («Ciel des anciens»). [61] L'érudition de Voltaire reste impressionnante. Au terme de centaines de vérifications, le reproche d'amateurisme si souvent lancé contre lui, ne paraît guère fondé. Il arrive qu'on le prenne en faute, mais il conviendra d'insister ensuite sur sa prodigieuse puissance de travail.

Dans son article «Divinité de Jésus», ajouté en 1767, après lecture de l'article «Unitaires» de l'*Encyclopédie*, il recopie la bibliographie à laquelle renvoyait Naigeon, auteur de cette contribution. Il cite l'opinion des sociniens, enrôlant sous cette bannière «Crellius, Voquelsius, Natalis Alexander, Hornebeck». Il n'a pas pris garde que Naigeon mêlait à des sociniens comme Johann Crell et le pasteur Johann Völkel, le pasteur Johannes Hoornebeck, auteur d'une réfutation du socinianisme en cinq volumes, et Natalis Alexander, nom latinisé du R. P. dominicain Noël Alexandre auquel une notice avait été consacrée dans le «Catalogue des écrivains» du *Siècle de Louis XIV*. Il est pratiquement sûr que Voltaire n'a point lu Louis de Paramo, mais le *Manuel des inquisiteurs* de Morellet («Inquisition»). Au titre d'hypothèse vraisemblable, on peut avancer qu'il a consulté Bayle et non Mlle Bourignon («Adam»), qu'il en est de même pour Beaucaire de Péguillion («Athée» 1). On peut douter qu'il ait lu le *Cartesius Mosaïzans* cité dans «Ciel des anciens» ou «l'ancien livre Jalculte» cité dans «Babel», références empruntées sans doute à Calmet. L'article «Déluge» du *Dictionnaire de la Bible* du savant bénédictin, et, parmi les planches qui illustrent cet ouvrage, celles de la coupe et du profil de l'arche de Noé telle que l'avait imaginée J. Le Pelletier, lui ont évité, selon toute probabilité, de se reporter à la *Dissertation sur l'arche de Noé* de cet archéologue et alchimiste rouennais («Inondation»). Mais qui fera la part du bluff et celle de la familiarité avec des auteurs que Voltaire pratique plus ou moins assidûment lorsque dans les articles du *Dictionnaire philosophique* défilent des autorités? Il allègue avec aplomb «Tertullien, Praxéas, Origène, Novat, Novatien, Sabellius, Donat» dans «Tolérance» 1, et «Arnobe, Lactance, Hilaire, Grégoire de Nysse» dans «Idée», mais ne se trompe point quant aux opinions de ces auteurs. Doit-on croire qu'il a vérifié ses sources lorsqu'il écrit hardiment: «les Origène, les Jérôme, les Athanase, les Basile n'ont pas cru que les

femmes dussent ressusciter avec leur sexe» («Résurrection» 1)?
Lorsqu'il enjoint à son lecteur de vérifier ses dires: «voyez sur
cela Epiphane, Maimonide et la Gemmare» («Baptême»), on
serait tenté de croire à quelque fanfaronnade d'érudition.

S'il étale ses références, comme un parvenu ses richesses, il lui
arrive par un jeu de coquetterie tout opposé de ne point faire
valoir sa science. Il feint d'ignorer, pour mieux le discréditer, «un
écrivain qu'on nomme, je crois, Pluche» («Ciel des anciens»).[62]
Or il possède ses ouvrages. Il se cantonne dans de prudentes
références vagues: il est question des raisonnements de «rabbins
juifs» («Adam»), de ceux de «tous les premiers Pères de l'Eglise»
(«Ame»). Les allusions au «nombre prodigieux de volumes écrits
sur le père des croyants» («Abraham») ou à «un missionnaire
voyageant dans l'Inde» («Amour-propre») sont imprécises. Le
lecteur est censé croire sur paroles bien des affirmations sans
preuves, comme dans l'article «Christianisme» s'appuyant sur
l'autorité de «savants» dont ni les noms, ni les œuvres, ne sont
spécifiés.

Quelles que soient ses astuces pour dissimuler une information
hâtive, lacunaire, voire partiale, Voltaire dépend de sources envers
lesquelles il ne fait pas toujours preuve de sens critique. Ainsi, sa
vision de la Chine est-elle celle des jésuites. Il accorde toute sa
confiance au P. Du Halde et aux *Lettres édifiantes et curieuses*,
rejette les témoignages qui pourraient mettre en cause son utopie
chinoise.[63] Il reproduit les préjugés de la *Description de la Chine*
sur le dieu Fo et le bouddhisme, sur le taoisme («Catéchisme
chinois», «Chine»). Il mélange hindouisme et bouddhisme, n'a
qu'une connaissance sommaire de Sammonocodom («Foi» 11).
Suivant la traduction de Lemaître de Sacy, fidèle à la Vulgate, il
ironise sur la «manière tout à fait noble et généreuse» de faire la
guerre de David, lequel à Rabbath aurait scié en deux les habitants
ou les aurait brûlés dans des fours à briques («David»). Calmet
s'était cru obligé de justifier ces atrocités. Voltaire n'avait aucune
raison de mettre en doute le texte de II Samuel xii.31. Les
traductions modernes, comme la Bible de Jérusalem, la traduction
œcuménique de la Bible, proposent un sens fort différent, la
population de Rabbath aurait été employée à manier la scie ou à
faire des briques. Dans ce cas, si Voltaire a été trompé, ce fut de

bonne foi, alors qu'on pouvait le soupçonner de parti pris dès qu'il idéalise la Chine et la religion de ses lettrés.

En dépit de ces réserves quant aux lacunes de sa documentation, l'érudition de Voltaire est suffisamment ample pour poser de réels problèmes à ses commentateurs, toujours susceptibles de pécher par défaut, et paradoxalement, parfois, de pécher par excès. La filiation entre une réflexion de Voltaire et une source avérée peut être indubitable, mais d'autres combinaisons sont à envisager. Un livre conduit à un autre livre. En marge de la «Préface sur le Cantique des cantiques» de Calmet, Voltaire écrit «Grotius cantique» (CN, ii.489). Il était précisé dans cette préface que «Grotius, le fameux Grotius, s'est donné sur ce livre des libertés qui font horreur à toutes les personnes chastes, et qui ont du respect pour l'Ecriture». Voltaire a dû suivre cette piste, il cite Grotius dans l'article «Salomon». C'est dans les *Philosophical works* de Bolingbroke qu'il trouve trace d'une «chronique d'Alexandrie conservée à Oxford» à laquelle il fera allusion maintes fois, mais non sans flottement dans ses désignations. [64] Il ne paraît pas s'être reporté à l'édition de John Selden. Les références de l'article «Ame» sont si nombreuses qu'on ne peut se vanter d'en faire un compte exhaustif, ni être sûr de renvoyer au texte qui a nourri la pensée de Voltaire. On souffre de pléthore pour tout ce qui a trait au concile de Nicée, à l'arianisme. La bibliothèque de Voltaire est très fournie en la matière. En revanche, on se trouve dans une situation de pénurie pour découvrir la source de bien des remarques. On hésite le plus souvent sur l'ampleur des lectures de Voltaire. L'article «Beau» répond, sur un mode désinvolte, aux théories esthétiques du temps. Voltaire a sans doute lu de près l'article de l'*Encyclopédie*, mais quels ouvrages avait-il consultés? On est réduit à des conjectures. Lorsque dans le «Catéchisme chinois», les Sinous, ces juifs de la Chine, sont évoqués, l'information vient-elle de Du Halde ou de la lettre du missionnaire Gozani que reproduisent les *Lettres édifiantes et curieuses*? L'un et l'autre ouvrage sont en possession de Voltaire. Il peut également avoir consulté ces deux livres. D'où vient la distinction de l'article «Apis» entre l'animal adoré comme dieu et l'animal adoré comme symbole? Maints textes peuvent être allégués. Une source apparente en cache parfois une autre. «Les quinze premiers évêques de Jérusalem furent tous circoncis», remarque l'article «Baptême». Ce détail paraît venir d'Epiphane, Voltaire l'ayant noté dans son exemplaire. Mais dans les *Questions sur l'Encyclopédie*, l'article «Voyage de saint Pierre à Rome» indique deux sources: Epiphane et Eusèbe. Voltaire pratique «la contamination des sources».[65] Des informations de première main, d'autres de seconde main, sont superposées. Il va et vient des unes aux autres au gré de trouvailles et peut-être d'associations d'idées. Il dispose d'un fonds de connaissances considérable. Il a su beaucoup emmagasiner, il sait surtout bien assimiler.

Ces considérations conduisent à la prudence et à la modestie quand il s'agit d'apprécier la présence du «déjà dit» dans le *Dictionnaire philosophique*. La vigilance critique doit rester de mise, mais l'esprit de dénigrement se verrait infliger des démentis.

iii. *Métamorphoses et fonctions du «déjà dit»*

La réputation de désinvolture de Voltaire n'est pas usurpée. Les réfutations du *Portatif* se sont donné pour tâche prioritaire de la démasquer. Elles omettent de signaler que Voltaire a résumé fidèlement la lettre d'Osius dans «Conciles», les textes de Morellet dans «Inquisition» et de Fréret dans «Evangile». Il n'a point inventé les brutalités du concile d'Ephèse où l'évêque Flavien a bel et bien été piétiné («Conciles»); il présente correctement les condamnations de Calvin à l'égard de la peinture et de la sculpture, sans rien ajouter du sien («Dogmes»). Il reproduit la comparaison de Fontenelle sur le ciel semblable au duvet de la coque du ver à soie («Ciel des anciens»). Face à ces mentions correctes, il est aisé d'en signaler d'autres qui ne le sont point.

Victime de sa précipitation ou d'une confiance excessive dans sa mémoire, Voltaire multiplie les inexactitudes: erreurs de graphie, les théodosiens mis à la place des théodotiens dans l'article «Evangile»; erreurs de références: l'article «Ange» renvoie à tort à la lettre xcv de saint Augustin au lieu de la lettre cix. Il cite Hérodote de manière approximative («Circoncision»), modifie le titre des *Pensées sur la comète* de Bayle en *Pensées sur les comètes* («Athée» 1), se trompe de victime lorsqu'il évoque un cas d'anthro-

pophagie rapporté par Juvénal («Anthropophages»), ne transcrit
point correctement des remarques exactes d'Abauzit concernant
Sulpice Sévère («Apocalypse»). Il recopie trop vite, attribue à
Paul ɪᴠ une décision de Paul ɪɪɪ, fait voyager Saavedra à Lisbonne
en 1539 et non en Andalousie en 1540 («Inquisition»). Il saute
des lignes («Ezéchiel»), il se trompe grossièrement à l'égard du
concile d'Ephèse censé avoir assigné à Jésus deux natures et
de celui de Chalcédoine qui l'aurait réduit à une seule nature
(«Conciles»). Lorsque Morellet cite cinq historiens sur l'établissement de l'Inquisition au Portugal, il n'en retient que quatre, puis
omet le nom d'un sixième historien qui soutenait une thèse
différente («Inquisition»). Il confond les deux hiérarchies des
anges, celle de saint Grégoire le Grand et celle du pseudo-Denys
l'Aréopagite, puis attribue à saint Augustin une opinion sur la
corporalité des anges qui était celle d'un évêque de Thessalonique
(«Ange»). La marge d'approximation est patente lorsqu'il évoque
les religions asiatiques.

Ces inadvertances démontrent que si Voltaire a du goût pour
le document rare qui révèle des singularités de l'histoire ou de la
pensée, il ignore la passion des «antiquaires». Il n'a aucun respect
pour la recherche philologique désintéressée. Il n'éprouve guère
de scrupule à l'égard des textes d'autrui et ne se tient ni à la lettre,
ni même à l'esprit. Il ne se montre point attentif lorsqu'il évoque,
d'après Fabricius, le Protévangile de Jacques ou l'Evangile de
Nicodème («Evangile»). Il utilise les apocryphes selon les besoins
de sa polémique, témoignant d'un réel manque de rectitude. Il ne
tient nul compte des réserves des mauristes qui rejetaient en
appendice le sermon 241 de saint Augustin, son origine n'ayant
pas été élucidée («Credo»). Sa précipitation ou sa légèreté lui ont
fait commettre une plaisante bévue : confondant une référence
de Calmet avec une citation, il fait de l'érudit anglais Norton
Knatchbull, auteur de commentaires sur le Nouveau Testament,
un nom commun désignant... le diable : le Cnathbull, qui aurait
emporté le Christ dans le désert ! («Carême»).

Même un esprit méticuleux aurait commis des erreurs en bras-
sant tant de faits. Non seulement Voltaire ne l'est point, mais on
peut le prendre en flagrant délit de manque de scrupule. Il se rend
coupable de mensonges par omission. Dénonçant la partialité

révoltante des historiens anciens à l'égard de Constantin qu'ils flattent et de Julien qu'ils calomnient, il néglige le témoignage de Zosime, exception qui affaiblirait sa démonstration. Il interprète comme preuve de fanatisme religieux des massacres décidés ou tolérés par les fils de Constantin et qui avaient aussi un caractère dynastique (« Julien »). Voltaire maquille parfois l'histoire selon une vision manichéenne. Il ne relève que les éléments favorisant ses thèses. Dans la « Dissertation sur les bons et les mauvais anges » de Calmet, il ne retient que les exemples sur la corporalité des anges et néglige les autres, tout comme il omet tout ce qui a trait au culte des anges chez les Juifs (« Ange »).

Outre ces choix trop sélectifs, Voltaire détourne ou travestit des textes. Il transforme en affirmation une suggestion de Warburton concernant un hymne d'Orphée qui aurait pu être chanté dans les mystères (« Idole »). Warburton, dans une note de l'édition de 1765 de la *Divine legation of Moses*, proteste. Peut-être entraîné par ses fantasmes, Voltaire prétend que Sabellius avait ergoté contre Praxéas, alors que le premier avait embrassé les théories du second, ce qui lui permet une énumération brillante des ergoteurs chrétiens (« Arius »). Il a décidé une fois pour toutes que Barthélemy Diaz a assassiné saintement son frère et il ne tient nul compte des rectifications qui lui sont proposées (« Fanatisme »). Malhonnêteté ou entêtement? La question reste posée. Lactance accuse Licinius d'être à l'origine des meurtres de la femme et de la fille de Constantin; pour Voltaire ce sont les chrétiens qui en sont les auteurs (« Christianisme »).

Voltaire dépasse les bornes permises lorsqu'il reproche à Calmet, à propos de la maladie de Job, de n'avoir point lu l'histoire de la vérole par Astruc, ouvrage qui n'était pas encore publié au temps où le savant bénédictin écrivait sa « Dissertation sur la maladie de Job» (« Job »). Ne pourrait-on pas, en revanche, le soupçonner d'avoir inventé l'explication qu'il donne de la couleur rouge du chapeau des cardinaux? Un concile a-t-il voulu « les faire souvenir qu'il faut se baigner dans le sang des partisans de l'empereur»? (« Conciles »).

Faire régner l'ère du soupçon dans un commentaire sur le *Dictionnaire philosophique* est sans doute une entreprise salutaire et nécessaire, mais non suffisante. Elle ne se justifie pleinement que si elle permet de mieux appréhender le rôle des intertextes dans le *Portatif*.

Comme d'autres œuvres de Voltaire, le *Dictionnaire philosophique* relève de l'art de la mosaïque. Après avoir repéré les différentes pièces, il reste à apprécier le dessin d'ensemble, les jeux de couleur et de forme. Les morceaux qui entrent dans chaque article proviennent d'horizons divers, ils ont été sélectionnés par un esprit s'ingéniant à brouiller les pistes. Retrouver l'origine de ces miettes de textes, les situer honnêtement dans leur contexte, rappeler des données historiques, aboutit souvent à leur faire perdre le pouvoir percutant qu'ils avaient acquis sous la plume voltairienne. Qui perd gagne: Voltaire perd en crédibilité, il gagne en alacrité, en force polémique. La lourdeur du commentaire érudit, censé dénoncer ses erreurs ou ses farces, fait apprécier la légèreté de sa désinvolture. L'on en vient parfois à se demander si la vérité des faits ou des dates importe autant qu'on le croyait. Qui a cherché vainement des textes allégués sans référence, non seulement fait l'expérience déplaisante de ses propres lacunes, mais peut-être tombe dans un piège tendu par le malin patriarche. Qui a cherché et cru trouver, réjouirait ce mystificateur, s'il pouvait en être témoin. Où et quand commencent et finissent les jeux de Voltaire, par conséquent les naïvetés ou le positivisme du commentateur? Malgré ces doutes, la recherche a été poursuivie vaille que vaille, refusant de se laisser enfermer dans le dilemme vérité historique / vérité artistique, espérant que la première permettrait de mieux apprécier la seconde.

Il convient donc d'aborder les métamorphoses des textes. Esprit décisionnaire, Voltaire ne se perd jamais dans les méandres des commentaires consciencieux. Il va droit au solide, à l'essentiel, sacrifie détails oiseux, références, nuances. Des longues notes érudites F et G de l'article «Adam» de Bayle sur le verset: «Dieu créa donc l'homme à son image; il le créa à l'image de Dieu et il les créa mâle et femelle» (Genèse i.27), Voltaire relève un détail sur Mlle Bourignon qu'il n'explicite pas. Il possède un flair indiscutable pour découvrir dans d'ennuyeuses sommes érudites le détail insolite ou qui fait mouche. De la «Dissertation sur la première langue et sur la confusion arrivée à Babel» de Calmet et du savant et compact ouvrage de Bochart, *Geographia sacra*, il ne retient que cette explication ridicule : depuis la tour de Babel, les Allemands n'entendent plus le chinois (« Babel »).

La longueur de vénérables in-folio qu'il compulse ne l'effraye pas, parce qu'il les parcourt plus qu'il ne les lit, l'œil attiré dans la page compacte par une anecdote curieuse, une opinion farfelue. Sa dette à l'égard de Bayle, difficile à mesurer exactement, est importante. Dans les 36 tomes de l'*Histoire ecclésiastique* de Fleury, il a repéré l'histoire du cabaretier Théodote et des sept vierges, celle de Romanus qui, extraites des *Actes des martyrs* de Ruinart, naïfs, mais tout pénétrés de foi, prennent soudain une allure bouffonne (« Martyre »). Dans Middleton, il a trouvé le conte du savetier d'Hippone, celui de Gervais et Protais (« Miracles »). Voltaire sélectionne le détail cocasse comme les habits de peau d'Adam et Eve, modèles du san-benito (« Inquisition »), le détail révoltant pour la simple raison humaine, comme les « péchés splendides » des païens sans que le contexte, celui de la lutte contre le pélagianisme, soit rappelé (« Catéchisme chinois ») ou les enfants damnés selon saint Augustin (« Baptême »). Dans le *Dictionnaire des hérésies* de l'abbé Pluquet, il découvre une formule frappante, « la monade trine » dont il fait éclater l'absurdité : « Alexandros, évêque d'Alexandrie, s'avise de prêcher que Dieu étant nécessairement individuel, simple, une monade dans toute la rigueur du terme, cette monade est trine » (« Arius »). Il extrait le potentiel de ridicule et le met en pleine lumière. Effectivement Calmet a cité les vampires comme preuve de l'immortalité de l'âme, mais le commentaire de « Résurrection » II est tout voltairien : « Il a vu de ces vampires qui sortaient des cimetières pour aller sucer le sang des gens endormis ; il est clair qu'ils ne pouvaient sucer le sang des vivants s'ils étaient encore morts ; donc ils étaient ressuscités ; cela est péremptoire ».

La réception voltairienne se caractérisant par l'irrespect dévastateur, tous les textes mentionnés ou allégués sont marqués de ce sceau. Point de sacralité d'aucun texte. Point de ferveur. Point d'autorité autre que celle que son esprit exigeant reconnaîtra. Sa lecture de la Bible sélectionne des épisodes révoltants (« David ») ou scabreux (« Ezéchiel »).[66] Jamais il ne l'aborde comme Ecriture sainte, jamais il ne la cite pour la beauté de son message. Les Pères de l'Eglise ne lui en imposent pas. Il ne taira point pudiquement leurs faiblesses au nom de la grandeur de leur œuvre. Bien au contraire : il épingle saint Jérôme pour avoir dit que l'ermite Paul avait vu des faunes et des satyres dans le désert («Miracles»), pour avoir supputé la hauteur de la tour de Babel («Babel»), pour avoir prétendu que la querelle de Pierre et Paul était feinte («Christianisme»), pour ses opinions curieuses sur la résurrection des femmes («Résurrection»). Même pour des œuvres qu'il approuve dans leur ensemble, il cite des extraits sur lesquels il est en désaccord, ainsi des *Pensées sur la comète* («Athée» 1). Il réagit vivement, parfois de manière épidermique, aux sottises ou cruautés qu'il rencontre, il traduit brutalement ses impressions,[67] garde donc le souvenir de textes ridicules ou odieux. Un processus de dénigrement s'est mis en marche que le montage des pièces, l'ordre dans lequel elles sont assemblées, les discours qui les commentent, ne font qu'accentuer.

Chaque article relève d'une combinatoire de fragments venant les uns d'ouvrages de références, les autres à titre de rareté bibliographique. L'article «Chaîne des événements», par exemple, renvoie à un chant de l'*Iliade*, à la philosophie de Leibniz, à une remarque de milord Bolingbroke sur l'histoire des traités d'Utrecht, à de «gros livres», non spécifiés, qui traitent des généalogies de Gomer et de Magog. L'ensemble, ainsi mis à plat, paraît hétéroclite. En fait tous ces exemples conduisent sûrement à la conclusion : tout n'est pas plein dans la nature. Le ciment voltairien fait coexister dans «Anthropophages» des souvenirs de relations de voyages, une anecdote personnelle, des réflexions et des illustrations empruntées à Juvénal, au Lévitique, sans oublier un ouvrage du temps de Cromwell. Que Voltaire traite du fanatisme, et des noms célèbres se présentent en foule à son esprit. La ligne suivie paraît simple. Elle énumère des événements historiques ; puis survient un dérapage contrôlé, cette conclusion inattendue qui cite des vers de l'évêque Bertaut. Les pièces s'organisent alors suivant ce point de fuite («Fanatisme»). Chaque page du *Dictionnaire philosophique* invite à un périple culturel, riche en surprises. Des voix sont intercalées ou superposées, le collage voltairien unit ces fragments de textes, un dessein d'ensemble a organisé cette marqueterie.

De là vient que chaque article est habité par la prégnance culturelle de textes anciens et fait entendre un nouveau commentaire qui ne se situe pas dans la lignée de l'imitation classique. Voltaire ne redonne voix à des paroles défuntes que pour les combattre. Mais il accorde une parcelle d'existence supplémentaire à ceux qui seraient oubliés, par exemple Mlle Bourignon ou Berruyer. Il va de soi que le degré de survie des textes varie avec la culture de chaque lecteur, mais le *Dictionnaire philosophique* peut être l'occasion pour chacun de quelque découverte.

Le risque inhérent à ce concert de voix anciennes serait l'enlisement dans les profondeurs des discours du passé. Pourquoi répéter ce qui a déjà été proféré ? Le danger est aggravé en matière théologique. Cette recherche creuse éternellement des sillons semblables et différents sur les mêmes textes sacrés ou reçus par la tradition. Sensible à cette glose sans fin, Voltaire ne la fait intervenir que pour montrer son inanité : « les Grecs égyptiens étaient d'habiles gens, ils coupaient un cheveu en quatre ; mais cette fois-ci, ils ne le coupèrent qu'en trois » (« Arius »). En répétant ces discours qui coupent les cheveux en quatre, Voltaire les subvertit, leur fait perdre leurs assises, leur ôte toute signification, la parole neuve naît des fissures de ces textes anciens. Corsetés dans un commentaire tyrannique, ces fragments sont oblitérés ou neutralisés.

Sans doute Voltaire eut-il à se défendre des stéréotypes. D'un point de vue stylistique, il s'ingénie à briser les clichés. [68] Mais il cède aux automatismes propres de sa pensée, recourant aux mêmes textes pour nourrir ses convictions et obsessions, répétant les mêmes plaisanteries, [69] d'où la présence sous-jacente de phénomènes d'inertie, très limités dans le *Dictionnaire philosophique*, mais qui deviendront envahissants dans la suite de son œuvre. Le *Portatif* est un ouvrage animé par un réel souffle, enfiévré par l'esprit d'insolence, qui dépasse et vivifie la compilation. Sans doute, l'intertextualité n'est-elle jamais anodine : « quel qu'en soit le support idéologique avoué, l'usage intertextuel des discours répond toujours à une vocation critique, ludique et exploratoire ». [70] Voltaire est un virtuose en matière de détournement culturel. Son univers est celui d'une grande bibliothèque. On notera par exemple la cocasserie de l'article « Adam » à ce sujet, qui évoque ceux qui ont lu des livres imaginaires, ceux d'Adam, et les esprits «creux, très savants», qui ont lu le Veda. Toutes ces lectures ont pour conclusion inattendue l'autodafé d'un livre sur la Bible, celui du R. P. Berruyer.

L'écriture voltairienne est toute pénétrée de références ou de réminiscences que le lecteur se doit de découvrir. Or sa sensibilité à la redite ou à la variation est instable et fluctuante, non seulement d'un point de vue individuel, mais en fonction de la mémoire d'une époque. Certaines réminiscences sont aisément déchiffrées, comme celle du blé qui ne vient point de pourriture («Athée» 1) ou celle des portes de l'enfer qui ne prévaudront point contre l'Eglise («Liberté de penser»). D'autres se décryptent comme jeu sur des textes connus. La présence de Pascal dans le *Dictionnaire philosophique* ne se limite pas à la mention de son nom dans «Athée» 1. Pascal reste à l'horizon de la pensée voltairienne dans une formulation sur la grâce suffisante qui ne suffit pas, reflet des *Provinciales* («Catéchisme du curé», «Grâce»), dans des variations sur le thème de l'ange et de la bête («Secte») ou sur la formule: «vérité en-deçà, erreur au-delà» («Délits locaux»), enfin dans un écho: le roseau de «Tolérance» est bien «le plus faible de la nature», mais ce roseau est fanatique. On repère des allusions à J.-J. Rousseau, à Montesquieu.[71] Voltaire s'approprie une image de La Fontaine: «Malheureux, voyez ce chêne qui porte sa tête aux nues, et ce roseau qui rampe à ses pieds» («Grâce»). Comme Montaigne, il a entrepris de «s'esgaler à [ses] larrecins, d'aller pair et pair quant et eux», mais sans sa «téméraire espérance de tromper les yeux des juges à les discerner»,[72] ses références restant classiques, à l'exception d'une paraphrase des vers de Boudier de La Jousselinière dans une addition à l'article «Baptême», ce poète ne jouissant pas d'une grande notoriété.

Ce jeu avec les textes se cristallise sur des expressions, mais plus largement il peut affecter la structure même d'un article. Tel est le cas du double registre dans le «Catéchisme chinois», indiqué dans le libellé qui fait coexister le proche: une donnée culturelle chrétienne (un catéchisme), et le lointain: une autre civilisation (la Chine). L'annotation de ces six entretiens démontre que le cadre chinois n'est point de pure convention, que Voltaire ne s'est pas contenté d'une vague couleur locale. Point de chinoiseries,

mais une lecture attentive, à travers Du Halde, d'extraits du livre
de Mencius ou des cinq Kings. Ce substrat chinois confronté aux
usages, théories ou folies occidentales, alimente la réflexion sur le
choc des cultures, sur les valeurs universelles et celles qui ne le
sont point.

Les sources de Voltaire sont souvent transformées. Même
lorsqu'il ne trahit point, il systématise ou infléchit. Il suffit de se
reporter aux mémoires de milord Bolingbroke pour apprécier
cette distorsion qui n'est peut-être pas de mauvaise foi dans
l'article «Chaîne des événements». Evoquant le changement de
gouvernement à la cour anglaise, milord Bolingbroke fait allusion
au mécontentement de la reine Anne à l'égard des whigs tenant à
«quelques détails peu importants de l'exercice du pouvoir». Sur
ces «bagatelles», mises en pleine lumière, Voltaire construit sa
théorie: «petite cause, grands effets». La comparaison entre les
textes dont Voltaire s'inspire et les raccourcis caricaturaux qu'il
en donne montre comment agit un tour d'esprit.

Dans Banier, Voltaire a trouvé la merveilleuse histoire du
poisson Oannès qui, selon l'historien chaldéen Bérose, était un
monstre moitié homme, moitié poisson. Il venait dispenser ses
enseignements aux hommes. Dans «Le Souper» de Zadig, cet être
divin avec une queue dorée et une belle tête d'homme est révéré
par un Chaldéen, mais Zadig démontre qu'il doit céder à celui qui
a fait la mer et les poissons. Voltaire ne retient plus sa nature
hybride dans le «Catéchisme chinois». Devenu un fameux
«brochet de l'Euphrate, de trois pieds de long avec un petit
croissant sur la queue», théologien de surcroît, il divise les prêtres
chaldéens, les uns prétendant qu'il est œuvé, les autres laité. Le
roi Daon résout la question en faisant frire deux brochets, l'un
œuvé, l'autre laité, que mangent goulûment les prêtres. Il est bien
question, selon Georges le Syncelle, d'une apparition d'Oannès
sous le règne de Daon, mais point de querelles à sa cour. A partir
du témoignage de Bérose, Voltaire crée une petite fable illustrant
son dégoût des querelles théologiques.

Un processus créatif plus élaboré peut être mis en évidence
à propos de la curieuse anecdote sur laquelle se clôt l'article
«Anthropophages». De ce martyrologe des Anglais qu'est l'ouvrage de Sir John Temple, *The Irish rebellion*, il retient la vantardise

de soudards se flattant d'avoir tué tant d'ennemis qu'il serait possible avec la graisse laissée sur leurs épées de faire une chandelle irlandaise. Hypothèse qui se situe dans l'irréel. Or Voltaire l'imagine réalisée : sa chandelière de Dublin s'adonne au commerce de chandelles faites avec de la graisse d'Anglais ![73] De ces prolongements parfois incongrus naissent les plus grandes réussites du *Dictionnaire philosophique*, lorsque la fiction prend le relais de l'histoire, ainsi de la rencontre et de la discussion entre le prince Pic de La Mirandole et le pape Alexandre vi alors que Lucrèce, fille du Saint-Père, est en couches et qu'on s'interroge sur l'identité du père de l'enfant. De subtils glissements, gauchissements et rapprochements de texte font de cette page une comédie éblouissante où le vrai et le faux sont inextricablement mêlés («Foi» 1).

On ne trouve point chez Voltaire les honnêtes notes infrapaginales des érudits de bonne foi, mais le déploiement étincelant de jeux entre les textes dans cette caverne d'Ali-Baba de l'intertextualité qu'est le *Dictionnaire philosophique*.

Au terme de cette étude, il convient de s'interroger sur la légitimité d'avoir pris Voltaire sur le fait tant de fois. La vérification pointilleuse des textes allégués permet, par delà la découverte de détails qui sert la vérité, de distinguer les lignes de fuite et les structures du *Dictionnaire philosophique*. Dans cette œuvre complexe, le «déjà dit» alimente une pensée neuve. L'exhibitionnisme de l'érudition n'en est pas absent. Voltaire a cédé à la tentation de vouloir paraître plus érudit qu'il ne l'était. En revanche, ce n'est jamais l'admiration qui est à l'origine de cette parade. «Un beau vers, une phrase bien venue que j'ai retenus, c'est comme un objet d'art ou un tableau que j'aurais acheté : un sentiment où entrent à la fois la vanité du propriétaire, l'amour-propre du connaisseur et le désir de faire partager mon admiration et mon plaisir, m'engage à les montrer, à en faire parade», remarque Valéry Larbaud.[74] Les citations, références et mentions des *Essais* paraissent la suite du plaisir de lire, chez Voltaire elles semblent le résultat d'une enquête sur les folies humaines.

Voltaire, en fait, est condamné à étaler des preuves dans la mesure où il écrit un contre-dictionnaire théologique. Persuadé de l'existence de textes sacrés, dont chaque verset est comme «un corps parfait du Logos»,[75] le discours théologique les commente à l'infini. L'article «Citation» de l'*Encyclopédie*, dans sa rubrique «Théologie», rappelle que les «citations sont la base de la théologie».[76] La glose entraîne la glose: «le fonctionnement de la machine à écrire théologique serait donc celui-ci: à partir d'une source unique, elle produit du discours par entraînement, par transmission de mouvement ou d'énergie».[77] N'acceptant point l'*auctoritas* de la Sainte Parole, ni celle des gloses confirmées par l'Eglise ou la tradition, Voltaire doit à son tour alléguer pour prouver, d'où ses vastes lectures dont, en isolant des détails ou des points, il mine le vaste édifice des dogmes. Pour cribler de coups l'Eglise, il a toujours recours à sa «bonne ruse de guerre»: «aller chez ses ennemis se pourvoir d'artillerie contre eux».[78] Ayant amassé force matériaux, il met en œuvre, si l'on permet cette comparaison, sa propre machine à traitement de textes avec laquelle il compare et confronte maints discours. Dans le *Dictionnaire philosophique* ne cessent de résonner les échos des voix convoquées par Voltaire.

Œuvre cannibale, nourrie de tant de livres, le *Dictionnaire philosophique* est le lieu d'une intense circulation textuelle. Des unités transposables et réutilisables dans des contextes différents sont mises en mouvement. Qu'elles viennent des œuvres antérieures de Voltaire ou de ses lectures, elles se heurtent ou cheminent de concert. Voltaire ne croit ni aux créations *ex nihilo*, ni à la divine inspiration. Il se définit comme «un ouvrier en paroles et puis c'est tout».[79] Sa tendance est de ramener toute chose à des processus de bricolages successifs: «Je suis assez de l'avis d'un Anglais qui disait que toutes les origines, tous les droits, tous les établissements, ressemblent au *plum pudding*: le premier n'y mit que de la farine, un second y ajouta des œufs, un troisième du sucre, un quatrième des raisins; et ainsi se forma le *plum pudding*».[80] Le maître d'œuvre du *Portatif* a dosé les ingrédients, empruntant et transformant pour faire cette pâte unique, à la fois riche et légère.

4

La raison par alphabet

En 1765, l'édition Varberg s'enrichit d'une «Préface». L'auteur
ne revendique «d'autre mérite, et d'autre part à cet ouvrage que
le choix». Le titre adopté pour la première édition en 1764 et
repris jusqu'en 1767, celui de *Dictionnaire philosophique portatif*,
implique une sélection rigoureuse à l'intérieur du champ très vaste
de la «philosophie», terme susceptible au dix-huitième siècle de
maints prolongements. La notion de choix s'impose pour un
dictionnaire qui ne dépassera pas, dans sa forme définitive, 118
entrées; or ce nombre est des plus réduits, comparé aux dictionnaires en général et même aux portatifs de l'époque.[1]

Cette préface donne également un mode d'emploi de l'ouvrage
destiné à ceux qui veulent et peuvent «s'instruire en s'amusant».
Si les «personnes de tout état» pourront y glaner, ce ne sont que
les «personnes éclairées» qui pourront vraiment le lire, «tout
honnête homme» devant chercher «à être philosophe sans se
piquer de l'être». Une certaine liberté est accordée à cet honnête
homme puisque «ce livre n'exige pas une lecture suivie»; une
réelle intelligence critique lui est demandée, puisqu'il est censé,
afin de rendre cet ouvrage utile, en faire lui-même «la moitié».

Voltaire en 1765 a donc ressenti le besoin de préciser ses
intentions et ses désirs dans un texte à valeur d'avertissement, se
conformant à l'usage des auteurs de dictionnaires.[2] Le discours
qu'il y tient met l'accent sur des points importants. L'ordre
alphabétique autorise la discontinuité, mais une pensée d'ensemble
a innervé l'ouvrage puisqu'elle lui a imposé son ou ses choix; la
lecture sans ordre reste stimulante, la réflexion trouvant des
aliments à chaque page.

Voltaire, après avoir proclamé que son ouvrage n'est pas inorganique, même s'il a privilégié le morcellement, introduit en 1769
un nouveau facteur de réflexion. Son édition, revue, corrigée et
augmentée, se pare d'un nouveau titre dont les présupposés ne

sont pas évidents, celui de *La Raison par alphabet*. L'absence de discours suivi n'entraînerait pas le désordre de la pensée. L'ensemble de l'ouvrage serait fortement structuré par l'empire de la raison. Quelle importance faut-il accorder à ce nouvel intitulé ? On ne peut écarter l'hypothèse d'une manœuvre destinée à brouiller les pistes, à éveiller l'intérêt pour une œuvre parée d'un titre n'ayant pas encore servi. Peut-être s'agit-il aussi de donner une unité factice à une édition regroupant le *Dictionnaire philosophique* et les dialogues de *L'A, B, C*. Quoi qu'il en soit, Voltaire a mis l'accent sur le combat de la raison dans les œuvres alphabétiques, question qu'il vaut la peine d'étudier.

i. *Discontinuité et cohésion*

«Qu'est-ce, en effet, qu'un ‹dictionnaire› de cent mots?» s'interroge Yves Florenne qui répond ainsi à cette question : «Pas même un lexique, tout au plus une liste où l'ordre alphabétique est bien moins un classement qu'un artifice, un jeu, un appât»,[3] ce qui est vite dit et mérite vérification. Ces 118 articles de *La Raison par alphabet* sont répartis inégalement : les six premières lettres de l'alphabet sont représentées par 61 articles, les lettres H, N, O et V n'obtiennent chacune qu'un article.[4] La liste des 118 articles mêle allègrement des entrées consacrées à des personnages et d'autres à des notions. L'article «Dictionnaire» de l'*Encyclopédie*, rédigé par d'Alembert, distingue les dictionnaires de langue, les dictionnaires historiques, enfin les dictionnaires encyclopédiques. Le *Dictionnaire philosophique* traite aussi bien des mots que des choses. Il n'entre dans aucune des catégories définies ci-dessus et prétend les aborder toutes trois. L'ordre alphabétique serait-il un simple «artifice», un procédé qui rassemblerait à bon compte des notices hétérogènes ?

Le *Dictionnaire philosophique* comprend quatorze articles consacrés à des personnages qui, à l'exception d'«Apis», évoquent soit des figures bibliques, soit des figures rattachées à l'histoire du christianisme.[5] Tous ont leur correspondant, sauf «Apis» et «Julien», dans le *Dictionnaire de la Bible* de dom Calmet, un certain nombre dans Bayle.[6] Deux autres articles sont consacrés à des noms propres : «Babel», «Judée». Pour toutes ces entrées, l'ordre

alphabétique est un principe qui s'impose pour des individus
hétérogènes, un monument et un pays, car tout ordre dans leur
cas est condamné à l'arbitraire du choix, «si bien qu'en redoublant
l'arbitraire, l'ordre alphabétique ne dérange pas l'ordre de ce qui
n'en a pas». [7]

Voltaire introduit aussi dans son ouvrage des articles qui trou-
veraient place dans un dictionnaire de langue. Mais à la différence
de ces derniers, il n'a pas à se poser le problème de l'extension de
la nomenclature. [8] Au dix-huitième siècle, la querelle qui avait
opposé l'Académie et les partisans du «bon usage» au Furetière
reste vivante. Voltaire a choisi dans le lexique les termes qui
l'intéressent.

Enfin son recueil ne prétend point à une exposition du savoir
visant à la totalité, à la manière de l'*Encyclopédie*: «le but d'une
Encyclopédie», explique Diderot, «est de rassembler les connaissances éparses sur la surface de la terre, d'en exposer le système
général aux hommes avec qui nous vivons, et de la transmettre
aux hommes qui viendront après nous». [9] Si pour Voltaire «l'ordre
et l'enchaînement des connaissances» [10] n'est pas une priorité, du
moins partage-t-il avec Diderot la conviction que le caractère d'un
bon dictionnaire est de «changer la façon commune de penser». [11]
Il se montre donc intéressé par les moyens que préconise l'*Encyclopédie*.

Dans son exemplaire personnel, il souligne un passage relatif à
une théorie des renvois dans l'article «Encyclopédie». Diderot
distingue deux sortes de renvois, les uns de choses, les autres de
mots, et montre quelle peut être l'utilité de ces renvois de choses
qui «éclaircissent l'objet, indiquent ses liaisons» proches et lointaines:

> Il y aurait un grand art et un avantage infini dans ces derniers
> renvois. L'ouvrage entier en recevrait une force interne et une
> utilité secrète, dont les effets sourds seraient nécessairement sensi-
> bles avec le temps. Toutes les fois, par exemple, qu'un préjugé
> national mériterait du respect, il faudrait à son article particulier
> l'exposer respectueusement, et avec tout son cortège de vraisem-
> blance et de séduction; mais renverser l'édifice de fange, dissiper
> un vain amas de poussière, en renvoyant aux articles où des
> principes solides servent de base aux vérités opposées.

Voltaire a souligné ce passage, puis s'est montré sensible à l'argumentation de Diderot qui, dans la phrase suivante, déclare que
cette manière de faire peut opérer sur les bons esprits, et même
de façon sourde sur tous les esprits. [12] L'analyse du système des
renvois dans l'*Encyclopédie* n'entre point dans notre propos. [13] On
mettra seulement l'accent sur le fait que Voltaire fait preuve
d'intérêt pour des facteurs de cohésion à l'intérieur d'un discours
discontinu.

Même s'il n'est point question de mettre sur le même plan les
renvois dans l'*Encyclopédie* et ceux du *Dictionnaire historique et
critique* de Bayle, [14] et sans préjuger de ce que furent les sentiments
de Voltaire sur ce point, [15] il faut remarquer que ce lecteur assidu
de Bayle avait fait son profit, pour élaborer *Cosi-Sancta*, des
remarques dispersées dans une série d'articles de Bayle : « Abimélech » invite à se reporter à « Sara » ; « Acindynus » renvoie à la fois
à la remarque A d'« Abimélech » et à la remarque I de « Sara ».
Voltaire suivra de nouveau cette piste dans *L'Ingénu*. Il ne néglige
pas ce mode de liaison dans le *Dictionnaire philosophique*. Dès
l'édition de 1764, une note de « Catéchisme chinois » invite le
lecteur à consulter « Ciel des anciens », une autre dans « Joseph »
renvoie à l'article « Songes ». Parfois, il met en relation de manière
plus subtile. La première phrase d'« Anthropophages » est conçue
comme une transition : « Nous avons parlé de l'amour. Il est dur
de passer de gens qui se baisent, à gens qui se mangent ». Le
dernier paragraphe d'« Amitié » annonce une suite :

> La pédérastie était malheureusement tolérée par les mœurs ; il ne
> faut pas imputer à la loi des abus honteux. Nous en parlerons
> encore.

« Chaîne des événements » laisse présager des compléments sur la
destinée qui se trouvent dans l'article « Destin ». Ce dernier article
s'enrichit en 1765 d'une addition qui suggère de se reporter à
l'article « Liberté » de 1764 : « Si vous voulez, ou plutôt, si vous
pouvez examiner paisiblement avec moi ce que c'est [la liberté],
passez à la lettre L ». Le système se perfectionne au fil des rééditions. Un ajout de 1765 à « Christianisme », de manière allusive
incite à relire « Baptême » : il est question des premiers évêques de
Jérusalem qui ont été circoncis et Voltaire, dans une incidente,

précise «comme on l'a déjà remarqué ailleurs». «Genèse» qui paraît dans l'édition Varberg de 1765 cite l'article «Moïse» de 1764. En 1767, «Athée» ii renvoie à «Fraude» de 1764. Les ajouts corroborent le texte primitif. Parfois, Voltaire semble écrire des articles par séries, ce qui lui permet d'établir des liens entre eux, ainsi «Adam» et «Babel» de 1767.[16] Le renvoi joue donc le rôle d'un guide de lecture.[17]

Voltaire n'a point dédaigné ces «renvois de confirmation» qu'évoque Diderot.[18] Il en use avec modération. Douze des quarante-cinq articles qu'il avait donnés à l'*Encyclopédie* comportent des renvois, qu'il en soit ou non l'auteur.[19] Quand il fait paraître, dans le *Dictionnaire philosophique* de 1764, «Idole, idolâtre, idolâtrie», primitivement destiné à l'*Encyclopédie*,[20] son article ne comprend point de renvois. Dans le *Dictionnaire philosophique*, on relève neuf renvois plus ou moins explicites dont il a varié la place et les modalités. Il ne se contente pas de l'indication stéréotypée et placée à la fin du texte: «Voyez...». Il adopte des formes allusives. Sa technique n'est point de l'ordre de l'esprit de géométrie qui marquerait les connexions, mais de l'esprit de finesse qui introduit de la fantaisie dans cet usage. Il n'a pas eu à mettre au point une «stratégie épistémologique» comme les encyclopédistes qui, désirant donner un inventaire complet du monde, ont fait précéder leur grand ouvrage d'un arbre des connaissances emprunté à Bacon.[21]

Somme toute, le principe formel de liaison par renvoi occupe une place modeste, mais non négligeable, dans le *Dictionnaire philosophique*. Voltaire privilégie d'autres facteurs de cohésion, moins aisément détectables, mais qui n'interviennent pas moins sur l'esprit du lecteur.

Voltaire n'a point d'ambitions synthétiques affichées. Pourtant dans un livre qu'il a conçu comme une machine de guerre et non comme un simple ouvrage de référence, les articles n'ont point été rédigés au hasard. On ne peut négliger le rôle incitatif de lectures ou d'événements dans leur composition,[22] mais leur ensemble ne se réduit pas à la juxtaposition de petits essais. L'ensemble peut donner l'impression d'un «pot-pourri», mais ce n'est pas un «fourre-tout».[23] Sans doute, l'alphabet seul justifiet-il de passer d'«Antitrinitaires» à «Apis», de «Corps» à «Credo», de «Méchant» à «Messie». Mais les incursions de Voltaire dans des domaines différents sont limitées. Elles s'inscrivent à l'intérieur de quelques directions. La discontinuité liée au découpage par articles, au changement de sujet, est largement compensée par la cohérence liée à un terrain bien balisé et assez nettement circonscrit.

Dans un premier point, il faut dégager le rôle fédérateur des redites ou des variations. La lecture de chaque article dévoile des horizons nouveaux, mais rappelle des éléments connus. Quelques exemples suffiront.[24] Que les chrétiens aient accordé créance aux oracles des sibylles est signalé dans l'article «Apocalypse», redit dans «Religion» III. L'absence du concept d'enfer dans la loi mosaïque est répétée dans les articles «Ame», «Enfer», «Religion» I. Les sacrifices humains des Juifs sont évoqués dans «Jephté» et «Religion» VI. Parmi les «scies» voltairiennes,[25] on peut énumérer les confitures d'Ezéchiel, les ébats d'Oolla et d'Ooliba, les oignons des Egyptiens ou les métamorphoses du dieu Fo. La première apparition de ces motifs étonne, la seconde est comme un clin d'œil de l'auteur. Sur les têtes de Turc de Voltaire, vivement houspillées, se fixe l'indignation, ainsi de Constantin[26] ou de Jurieu.[27] L'effet de harcèlement n'est pas à négliger: à la troisième occurrence des mensonges de saint Paul, nul ne songera à vérifier.[28] Les emprunts des Juifs aux autres civilisations acquièrent valeur de *leitmotiv*.[29]

Les mêmes sources sont utilisées à plusieurs reprises. Des versets du Lévitique et du Deutéronome sont cités plusieurs fois.[30] Un patriarche arabe, auteur d'une chronique d'Alexandrie, apparaît, avec des variantes, dans «Arius», «Christianisme», «Conciles».[31] Le cas d'anthropophagie rapporté par Juvénal a trouvé place bien évidemment dans «Anthropophages», mais il est rappelé dans «Religion». Un thème obsédant comme celui du refus de la Trinité est martelé en 1767 avec «Antitrinitaires», «Arius», «Divinité de Jésus», tous dérivés de la lecture de l'article «Unitaires» de l'*Encyclopédie*. Ces trois textes donnent une tout autre ampleur à l'allusion rapide de l'article «Du juste et de l'injuste» de 1765. Un article important comme «Christianisme» peut essaimer et éclater. J.-M. Moureaux l'a prouvé de manière convaincante en montrant comment ce texte de 1764 se prolonge et s'enrichit d'articles satellites : « Martyre » et « Paul » dans 65v ; « Arius », « Conciles » et « Evangile » dans 67 ; « Credo » dans 69. [32] D'après ces quelques aperçus, on déduit que ce « pot-pourri de philosophie voltairienne » [33] est structuré par des lignes de force. Tantôt la pensée se ramifie à partir d'un tronc de plusieurs branches. Tantôt elle se cristallise sur des noms symboliques, qu'il s'agisse d'un modèle de l'humanité comme Julien ou d'une bête noire comme le pape Alexandre vi. On repère ainsi des points nodaux, surtout au niveau des automatismes polémiques.

On ne prétend point juger des intentions de Voltaire, seulement des résultats. Ainsi on ne disputera pas pour savoir si ces redites sont des tics de la pensée voltairienne ou si elles relèvent d'un dessein concerté, Voltaire n'ignorant pas la valeur pédagogique de la répétition. Volontaires ou non, elles marquent les points d'ancrage d'une pensée, elles donnent force et forme à un discours discontinu. L'ordre final du *Dictionnaire philosophique* d'« Abbé » à « Vertu » ne paraît pas innocent. A partir de l'édition Varberg de 1765, le premier article du *Dictionnaire philosophique* adresse aux abbés, représentants de l'institution religieuse, cette admonestation vengeresse : « tremblez que le jour de la raison n'arrive ». Le recueil s'achève sur l'évocation de la vertu païenne, celle du « divin empereur Antonin », contestée par quelques théologiens. L'auteur formule cette prière : « Mon Dieu, donnez-nous souvent de pareils fripons ». Des ténèbres chrétiennes à la lumière antique, du clergé qui a trahi au prince païen qui est un emblème de la sagesse, la progression ne paraît pas dénuée de signification. [34]

La cohésion de l'ensemble tient au champ exploré. De nombreuses branches de l'arbre du savoir n'apparaissent guère. Les articles relatifs aux belles-lettres sont réduits à la portion congrue : « Beau », « Critique » ; « Lettres, gens de lettres, ou lettrés » est un manifeste militant. Malgré un certain nombre de textes consacrés au droit et à la politique, d'autres à la psychologie humaine, les trois cinquièmes de l'ouvrage portent sur la critique du judéo-christianisme. [35] Cette délimitation du corpus autorise la présence d'articles introuvables dans tout autre dictionnaire. Tout lexique accorde une entrée au mot « catéchisme », mais n'en prévoit pas pour des catéchismes chinois, du curé, du jardinier, du Japonais,

qui sont des créations personnelles, tous quatre sous forme dialoguée.[36] La «fausseté» est une notion ayant droit à un article, mais
point «fausseté des vertus humaines» qui est de l'ordre d'un essai.
Parmi les autres licences de Voltaire, citons «Inondation» au titre
trompeur, puisqu'il s'agit du déluge, les deux mots ayant droit
traditionnellement à deux entrées séparées.

Or Voltaire prétend que cet ensemble décousu dans sa manière,
sélectif et orienté dans sa matière, représente *La Raison par alphabet*,
titre adopté en 1769.

ii. *L'ordre de la raison*

Dans son article «Ordre et désordre dans le *Dictionnaire philosophique*», J.-M. Moureaux s'interroge (p.383):

> Rien de plus contestable finalement que le dernier titre choisi par
> Voltaire en 1769: comment pourrait-on mettre par alphabet la
> raison, cette activité constructive de l'esprit qui implique à la fois
> l'ordre et la vie? Cet ordre n'est pas celui de l'alphabet; cette vie,
> il appartient au lecteur de la vivre précisément en réinventant
> sinon l'ordre même dont vivait la pensée de l'auteur, du moins un
> ordre similaire.

Question d'importance à laquelle l'auteur répond en montrant
l'unité fondamentale du *Dictionnaire philosophique*, «puzzle» re-
constitué à partir de la ligne de force de la lutte contre l'infâme,
mais qui «contient moins un ordre caché qu'un principe fécond
d'ordres possibles» (p.381-400).

En prétendant de manière provocante promouvoir «la Raison
par alphabet», Voltaire se situe dans la lignée des dictionnaires,
abrégés, catalogues et même alphabets raisonnés qui fleurissent
depuis la publication du tome 1 de l'*Encyclopédie ou dictionnaire
raisonné des sciences, des arts et des métiers*.[37] Tous ces ouvrages
alphabétiques revendiquaient leur place dans le grand combat des
Lumières pour la raison, refusant d'être réduits au mode de
classification qui les organisait. L'ordre alphabétique qui assure la
succession régulière des titres traités, n'est qu'un principe de
classement, comme le seraient, sur d'autres bases, un ordre chronologique, un ordre numérique,[38] un ordre hiérarchique. Bien qu'il
soit arbitraire, cet ordonnancement n'empêche pas que chacune

des unités constituant le *Dictionnaire philosophique* et que l'ensemble de cet ouvrage ne soient structurés en profondeur par l'ordre de la raison, qui se situe au niveau des relations intelligibles entre les concepts et dans le choix des concepts directeurs.

Il n'est pas question d'éluder une difficulté par un jeu de mots. On veut distinguer l'ordre comme classification et l'ordre comme organisation ou structure. Or cette acception de l'ordre comme principe qui structure et délimite est fondamentale dans la pensée classique dont Voltaire est nourri et tout particulièrement dans les *Pensées* de Pascal. Le célèbre fragment des trois ordres de grandeur distingue, en établissant une hiérarchie, l'ordre de la chair, l'ordre de l'esprit et celui de la charité. [39] La notion d'ordre désigne «un ensemble homogène et autonome, régi par des lois, se rangeant à un certain modèle, d'où dérive son indépendance par rapport à un ou plusieurs autres ordres». [40] Voltaire dépasse le premier qui se réduit au monde visible, campe résolument dans le second et refuse sans ambages le troisième. Tous ses commentaires des *Pensées* montrent qu'il rejette l'idée chère aux mystiques suivant laquelle au-delà du monde de la raison où règne le principe de non-contradiction, serait un autre monde, supérieur, où les contraires pourraient s'unir. [41] Dans les *Lettres philosophiques*, xxv, il attaque le «galimatias» de la formulation sur laquelle s'ouvre ce fragment: «La distance infinie des corps aux esprits, figure la distance infiniment plus infinie des esprits à la charité, car elle est surnaturelle» (*Lettres philosophiques*, ii.201). Il ne s'en prend pas à l'idée d'ordre, il refuse que le domaine de la raison soit strictement limité afin de laisser place à la reconnaissance et à la contemplation du mystère. [42]

Voltaire évacue le discours transcendant, celui de la parole de Dieu, pour tenir un discours immanent, celui du monde humain qui devrait être gouverné par la raison. Dans ses nombreuses remarques sur Pascal, [43] Voltaire n'a épinglé aucune des pensées regroupées par l'édition de Port-Royal, celle qu'il possédait (BV2653, 2654), sous le titre «Soumission et usage de la raison». [44] C'est pourtant au nom de la raison qu'il s'oppose au «misanthrope sublime». L'ordre qui gouverne sa pensée n'est pas fondé sur des analogies, il ne se réfère point à un arbre du savoir, il ne prétend point être une «interprétation de la nature». [45] Il ne cherche point ce «système de la connaissance humaine qui est le plus clair, le mieux lié et le plus méthodique».[46] L'ordre voltairien se définit par référence à Pascal. Au temps où il compose le *Dictionnaire philosophique*, Voltaire nourrit de grandes espérances. Il répète à Helvétius et à d'Alembert que «ce siècle commence à être le triomphe de la raison»,[47] que cette raison a gagné du terrain,[48] qu'elle a fait «de terribles progrès depuis environ trente ans» et qu'elle en fera tous les jours.[49] Il bénit «cette heureuse révolution qui s'est faite dans l'esprit de tous les honnêtes gens» et qui a passé ses espérances.[50] En 1772, il se montrera moins sûr de son fait. Rédigeant l'article «Raison» pour les *Questions sur l'Encyclopédie*, il imagine les mésaventures d'un homme qui avait toujours raison et qui, après avoir été trois fois emprisonné, finit empalé (M.xx.334-36). Mais dans les années 1760, il est pugnace: «Que je hais ces monstres! Plus je vais en avant plus le sang me bout».[51] L'ennemi de la raison, c'est la peur ou la lâcheté («Sens commun»).

Voltaire souscrirait sans doute à cette affirmation de Bossuet: «Le rapport de la raison et de l'ordre est extrême»;[52] mieux encore, il semble que pour lui l'ordre et la raison se confondent. La raison, affirme-t-il dans le *Dictionnaire philosophique*, est un «rayon de la Divinité» («Egalité»),[53] donc il faut hâter l'avènement sur terre du «jour de la raison» («Abbé»), ce qui, non sans ironie, se traduit par un combat contre la déraison religieuse. Selon cette perspective, la raison pour l'homme est la santé de l'âme, un remède à toutes les maladies de l'irrationnel. Elle prémunit contre les ivresses de la pensée, puisqu'elle consiste à «voir toujours les choses comme elles sont» et à régler les passions («Enthousiasme»). Sa tâche est des plus ardues contre la «peste» du fanatisme qui gangrène le cerveau et dont les accès de rage sont responsables des folies des convulsionnaires («Convulsions») ou de fureurs homicides («Fanatisme»). Le *Dictionnaire philosophique* est donc terre d'expérimentation pour la raison où sa valeur est testée. La raison est une réalité et une norme.

Le rationalisme voltairien est positif. Il permet d'accéder à des vérités. Instrument incomparable, la raison, dont la première fonction est critique, débusque les erreurs et dénonce les horreurs. Ainsi détecte-t-elle les absurdités de contes comme celui de la

Genèse interdisant à l'homme de manger les fruits de l'arbre de la science: «Il semble à notre pauvre raison que Dieu devait ordonner de manger beaucoup de ce fruit». Voltaire ajoute benoîtement: «il faut soumettre sa raison», mais tente de donner une explication raisonnable de ce mythe: l'homme sait qu'il va mourir, «cette raison est l'arbre de la science qui lui fait prévoir sa fin» («Genèse»). La raison refuse les contradictions et rejette l'impossible. La foi, profondément dévalorisée, consistera soit à «croire les choses parce qu'elles sont impossibles» («Foi» i), soit à «croire non ce qui semble vrai, mais ce qui semble faux à notre entendement» («Foi» ii). Reconnaissant l'ordre du monde, persuadé que l'Etre éternel ne se conduit jamais par des «lois particulières comme les vils humains, mais par ses lois générales, éternelles comme lui» («Grâce»), elle refuse les prodiges («Julien»), les miracles qui sont «la violation de ces lois divines et éternelles» («Miracles»). Elle se contente de savoir que tout est «arrangé, engrené et limité» («Destin»), que tout ce qui appartient à la nature est «uniforme et immuable» («Fin»). La raison s'inscrit donc dans le contexte d'un ordre fixiste dont la source est Dieu.

Munie de ces principes, sûre d'être le seul moyen d'investigation valable, la raison établit dans le *Dictionnaire philosophique* un inventaire des aberrations du judéo-christianisme disséminées à travers les nombreux articles de critique biblique ou d'histoire de l'Eglise. [54] L'Ancien Testament apparaît comme un «tissu d'inconcevables bêtises» («Athée» ii). Voltaire traque ses incohérences, invraisemblances et contradictions («Abraham», «Ezéchiel», «Genèse», «Job», «Moïse», «Salomon»). De vieilles croyances, confrontées aux acquis de la science moderne, s'effondrent («Ciel des anciens», «Catéchisme chinois», «Genèse», «Inondation», «Adam»). «L'esprit saint se proportionnait à l'esprit du temps» («Genèse»): c'est dire qu'aucune inspiration divine n'a dicté des écrits qui sont le fait d'énergumènes exaltés («Ezéchiel», «Prophètes»).

Passé au crible de la raison, le christianisme qui plonge ses racines dans un Ancien Testament dévalorisé, paraît constitué de dogmes inacceptables. Si l'Incarnation («Conciles») et la Rédemption («Messie», «Péché originel») ne sont pas épargnées, Voltaire se déchaîne contre la Trinité, la consubstantialité du Verbe ou l'hypostase du Saint Esprit («Arius», «Divinité de Jésus») et surtout contre le dogme de la présence réelle du Christ dans l'Eucharistie, cette croyance «monstrueuse» que pas «un seul homme de bon sens» ne peut embrasser sérieusement («Transsubstantiation»). Et que penser des élucubrations des théologiens sur la grâce de santé, la médicinale, l'extérieure et l'intérieure, la gratuite, la sanctifiante, l'actuelle, la coopérante, l'efficace qui est sans effet et la suffisante qui ne suffit pas! («Grâce»).

L'histoire sacrée prétendait indûment échapper à toute appréhension strictement humaine, parce que ses «voies [seraient] en tout différentes des nôtres» («Christianisme»). Elle devient dans le *Dictionnaire philosophique* un nouveau terrain à arpenter. Plus de différence infinie entre «les livres divinement inspirés et les livres des hommes». Voltaire met en doute l'authenticité du Pentateuque («Moïse»), se moque des merveilles invraisemblables du livre des Rois, discute de l'attribution des Proverbes, conteste celle de l'Ecclésiaste, du livre de la Sagesse et du Cantique des cantiques («Salomon»). Il dénombre les évangiles apocryphes («Christianisme», «Evangile»), rappelle que le canon de l'Eglise a été fixé lors du concile de Nicée de manière arbitraire et grotesque («Conciles»). Le verdict est sans appel: la religion judéo-chrétienne se complaît dans l'inintelligible.

Cette désacralisation de l'Ecriture laisse le champ libre à une interprétation historique dégagée du poids de l'autorité. L'histoire du peuple élu, débarrassée de son aura sacrée, se réduit à celle d'une petite peuplade grossière. La raison détecte, par la voie du comparatisme, ses multiples emprunts à des cosmogonies antérieures: mythe de la création et du paradis terrestre, chute des anges, déluge («Genèse»), ou à des civilisations contemporaines, ainsi des usages pris des Egyptiens («Carême», «Circoncision»).

Dans l'argumentation voltairienne, le principe de vraisemblance vaut comme explication ou comme conjecture. Ainsi des suppositions concernant l'origine d'Abraham («Abraham», ajout de 1767). S'il est «difficile de percer dans les ténèbres de l'antiquité», une règle peut être dégagée, celle qui veut que «le petit peuple nouveau, ignorant» ait copié les nations florissantes. Le texte s'articule sur les affirmations, «il est évident», «il est bien naturel de penser». Dans «Circoncision», les déductions de Voltaire s'appuient également sur ce qui lui paraît «naturel»: «il est toutefois vraisemblable», «il est évident», «n'est-il pas bien vraisemblable», et «cela n'est pas dans la nature humaine». Même explication «naturelle» du dogme de la métempsycose («Métamorphose»).[55]

La raison prétend découvrir la «marche de l'esprit humain» («Religion» II), sans que se soient manifestées des interventions divines. Elle reconstitue des processus historiques, comme la marche vers l'inégalité sociale («Egalité»), découvre le rôle essentiel de la peur dans la création des religions («Religion» II) et dans son maintien par la force («Secte»). Tout ce qui dérangerait ce jeu des lois humaines doit être rejeté. Le concept d'homme-dieu n'est qu'une création aberrante dont on peut suivre les étapes, le Christ ne s'étant jamais proclamé tel («Conciles», «Divinité de Jésus»). Et comment ne point regarder avec suspicion le Messie quand ont défilé tant de faux messies? («Messie»). Où seraient les ordres secrets de la Providence dans l'établissement du christianisme qui n'offre que le désolant spectacle des passions humaines les plus néfastes?

La raison se rebelle contre toutes ces sottises accumulées depuis des siècles. Elle accomplit un travail de clarification nécessaire. Mais une autre tâche, plus urgente pour le bien de l'humanité, la sollicite. Elle va se révolter contre les horreurs que ces bêtises ont engendrées.

Voltaire dénonce inlassablement les crimes du peuple juif que ne justifie aucune vocation surnaturelle. Le bon roi David dont descend le Christ n'est qu'un bandit sanguinaire («David»); Moïse se conduit de manière incohérente et cruelle («Moïse»). L'«Histoire des rois juifs» se réduit à l'énumération de dix-sept assassinats. A la grossièreté de ce peuple barbare succèdent les folies meurtrières des chrétiens qui prétendent apporter au monde une loi d'amour. «On nous berne de martyrs à pouffer de rire»: les vrais persécuteurs se trouvent dans les annales du christianisme. Voltaire rappelle les croisades contre les Albigeois, l'épouvantable journée de la Saint-Barthélemy, les massacres en Irlande et dans les vallées du Vaudois («Martyre»). Les catholiques, tout particulièrement, avec leur prétention à l'universalité, sont intolérants. De grands cris d'indignation traversent le *Dictionnaire philosophique*

(«Persécution», «Tolérance») qui stigmatise l'emblème le plus scandaleux de cet esprit de persécution, l'Inquisition («Inquisition», «Liberté de penser»). La voix de la philosophie doit sans cesse s'élever contre ces «tyrans mercenaires des âmes» et honnir les «sangsues du peuple» («Athée» ii).

La raison militante fait s'effondrer des monuments d'absurdité et d'iniquité. Elle s'efforce aussi de reconstruire, du moins d'offrir les linéaments de ce qui pourrait être un monde moins déraisonnable.

La croyance en un Dieu est le point focal de cette construction : «il m'est évident qu'il y a un Etre nécessaire, éternel, suprême, intelligent. Ce n'est pas là de la foi, c'est de la raison» («Foi» ii). Le credo déiste doit se substituer à ce symbole dont les premiers chrétiens n'ont pas entendu parler pendant plus de quatre cents années («Credo»). L'instauration du théisme serait une restauration. Voltaire est persuadé que «l'adoration d'un dieu a précédé tous les systèmes» («Religion» ii, «Théiste»). La religion des lettrés en Chine prouve qu'une telle croyance peut gouverner les hommes («Chine»). Plus de dogmes incongrus qui divisent. Alors doit éclater le triomphe de la loi naturelle que Dieu a gravée dans tous les cœurs. Notre raison nous apprend à distinguer «les nuances de l'honnête et du déshonnête» et ce qu'elle nous apprend est valable en tous temps et en tous lieux : «Quiconque a écrit sur nos devoirs a bien écrit dans tous les pays du monde, parce qu'il n'a écrit qu'avec sa raison» («Du juste et de l'injuste»). L'allégorie d'un jugement dernier que Voltaire imagine, rend enfin toute sa place à la morale («Dogmes»). Justice, tolérance, bienveillance deviennent les vertus théologales du *Dictionnaire philosophique*.

Mais la raison n'est pas la chose du monde la mieux partagée. Il y a ceux qui sont fous, car «on a la goutte au cerveau comme aux pieds» («Folie»). Il y a ceux qui sont «destinés à raisonner mal, d'autres à ne point raisonner du tout, d'autres à persécuter ceux qui raisonnent» («Destin»). D'où la division et la hiérarchie qui s'instaurent dans toutes les sociétés et qui est particulièrement sensible en matière de croyance religieuse («Apis») :

> Le bœuf Apis était-il adoré à Memphis comme dieu, comme symbole, ou comme bœuf? Il est à croire que les fanatiques

voyaient en lui un dieu, les sages un simple symbole et que le sot peuple adorait le bœuf.

Comment contenir le vulgaire? Des palliatifs doivent être mis en place. Des croyances utiles seront maintenues, celle en l'immortalité de l'âme et en l'enfer, nécessaires à la police sociale («Enfer»). Pour brider les fanatiques, alors que les lois peuvent s'avérer impuissantes, le seul recours serait dans les progrès de la philosophie qui rend l'âme tranquille. Faute d'avancées fulgurantes, des abus seraient du moins corrigés. En matière juridique, les domaines civils et ecclésiastiques seraient hermétiquement séparés («Lois civiles»). Sont à supprimer les richesses indécentes du clergé («Abbé»), le pouvoir temporel du pape («Pierre»), le tribunal de l'Inquisition («Inquisition»). Près du peuple, le bon curé de campagne Téotime, qui a banni de son ministère les usages ridicules comme ceux de l'excommunication des comédiens et des sauterelles, se consacre à son petit troupeau en mettant à son service ses connaissances en matière juridique, médicale ou agronomique («Catéchisme du curé»). Au niveau de la paroisse, un espace social satisfaisant peut être ménagé.

La raison pourtant ne peut régner sans limite. Il est dans sa nature de connaître les bornes de l'esprit humain. Une série d'articles du *Dictionnaire philosophique* annonce *Le Philosophe ignorant*: même refus de la métaphysique, même profession d'humilité, même propension au doute systématique («Ame», «Bornes de l'esprit humain», «Idée», «Matière»). L'esprit s'interroge vainement sur l'existence du mal («Tout est bien»). Dieu ne nous a donné l'entendement que pour nous bien conduire et non pour connaître l'essence des choses («Ame»). D'où la fermeture du monde voltairien («Tout est bien»):

> Mettons à la fin de presque tous les chapitres de métaphysique les deux lettres des juges romains quand ils n'entendaient pas une cause, *N. L. non liquet*, Cela n'est pas clair.

Plutôt que de faire «un in-folio de questions» auxquelles on ne peut répondre («Bornes de l'esprit humain»), il reste à agir à l'intérieur des limites assignées à l'humanité. Puisque c'est «le fond de la religion d'une secte qui passe pour superstition chez une autre secte» («Superstition» II), la force juge en attendant que la raison soit assez forte, ce qui est dire l'urgence du combat que mène Voltaire. Au jour de la raison, les procès entre fanatiques seront enfin jugés et celui qui décidera sera «l'homme raisonnable, impartial, savant d'une science qui n'est pas celle des mots; l'homme dégagé des préjugés et amateur de la vérité et de la justice; l'homme enfin qui n'est pas bête, et qui ne croit point être ange» («Secte»). [56]

L'auteur du *Dictionnaire philosophique* peut-il se targuer d'être cet homme raisonnable? On lui accordera volontiers qu'il est dégagé d'un certain nombre de préjugés, mais malgré son amour de la vérité et de la justice, on ne lui décernera point un brevet d'impartialité.

Le *Dictionnaire philosophique* veut étendre l'empire de la raison. Est-ce pour autant une œuvre gouvernée par la raison? Les philosophes sont «sans enthousiasme», affirmait la lettre sur Locke (*Lettres philosophiques*, i.175). Or Voltaire lutte passionnément pour la raison, ce qui le conduit à défendre des points de vue où la polémique l'emporte.

iii. *Les dérives de la passion*

L'émotion, l'emportement, la fureur, la rage, toutes ces «nuances dans nos affections», énumérées dans l'article «Enthousiasme», animent le *Dictionnaire philosophique*. Ses détracteurs ne manquèrent pas de dénoncer le «fanatisme» ou du moins l'intolérance de Voltaire, de souligner sa partialité qui le conduit à idéaliser la Chine ou Rome, à injurier gravement les Juifs. Ces traits pourraient s'appliquer à l'ensemble de son œuvre militante, le *Portatif* en paraît l'une des meilleures illustrations.

L'éloge de la morale confucéenne au détriment de la morale chrétienne, l'admiration pour la sage religion des lettrés chinois («Catéchisme chinois», «Chine») relèvent du parti pris. La volonté de diminuer le nombre des martyrs («Martyre», «Christianisme»), l'opposition entre les grands hommes de l'antiquité et les théologiens stupides («Grâce»), la défense de Julien l'Apostat promu au rang de philosophe, la lumineuse figure du «divin empereur Antonin», modèle de toutes les vertus («Vertu»), témoignent d'un mythe romain. [57]

Si «la raison consiste à voir toujours les choses comme elles sont» («Enthousiasme»), les diatribes contre le peuple hébreu et son livre sacré, bien que destinées à promouvoir plus de raison parmi les hommes, ne s'inscrivent pas dans cette problématique. La violence domine, sans garde-fous. Aucune place n'a été laissée à un jugement objectif, si bien que cette hargne a donné lieu à un large débat où s'affrontent deux thèses, celle de l'antijudaïsme de Voltaire et celle de son antisémitisme. L'histoire contemporaine a donné un renouveau d'actualité à ce problème.

Dans son *Histoire de l'antisémitisme*, Léon Poliakov pose la question: «Voltaire fut-il antijuif parce qu'il était anticlérical, ou son combat contre l'infâme était-il animé par sa haine du peuple de la Bible?» Il défend la thèse de l'antisémitisme de Voltaire en s'appuyant sur «le dépouillement du document capital voltairien qu'est le *Dictionnaire philosophique*». En réalité, sa lecture paraît avoir été quelque peu conditionnée par celle du livre cité dès les premières lignes du chapitre qu'il consacre à Voltaire: «Aux temps de la domination hitlérienne en Europe, un agrégé d'histoire Henri Labroue, n'eut pas de peine à composer un livre de deux cent cinquante pages à l'aide des écrits antijuifs de Voltaire».[58] Auteur en 1942 d'un *Voltaire antijuif*, Henri Labroue a fourni à la politique du troisième Reich et de Vichy la caution de Voltaire. Cette anthologie composée de textes extraits de leur contexte, artificiellement découpés, largement annotés par des citations de Céline ou des frères Tharaud, est construite suivant une problématique raciste.[59] Vérification faite, les fragments du *Dictionnaire philosophique* n'y occupent pas une place prépondérante. Des bribes des articles «Abraham», «Circoncision», «Enfer», «Ezéchiel», «Genèse», «Job», «Judée» ont été alléguées. L'ouvrage de H. Labroue ne mériterait que l'oubli s'il n'avait imposé une grille de lecture de Voltaire.

Il convient donc d'en revenir à ces 118 articles avec leurs outrances et leurs sarcasmes, indépendamment de toute interprétation préalable. Une importante mise au point de Roland Desné a fait justice de bien des confusions en relevant les occurrences des mots «juif» et «hébreu» dans le *Dictionnaire philosophique*, en analysant son antijudaïsme.[60] La question n'est pas close pour autant, des travaux la remettent sans cesse à l'ordre du jour.[61]

Pour aborder ce sujet controversé, il paraît justifié de se reporter aux réactions que les plaisanteries et injures de Voltaire ont suscitées de son temps.

Zalkind Hourwitz, auteur d'une *Apologie des juifs, en réponse à la question : Est-il des moyens de rendre les juifs plus heureux en France?* (Paris 1789), remarque : « Il se peut bien que Voltaire en ait moins voulu aux juifs modernes qu'aux anciens, c'est-à-dire au tronc du christianisme contre lequel il vise sans cesse ».[62] La cible du *Dictionnaire philosophique* est effectivement le peuple de la Bible ; les juifs modernes ne sont évoqués que brièvement dans huit passages. Leur activité économique indique leur rôle dans la société : le papiste est « fort aise de trouver ici des juifs » sur qui il place son argent à « six pour cent » (« Papisme ») ; dans les places boursières, juifs, mahométans, chrétiens de toutes confessions « trafiquent ensemble » (« Tolérance » 1). La seule allusion à connotation méprisante est celle de ces fripiers qui retournent les vieux habits et les vendent comme neufs, comparaison qui vise les interprètes de l'Ecriture plus que ceux qui s'adonnent à ce commerce (« Abraham »). Aussi les Breuxeh, anagramme des Hébreux, ont-ils leur place parmi les « douze factions de cuisine » du « Catéchisme du Japonais ». Les autres occurrences font allusion à leurs croyances.[63] Voltaire évoque peu les odieuses persécutions qu'ils subissent : « Le plus grand apôtre des chrétiens [saint Paul] fit pendant huit jours les mêmes choses pour lesquelles on condamne les hommes au bûcher chez une grande partie du peuple chrétien » (« Tolérance » 11). Honte donc aux chrétiens, mais peu de sympathie pour ces malheureux persécutés.

Voltaire ne s'intéresse guère au statut actuel des juifs, il ne veut pas s'y intéresser. Sa correspondance avec Isaac Pinto en témoigne. Ce juif cultivé, après avoir lu l'opuscule *Des Juifs* paru dans la *Suite des mélanges*, imprime des *Réflexions critiques sur le Ier chapitre du tome VIIe des Œuvres de M. de Voltaire* (Amsterdam 1762). Il les envoie à Voltaire.[64] Celui-ci avoue que les lignes dont se plaint son correspondant sont « violentes et injustes » :

> Il y a parmi vous des hommes très instruits et très respectables, votre lettre m'en convainc assez. J'aurai soin de faire un carton dans la nouvelle édition.[65]

Promesse non tenue. Il suffisait pourtant d'avouer qu'il avait attribué à «toute une nation les vices de plusieurs particuliers», car Isaac Pinto s'élevait contre l'injustice d'imputations portant sur tous les juifs. Il faisait valoir la distinction entre les juifs portugais et espagnols d'une part et les «autres enfants de Jacob» d'autre part. Il explique que les premiers ne veulent point se mêler aux autres: «Leur divorce avec leurs autres frères est à un tel point, que si un juif portugais, en Hollande et en Angleterre, épousait une juive allemande, il perdrait aussitôt ses prérogatives; il ne serait plus reconnu pour membre de leur synagogue». Quant à ces malheureux juifs allemands ou polonais, «le mépris, dont on les accable, étouffe en eux le germe de la vertu et de l'honneur». Les uns ne diffèrent des autres nations de l'Europe que par leur culte, ce qui n'est pas le cas des autres, «méprisés et humiliés de tous côtés». [66]

Ces distinctions élitistes entre séfarades et ashkénazes n'arrêtent point l'attention de Voltaire qui leur substitue la seule qui vaille à ses yeux (D10600):

> Restez juif, puisque vous l'êtes, vous n'égorgerez point quarante deux mille hommes pour n'avoir pas bien prononcé shibboleth, ni vingt quatre mille pour avoir couché avec des Madianites; mais soyez philosophe, c'est tout ce que je peux vous souhaiter de mieux dans cette courte vie.

L'épanouissement de l'humain en chacun par la voie de la philosophie ne laisse point de place aux préjugés racistes. Le *Traité sur la tolérance* est sans équivoque:

> Je vous dis qu'il faut regarder tous les hommes comme nos frères. Quoi! mon frère le Turc? mon frère le Chinois? le Juif? le Siamois? Oui, sans doute; ne sommes-nous pas tous enfants du même père, et créatures du même Dieu? [67]

Or Isaac Pinto avait parlé de communautés juives, les unes prospères, les autres misérables dans l'Europe de son temps. Voltaire répond en apôtre de la raison universelle qui n'exclut personne, position de principe essentielle, mais qui ne se soucie guère des situations réellement vécues. Les massacres rapportés dans l'Ancien Testament le préoccupent davantage. La lutte contre l'infâme reste prioritaire. Cette bonne conscience de la raison peut

autoriser toutes les violences verbales contre tout ce qui ressemble
à la superstition ou tout ce qui contrarie un théisme universaliste.
Au nom d'un combat qui annulerait, s'il était victorieux, tout
fanatisme religieux, Voltaire s'aveugle quant aux conséquences
d'une action entreprise pour déraciner l'infâme si elle n'était point
couronnée d'un succès total. Et comment le serait-elle?
    Ses positions de principe sont claires: un antijudaïsme religieux
à ne point confondre avec un antisémitisme racial. Le théiste ne
peut qu'être hostile à l'idée d'une révélation réservée à un peuple,
à l'exclusion du reste de l'humanité. Point de vocation particulière
du peuple juif, mais refus de toute persécution à leur égard. Son
essai *Des Juifs* se terminait par cette phrase en italiques qui n'est
point une clause de style: «*Il ne faut pourtant pas les brûler*»
(M.xix.521). Le *Sermon du rabbin Akib* (1761) dénonçait ces «tigres
dévots» qui, rendant les Juifs responsables du supplice du Christ,
se croient autorisés à persécuter leurs descendants. Idée absurde
à bien des titres pour Voltaire qui y voit un exemple patent du
fanatisme chrétien et qui ne peut accepter cette responsabilité
collective et héréditaire. [68]
    Sûr de son bon droit, Voltaire est sourd à tout avertissement.
Isaac Pinto, après avoir rendu hommage à l'action de Voltaire en
faveur de la tolérance, écrivait ces lignes qui laissent à penser:

> Ce n'est pas tout de ne pas brûler les gens: on brûle avec la plume;
> et ce feu est d'autant plus cruel, que son effet passe aux générations
> futures. Que doit-on attendre du vulgaire aveugle et féroce, quand
> il s'agit de sévir contre une nation déjà si malheureuse, si ces
> horribles préjugés se trouvent autorisés par le plus grand génie du
> siècle le plus éclairé? [69]

Voltaire ne tient nul compte de cette objection de poids sur les
effets pervers de son combat. Il récidive dans le *Dictionnaire
philosophique*, car il croit au triomphe de la raison. Il donne donc
libre cours à sa hargne contre la Bible, ces annales d'un peuple
barbare pour lesquelles il éprouve fascination et répulsion. [70] Il ne
ménage aucune sensibilité religieuse. Plaisanteries et sarcasmes
s'abattent dans le *Dictionnaire philosophique* sur les Juifs, mais
également sur les chrétiens. [71] Les articles «Arius», «Christianisme», «Conciles», «Divinité de Jésus», «Tolérance»,

«Transsubstantiation» attaquent avec une violence sacrilège des dogmes fondamentaux, dénoncent les horreurs ou absurdités de l'histoire de l'établissement du christianisme.

Dans cette *Raison par alphabet*, la passion de Voltaire l'a souvent emporté.

Le discours d'un dictionnaire est, par essence, linéaire. Celui du *Dictionnaire philosophique* est également circulaire; il se tient à l'intérieur d'un monde qui a éliminé le sacré et refuse les vertiges de la pensée. Régi par un ordre certain, comme l'est celui de Newton, le monde voltairien peut être traduit par l'image du système solaire:

> Dieu est au centre de sa création comme le soleil: toute vie vient de lui, tout doit tendre vers lui. L'unité de l'univers tient à l'unicité de son centre, et Voltaire peut, grâce à elle, rester fidèle à l'universalisme classique. [72]

Dieu est raisonnable, parce qu'il est Dieu. La raison, don de Dieu, [73] partage de l'homme, doit régner sur terre. Ainsi s'organise la cyclopaedia de Voltaire dont le *Dictionnaire philosophique* est le reflet et où les lumières mènent leur combat contre les ténèbres de l'obscurantisme.

Mais à reconstruire ainsi le *Dictionnaire philosophique* pour en montrer l'extrême cohésion, ne risque-t-on pas de le trahir? Voltaire n'a point voulu que sa vision fût figée en un système et elle ne peut l'être sans dommage. L'analyse met à plat ses composantes; elle méconnaît le souffle qui l'inspire, une véritable passion de la raison. L'idéal serait de «joindre la raison avec l'enthousiasme», puisque cet «enthousiasme raisonnable», partage des grands poètes, est «la perfection de leur art» («Enthousiasme»). Le mouvement de l'enthousiasme anime ce dictionnaire, ouvrage raisonné, mais peu raisonnable, habité par les figures honnies des persécuteurs de l'humanité ou par les figures bénies de ses bienfaiteurs.

L'émiettement en articles est-il un obstacle à l'appréhension des structures du *Dictionnaire philosophique*? Une réponse catégorique, qu'elle soit positive ou négative, ne s'impose pas. Du moins Voltaire est-il à l'aise dans ce discours discontinu. Il n'est que de rappeler la gêne à cet égard de ceux qui le réfutent. Paulian dans son *Dictionnaire philosopho-théologique portatif* consacre sa préface à enseigner «la méthode de faire un tout des différents articles de ce Dictionnaire». Il conseille six lectures différentes, la première pour découvrir la fin qu'il se propose, la seconde pour y trouver «les principaux objets de la révélation naturelle», la troisième pour prendre connaissance des «différents motifs de crédibilité de la religion chrétienne», la quatrième aura pour but ce qui regarde les principaux dogmes de la religion catholique, la cinquième, ce qui a trait à la morale chrétienne, la sixième, la dénonciation des erreurs de ceux qui sont opposés à la religion de l'Homme-Dieu.[74] Pour chacune de ces lectures, une liste d'articles est prescrite, un article «Renvois» rappelle ces recommandations qui étaient également indiquées dans un «Avis au lecteur». C'est dire le souci des liaisons entre articles afin de préserver l'unité d'un système. L'avertissement mis en tête du *Dictionnaire philosophique de la religion* de Nonnotte développe une argumentation semblable. Il s'agit de briser l'ordre alphabétique pour lui substituer un ordre logique. Les articles sont alors classés du chiffre 1 à 28, numérotation indépendante de leur ordre d'entrée, et le lecteur est invité à respecter ce classement afin d'appréhender le sens de l'œuvre.[75] Paulian et Nonnotte n'ont adopté la forme du dictionnaire que parce qu'elle répondait à une mode.

Qu'en est-il de Voltaire? La discontinuité ne le gêne pas dans la mesure où il ne propose pas un système. On repère, au fil de lectures dont l'ordre est laissé libre, des lignes de force, des virtualités dynamiques. Il est possible d'appliquer à ce *Portatif* des grilles de lecture différentes, de regrouper les textes suivant des centres d'intérêt. On peut aussi y vagabonder. Si la raison est un principe explicatif à valeur générale, la fragmentation en articles permet une «ouverture multidimensionnelle» de cette œuvre. A l'inverse du discours suivi, un dictionnaire «ne voit jamais l'ordre de ses lectures déterminé une fois pour toutes, mais il s'offre aléatoirement au choix de tous les parcours possibles».[76]

Mais existerait-il des parcours privilégiés, voire des parcours obligés? Le tout n'étant pas dans la somme des articles, mais dans leur coexistence, leur co-présence, leur cohabitation, peut-on se flatter de trouver la voie la meilleure vers la vérité du *Dictionnaire philosophique*? Le mouvement d'une lecture structurante s'efforce de rencontrer le mouvement que Voltaire a imprimé à son œuvre et qui se donnait pour but d'être un cheminement vers la vérité, une propédeutique nécessaire à qui ne veut point vivre dans les leurres. A l'intérieur du cercle qu'elle explore, il n'y a pas de pensée plus véloce que celle de Voltaire. Elle court comme courent les héros de ses contes.

Elle court, même quand elle fait du sur-place, répétant pour la centième fois les mêmes évidences, mais les présentant avec une fraîcheur telle qu'elles paraissent toutes nouvelles. Elle invite à traverser à sa suite bien des philosophies, bien des civilisations. Elle se précipite comme si elle devait saisir la vérité. Mais la vérité s'évanouit ou la quête se heurte au mystère du monde. Court-elle pour retrouver indéfiniment le même, comme l'indique P. Rétat, remarquant que Voltaire est enfermé «dans un cercle étroit et immuable» et que la nature ne lui offre qu'une «opacité impénétrable»?[77] Mais à l'intérieur même du ressassement, le mouvement importe autant que le résultat, la chasse que la prise, si l'on veut reprendre des termes pascaliens. Car c'est dans cette poursuite sans fin que l'homme, cet «insecte» sur son «tas de boue», affirme sa dignité. L'un des apologues du *Dictionnaire philosophique* est à ce titre hautement significatif. Dans l'article «Etats», un conseiller de l'Etat de Pondichéry et un brame instruit voyagent en raisonnant. Au cours de leurs pérégrinations en haute Asie, en Asie mineure, en Europe, ils définissent le meilleur gouvernement, celui où l'on n'obéirait qu'aux lois. «Où est ce pays-là? dit le conseiller. Le brame dit: il faut le chercher».

Et quand on cherche, dans l'optique voltairienne, rien ne vaut le déplacement dans l'espace et dans le temps. Au lecteur d'accomplir à son tour ces voyages grâce à ce livre nourri de tant de livres, en suivant ou non l'ordre d'un lexique limité, mais plein de sens. Le périple est jalonné d'étapes sans issue, mais l'enquête a permis la conquête de quelques vérités fragmentaires. Le marathon voltairien n'est point vain. Encore faut-il accepter de sprinter en sa compagnie et pour mieux apprécier la quête inscrite au cœur de cette *Raison par alphabet*, se laisser conduire par le rythme de chaque article.

5

L'article

Le *Dictionnaire philosophique*, tel qu'il fut publié par les éditeurs de Kehl, est un monstre éditorial. Il était nécessaire d'éditer à part les articles destinés à l'*Encyclopédie* et au *Dictionnaire de l'Académie*; il ne l'est pas moins de redonner leur vrai visage au *Dictionnaire philosophique* et aux *Questions sur l'Encyclopédie*.[1] Si ce monstre a eu la vie dure, si Beuchot et Moland l'ont pérennisé, on peut supposer que ce n'est pas sans quelque obscure raison.

Leurs explications, fort peu convaincantes au demeurant, laissent deviner leur refus de briser une masse imposante qui, dès la première consultation, donnait la mesure de l'activité alphabétique de Voltaire. Beuchot avoue que le *Dictionnaire philosophique* et les *Questions sur l'Encyclopédie* «n'ont de commun que la distribution par ordre alphabétique»; il a rétabli dans leur forme primitive les *Lettres philosophiques* qui avaient été dispersées, mais prétend que le lecteur serait désorienté si l'on séparait les articles jusqu'alors réunis (M.xvii.ix-x). Moland invoque «l'unité très saisissante à l'esprit» de cet ensemble (M.xvii.iii). Que l'un mette en avant un critère formel et que l'autre s'en tienne au contenu idéologique, le résultat fut de proposer des groupements de textes qui produisaient un effet de masse.[2] On en vint tout naturellement à penser que l'article était une des vocations de Voltaire.

Le nombre et la qualité des formes brèves réunies dans la section des «Mélanges» confirme cette impression. Il n'est point de frontière étanche dans l'esprit de Voltaire entre des articles destinés à des entreprises alphabétiques et ceux qui trouvent place dans les mélanges. Il fait paraître dans les *Nouveaux mélanges* de 1765 les articles qu'il avait écrits pour l'*Encyclopédie*, dont «Historiographe» qui ne parut pas dans le tome viii.[3] L'article «Idole» proposé à d'Alembert fut inséré dans le *Dictionnaire philosophique* et dans les *Questions sur l'Encyclopédie*. Un résumé de ce texte forme le chapitre 30 de *La Philosophie de l'histoire*. De plus,

Voltaire aime fragmenter ses discours sous forme de lettres, de catalogue, de pensées détachées.[4] Les ouvrages plus amples privilégient des découpages en chapitres courts et qui vont en s'allégeant.[5] Sans doute faut-il répéter, à la suite de R. Pomeau, que «l'esprit voltairien, très analytique, répugne aux constructions d'idées».[6] Il existe un accord entre l'article, le tempérament intellectuel de Voltaire, sa philosophie, mais aussi la tentation de l'inorganique qui caractérise quelques formes d'écriture du dix-huitième siècle. Même si Voltaire dans l'article «Destin» affirme: «j'ai nécessairement la passion d'écrire ceci»,[7] on ne lui appliquera pas les grilles finalistes qu'il lui arrive d'affectionner. Si aucun art n'a jamais pu faire venir «des roses au haut d'un chêne»,[8] un certain nombre de circonstances favorables restent nécessaires pour que les rosiers se parent de nombreuses roses. Il n'y eut point de génération spontanée de l'article voltairien, tel qu'il trouva une forme achevée dans le *Dictionnaire philosophique*.

i. *De l'apprentissage de Voltaire*

La thèse d'une préexistence de l'article dans l'œuvre de Voltaire peut être soutenue. Bien avant de concevoir un projet de dictionnaire, Voltaire «pensait déjà par articles».[9] Dès 1728, selon Duvernet, il composait un essai sur l'esprit de faction intitulé *Sottise des deux parts*.[10] En 1739, *De la gloire, ou entretien avec un Chinois* parut dans les *Œuvres de M. de Voltaire*.[11] Réédité maintes fois dans les «mélanges de littérature, d'histoire et de philosophie» des éditions collectives, ce texte trouve place dans le *Dictionnaire philosophique* de Beuchot et de Moland à la rubrique «Gloire».[12] *Du déisme*, publié dans les *Œuvres mêlées de M. de Voltaire*,[13] constamment réimprimé dans les mélanges, devient dans Moland un article «Théisme». En marge des *Lettres philosophiques*, Voltaire avait composé un texte sur les «Contradictions» françaises qui pourraient être un fragment d'une lettre anglaise (M.xxiii.25-26), et un essai sur le suicide.[14] Ces tentatives montrent de la part de Voltaire une maîtrise réelle du discours bref. L'hypothèse d'une rédaction de «petits chapitres» en 1741-1742, avant qu'il ait eu l'idée de l'œuvre future, a été défendue.[15] Encore fallait-il qu'il songeât à un ouvrage qui fût une collection d'articles.

Il est d'usage de dater du 28 septembre 1752 ce tournant. [16] On connaît les intitulés de six des premiers articles rédigés en Prusse : «Athée», «Baptême», «Ame», «Abraham», «Moïse», «Julien». On n'en sait que ce qu'en dit la correspondance de Voltaire et de Frédéric II. Voltaire invite le roi à comparer son article «Abraham» avec celui de Bayle (D5057); il a écrit l'histoire du baptême (D5055); la «triste raison» l'a inspiré pour rédiger son «Moïse» (D5073). Frédéric suggère des ajouts pour «Julien» (D5074), apprécie les premiers linéaments de cet ouvrage qui sera «utile par les choses et agréable par le style» (D5056). Il analyse un peu plus en détail l'article «Athée», ce qui permet de l'identifier. [17] Or ce premier texte n'est pas repris dans le *Dictionnaire philosophique*; il est édité pour la première fois dans Kehl. W. H. Trapnell qui a travaillé sur la préhistoire du *Dictionnaire philosophique* pense que la section III d'«Abraham» dans l'édition Moland est l'ébauche soumise à Frédéric. [18] On remarque enfin que «Baptême», imprimé par l'édition de Kehl, est un historique, ce qui inciterait à croire qu'il date aussi de 1752. Voltaire a peut-être retravaillé d'anciennes ébauches, mais il semble en avoir laissé d'autres, en partie ou en totalité, dans ses papiers. [19] Il est délicat de définir la conception qu'il se faisait à Potsdam de l'article de dictionnaire. Si les hypothèses précédentes sont justes, ces textes sont de l'ordre de la compilation. [20]

Après les mésaventures du séjour berlinois, la «barbarie iroquoise» de Francfort, les mois d'incertitude et de tristesse en Alsace, Voltaire collabore à l'*Encyclopédie*. Il fait alors l'expérience d'un travail de commande qui doit s'insérer dans une œuvre collective. Il jouit d'un traitement de faveur qui a ses limites. Ses contributions sont annoncées dans l'«Avertissement des éditeurs» des tomes IV et V; elles sont, dans la majorité des cas, suivies de la mention : «Article de M. de Voltaire». [21] Point de signature réduite à une initiale pour lui. Mais son article «Littérature» semble avoir été réécrit (V 33, p.221-24).

Au fil d'une collaboration qui dura de 1754 à 1758, [22] Voltaire en rédigeant 45 contributions sur des sujets divers, a affiné sa conception de l'article. Une constante domine, celle du refus des déclamations, mais une évolution se dessine. Après avoir présenté à titre d'«essais» les articles «Elégance» et «Eloquence», [23] Voltaire rédige une vingtaine de textes rangés dans l'*Encyclopédie* dans les rubriques «Littérature»,[24] «Grammaire»,[25] «Morale»[26] ou dans une rubrique assemblant ces termes.[27] Au cours de cette première étape qui se situe de juillet 1754 à décembre 1755,[28] Voltaire prétend que les articles doivent être réduits à des définitions et à des exemples (D6653, D6655). Il suit cette ligne qui convient aux intitulés dont il est chargé, peu d'historiques lui étant confiés.[29] Du point de vue lexicographique, il s'attache aux définitions précises,[30] explore les diverses acceptions d'un terme,[31] fait preuve d'un réel sens des nuances.[32] Comme l'a montré R. Naves, il distingue là où ses ouvrages de référence, *Trévoux* et Furetière, juxtaposent des termes, mais il se méfie des fausses symétries des *Synonymes français* de Girard, inspirées par la tradition précieuse.[33] Il lui arrive d'illustrer son propos par une anecdote,[34] de l'égayer par un exemple à valeur polémique,[35] de le rendre plus percutant par une formule finale.[36] L'ensemble prouve sa fine connaissance des ressources de la langue. L'article lexicographique, plutôt court, toujours riche, tel qu'il le pratique, est de l'ordre du travail de précision où se manifestent sa clarté d'esprit, son goût pour les exemples concrets.[37]

Chargé de l'article «Français», Voltaire fait l'expérience d'un texte qui exige de lui des recherches,[38] ce qui n'avait pas été le cas jusqu'alors. Un an s'écoule entre la commande et l'achèvement du texte (V 33, p.94). A sa demande, il obtient d'écrire l'article «Histoire» sur lequel il pourrait fournir «des choses assez curieuses» (D6619). Il corrige et modifie ce texte très élaboré dont la version finale sera envoyée à Diderot en juin 1758 (D7756). En rédigeant au cours de l'année 1756 une quinzaine d'articles,[39] il nuance sa position. Le 13 novembre 1756, il s'explique: «Je suis bien loin de penser qu'il faille s'en tenir aux définitions et aux exemples; mais je maintiens qu'il en faut partout, et que c'est l'essence de tout dictionnaire utile». Il ne veut que «vérité et méthode» (D7055). Le 29 novembre, il est encore moins tranchant. Il s'est aperçu qu'il était difficile «d'être court et plein, de discerner les nuances, de ne rien dire de trop, et de ne rien omettre» (D7067). Il corrige ses fautes,[40] manifeste des scrupules (pour l'article «Français»; D6619). Quelques-unes de ses nouvelles contributions ont été rédigées rapidement, d'autres lui ont demandé plus d'élaboration. [41] Il s'est efforcé de faire entendre des vérités, en particulier dans «Gens de lettres» où il évoque les progrès de l'esprit philosophique, de «cette raison approfondie et épurée». [42] S'il excelle toujours en matière de nuances ou d'usage, [43] il accorde plus de place aux informations historiques. [44]

Une nouvelle étape peut être marquée. Le 22 décembre 1756, Voltaire se hasarde à donner des directives à d'Alembert: «Pourquoy n'avez vous pas recommandé une espèce de protocole à ceux qui vous servent, étimologies, définitions, exemples, raisons, clarté et brièveté?» (D7093*). Il a appliqué lui-même ce programme et voudrait l'imposer. [45] Prenant de plus en plus d'assurance, le 3 janvier 1758, adressant à d'Alembert l'article «Habile», il le prie de «ne pas retrancher un mot à la fin», car ce qu'il a dit «doit être dit». [46] Or il faisait la leçon dans ce paragraphe (V 33, p.146-47):

> On craint d'enfler ce dictionnaire d'inutiles déclamations; ceux qui président à ce grand et important ouvrage doivent traiter au long les articles des arts et des sciences qui instruisent le public; et ceux auxquels ils confient de petits articles de littérature doivent avoir le mérite d'être courts.

Et il récidive dans l'article «Hautain» (V 33, p.149).

Le décalage entre le «Suisse Voltaire» et les événements parisiens est flagrant. De sa retraite, Voltaire écrit comme si l'avenir de l'*Encyclopédie* était tout tracé et comme si la seule question à l'ordre du jour était la longueur des articles. Or d'Alembert démissionne le 11 janvier 1758. Au moment donc où s'ouvre une grave crise dans la direction de l'*Encyclopédie*, Voltaire qui l'ignore, ne se contente plus d'envoyer ses «petits cailloux» (D7550) accompagnés de réserves indiquées dans des lettres privées. Il se permet d'afficher ce qu'il pense de l'*Encyclopédie* dans des contributions qui lui sont confiées. L'article «Histoire» critique l'article «Certitude», lequel critiquait les *Pensées philosophiques* de Diderot, et justifie ce parti: «Ce dictionnaire est consacré à la vérité; un article doit corriger l'autre». [47]

Les dernières contributions de Voltaire respectent le protocole qu'il avait lui-même fixé. [48] Il donne l'étymologie chaque fois qu'il est en mesure de le faire, [49] propose des définitions précises, [50] multiplie les exemples pour cerner l'état de la langue et le bon usage. [51] Littré dans la préface de son *Dictionnaire* souligne les difficultés propres à la définition des mots : « quand il faut expliquer un mot par d'autres mots de la même langue, on est exposé à tomber dans une sorte de cercle vicieux ou explication du même par le même » (i.xix). Voltaire surmonte ces obstacles. Dans son « rapetassage » des articles « T » à « Toper » pour le *Dictionnaire de l'Académie* en 1760-1761, il pille souvent le *Dictionnaire de Trévoux*. [52] L'essentiel de son apprentissage en matière lexicographique vient de ses contributions à l'*Encyclopédie*. Ces leçons ne sont pas absentes du *Dictionnaire philosophique*, même si elles entrent dans une problématique différente. [53]

En travaillant pour d'Alembert et Diderot, Voltaire est conduit à assouplir ses positions de principe. Il enfreint la règle de la brièveté dans l'article « Hémistiche » et s'en justifie dès les premières lignes :

> Cet article qui paraît d'abord une minutie, demande pourtant l'attention de quiconque veut s'instruire.

En conclusion, il avoue :

> Rien n'est à mépriser dans les arts ; les moindres règles sont quelquefois d'un très grand détail. Cette observation sert à justifier l'immensité de ce dictionnaire, et doit inspirer de la reconnaissance pour les peines prodigieuses de ceux qui ont entrepris un ouvrage, lequel doit rejeter à la vérité toute déclamation, tout paradoxe, toute opinion hasardée, mais qui exige que tout soit approfondi. [54]

Enfin, en s'efforçant de « rendre instructifs » ses articles, Voltaire s'achemine vers ce qui deviendra sa pratique dans le *Dictionnaire philosophique*. Dans l'article « Heureux » se dessinent quelques-uns des linéaments des futurs articles du *Dictionnaire philosophique* : réflexions assez développées, [55] jeux de mots polémiques, [56] insertion de digressions, [57] et surtout appel à la participation du lecteur. [58] Ces deux interventions pourraient être insérées dans le *Dictionnaire philosophique* : « c'est au lecteur à peser cette idée, à l'étendre, à la rectifier » ; « c'est au lecteur à faire là-dessus ses réflexions ; il y a bien des articles sur lesquels il peut s'en dire plus qu'on ne lui en doit dire ; en fait d'arts, il faut l'instruire, en fait de morale, il faut le laisser penser ». [59]

Il met au point sa tactique consistant à insérer, dans des articles apparemment anodins, quelque remarque «philosophique»: ainsi dans «Hautain», il attire l'attention sur la distinction qu'il a opérée entre l'âme comme entendement et l'âme comme ombre légère par ce commentaire: «on a cru cette petite observation nécessaire» (V 33, p.149). Ayant sollicité et obtenu de traiter des articles d'importance: «Histoire», «Idole», «Imagination»,[60] Voltaire envoie des contributions élaborées dont il reprendra la substance dans d'autres œuvres ou qu'il reproduira, ainsi d'«Idole» qui trouve place dans le *Dictionnaire philosophique*. Les mises au point d'«Histoire» annoncent les développements de *La Philosophie de l'histoire* où sera résumé aussi «Idole».

Voltaire a acquis une pratique d'écriture de l'article, même si ses contributions à l'*Encyclopédie* sont d'inégale valeur, même si elles se situent surtout dans les domaines limités de la lexicographie ou de la théorie littéraire («Esprit», «Goût»). Ce Voltaire, a-t-on dit joliment, est celui du «quotidien du génie»,[61] il n'est pas pour autant mineur. Ne considérant pas ces productions comme de second ordre, Voltaire, selon sa tactique de circulation textuelle, les intègre dans d'autres ensembles et tout particulièrement dans les *Questions sur l'Encyclopédie* qui, en 1770, accueillent «Idole», une version remaniée d'«Eloquence», une partie de «Figuré» passée dans «Exprimé en figure» de l'article «Figure» et, en 1771, recueillent «Honneur» écarté de l'*Encyclopédie* (V 33, p.50, 81 et 12).

Des articles du *Dictionnaire philosophique* paraissent avoir été écrits en marge de l'*Encyclopédie*. En critiquant l'article «Enthousiasme» dû à Desmahis, Voltaire indique les lignes générales de celui qu'il écrira pour son *Dictionnaire* (D7055); en émettant ses réserves sur l'article *Encyclopédie*, il se prépare à le réfuter.[62] Il rédige un article «Idée» pour son *Dictionnaire*; il en avait proposé un aux maîtres d'œuvre de l'*Encyclopédie*, mais son offre avait été déclinée (D7067).

Au total, l'expérience encyclopédique lui a été profitable. Il s'est plié aux exigences d'une œuvre collective.[63] Libéré de toute contrainte, pour son *Dictionnaire philosophique* Voltaire n'a de comptes à rendre à personne. Ce sera donc pour lui la liberté d'être pleinement lui-même. «Le Suisse Voltaire» supplante M. de Voltaire dans ce «dictionnaire d'idées».

ii. *Une démarche « philosophique »*

Pour ce «compte» qu'il se rend à lui-même sur «ce qu'il doit penser sur ce monde-ci et sur l'autre», Voltaire revendique à la fois la liberté de l'allure et la vigueur de la démarche : il va «dans sa besogne aussi franchement que Montagne va dans la sienne», et s'il s'égare, «c'est en marchant d'un pas un peu plus ferme». [64] Voltaire écrit donc ses *Essais*, [65] mais sans la nonchalance de son prédécesseur, accumulant ses cogitations sur plusieurs strates, sans la visée autobiographique de qui cherche à mieux se connaître ou à mieux se donner à connaître. [66] Voltaire écrit dans l'urgence, impatient de diffuser la bonne parole, car le tout, précise-t-il, est pour son usage et pour celui des honnêtes gens. C'est moins l'essai de ses facultés naturelles [67] qu'un «compte», un recensement, à la fois quantitatif et qualitatif de ses opinions. Aussi met-il son ouvrage sous le signe de la «philosophie», mot de ralliement au dix-huitième siècle.

Chaque article est philosophique, si l'on entend par là qu'il témoigne d'une activité de l'esprit résumée dans l'article «Philosophe» : «amateur de la sagesse, c'est-à-dire de la vérité». Chaque article s'inscrit dans le contexte des Lumières, avec les connotations propres aux termes «philosophe» et «philosophie», et tout particulièrement à ses prolongements en matière de critique religieuse. Le *Vocabulaire technique et critique de la philosophie* d'André Lalande précise qu'on appelait philosophes, au dix-huitième siècle, «le groupe des écrivains partisans de la raison, des lumières, de la tolérance, et plus ou moins hostiles aux institutions religieuses existantes». Ces écrivains sont-ils des philosophes ? [68] Grande question, mais à laquelle il n'est pas nécessaire de répondre ici. Voltaire fait œuvre philosophique, selon ses critères, quand il rédige ce dictionnaire qui ne se veut, en aucun sens, un dictionnaire de la philosophie. Plus généralement, Y. Florenne n'a pas tort de remarquer que Voltaire est philosophe «comme il respire, et parce qu'il ne respire pas sans souffler des bulles d'idées». [69] En fait, les articles qui composent le *Dictionnaire philosophique* attestent d'une activité «philosophante» dans cette recherche de la vérité qui exige qu'on aille «franchement» et d'un pas ferme.

Suscitée parfois par quelque événement ou mouvement d'humeur, cette démarche ne va pas au hasard. Elle s'accorde des fantaisies, tout en restant structurée, Voltaire ayant parfaitement assimilé les disciplines de l'âge classique. Au niveau de l'article, point de plans-types qui corsetteraient la pensée, mais nul laisser-aller. Il s'agit donc de repérer quelques constantes.

Le champ couvert inclut aussi bien l'histoire, la politique, la religion que la psychologie humaine, sans user d'une terminologie philosophique spécifique, sinon pour s'en moquer. Ainsi des plaisanteries sur la « monade d'Alexandros » (« Arius ») ou sur des monades voyageuses qui iraient « tantôt dans une baleine, tantôt dans un arbre, tantôt dans un joueur de gobelets » (« Corps »). Il se montre au fait des grandes philosophies du passé ou de celles de son temps, même s'il met sur le même plan, non sans provocation, des pensées qui n'ont rien à voir les unes avec les autres : « Ce système en vaut bien un autre ; je l'aime bien autant que la déclinaison des atomes, les formes substantielles, la grâce versatile, et les vampires de dom Calmet » (« Corps »). Sa pensée se situe en dehors des systèmes et souvent contre eux. Voltaire réfute le « tout est bien », met en parallèle, non sans irrespect, le souverain bien et « le souverain bleu, ou le souverain ragoût, le souverain marcher, le souverain lire » (« Bien »). Au cours d'un long périple à travers les théologies, il se moque des âmes végétative, nutritive, argumentative, générative, de toutes « les extravagances que cette pauvre âme humaine a imaginées sur elle-même » (« Ame »). La « substance étendue, solide, divisible, mobile, figurée, etc. » le fait rire autant que le « sujet pensant, sentant, voulant » (« Corps »). « Chaîne des êtres créés », « Chaîne des événements », « Destin », « Fin », sont autant de petits essais de tour personnel qui excluent tout pédantisme et qui manifestent de la méfiance à l'égard des arguties aussi bien qu'à l'égard des pensées totalisantes. Les réflexions de Voltaire ne prennent point la forme d'un ensemble de propositions rigoureusement démontrées et exactement enchaînées les unes aux autres. Elles expriment une aptitude à s'emparer de tout sujet, à réfléchir librement en dehors des écoles, à examiner, douter, décider. C'est pourquoi tout classement par thème, si utile soit-il dans la mesure où il indique les rubriques les plus fournies, doit être dépassé. La répartition, sous les neuf intitulés suivants :

arts et lettres; histoire; lois, coutumes, morale; mythologie; orientalisme; philosophie, psychologie; politique; religion; sciences naturelles [70] est sans cesse transgressée par la manière de Voltaire. La philosophie, telle qu'il la comprend, innerve tous ses textes. L'absence de système n'exclut pas des convictions fortes qui charpentent ses développements et conditionnent l'appréhension des problèmes.

L'impression de naturel domine parce que les articles privilégient la ligne sinueuse. Leur déroulement n'a rien à voir avec un simple vagabondage de la pensée. Frédéric II l'avait bien ressenti qui, après avoir lu quelques textes, remarquait: «il semble que le hasard vous fait dire ce qui pourtant est la suite d'une méditation» (D5056).

Un exemple parmi d'autres peut le montrer: l'article «Songes», qui se présente comme une libre réflexion sur le thème des rêves. A partir d'une citation de Pétrone mise en exergue, Voltaire s'interroge: «Mais comment tous les sens étant morts dans le sommeil, y en a-t-il un interne qui est vivant?» Il examine alors deux hypothèses: ou les seuls organes de la machine agissent ou l'âme pure agit. Il les réfute, puis invite son lecteur à deviner ce que c'est que le «composé» de l'homme. Suivent de petits paragraphes juxtaposés sur les superstitions qu'ont fait naître les songes. Le texte s'achève sur des remarques concernant les Juifs et l'oniromancie. Le lecteur, invité par le narrateur à peser les arguments, a l'impression de converser avec l'esprit le plus ouvert et le plus cultivé qui soit et de chercher en sa compagnie. Il est pourtant conduit par une main sûre qui, chemin faisant, a critiqué les idées innées de Descartes et veut inciter à penser que nous sommes aussi des «machines». Le propos paraît spontané. Il n'est pas sans élaboration. Voltaire reprend des arguments déjà énoncés dans une longue note du 25 octobre 1757 et qu'il développera dans une lettre adressée à la *Gazette littéraire de l'Europe* datée du 20 juin 1764. [71] C'est la preuve, s'il est nécessaire de l'avancer, que Voltaire a faite sienne la leçon classique du naturel qui est du grand art.

Le point de départ des soliloques voltairiens paraît fortuit. Il peut l'être, comme dans l'article «Abbé» où l'idée de citer une chanson à la mode lui a été suggérée par d'Alembert. [72] Quelques-uns sont des billets d'humeur, comme «Fausseté des vertus humaines», recension ironique de l'ouvrage ainsi intitulé de Jacques Esprit, ou «Morale», commentaire acerbe d'une phrase de l'*Histoire du Bas-Empire* de Le Beau. Une citation qui renvoie à des lectures difficiles à dater ou qui peut être simple réminiscence sert de point d'appui à la réflexion dans les articles «Amour», «Orgueil». Les références jouent le rôle d'embrayeur dans «Résurrection» II qui renvoie à Malebranche, «Circoncision» qui cite Hérodote, «Destin» qui mentionne Homère, «Folie» qui fait allusion à Erasme. Une question, un rappel historique, une vérité générale jouent le même rôle moteur. L'article «Apis» est conçu comme une réponse à l'interrogation préalable: «Le bœuf Apis était-il adoré à Memphis comme dieu, comme symbole, ou comme bœuf?» La forme interrogative stimule l'attention («Egalité»), pose un problème («Amour nommé socratique», «Maître»), suggère déjà une réponse («Athée» II, «Fables»). La question peut être suivie d'une explication («Métamorphose») ou d'une réplique péremptoire: «Qui nous a donné le sentiment du juste et de l'injuste? Dieu, qui nous a donné un cerveau et un cœur» («Du juste et de l'injuste»), d'une définition («Tolérance» I, «Vertu»). L'attitude réellement ou faussement interrogative interpelle le lecteur. Moins directe, la mise au point historique souligne l'importance du sujet, ainsi cette présentation de l'arianisme, [73] «question incompréhensible qui a exercé depuis plus de seize cents ans la curiosité, la subtilité sophistique, l'aigreur, l'esprit de cabale, la fureur de dominer, la rage de persécuter, le fanatisme aveugle et sanguinaire, la crédulité barbare» («Arius»). Ce condensé passionné qui omet le mot d'hérésie, met en condition tout en éveillant un vif intérêt. Impossible de prendre au sérieux «la monade trine», mais impossible aussi de ne pas se sentir concerné et de ne pas condamner ces arguties. La considération désabusée sur laquelle s'ouvre l'article «Julien»: «On rend quelquefois justice bien tard», introduit un procès en réhabilitation. Ces entrées en matière stimulantes relèvent d'abord d'une rhétorique de la lecture. Pour donner envie de continuer ou de reprendre une lecture discontinue, l'auteur doit varier les approches des textes. Elles procèdent aussi d'une conviction de Voltaire. Chaque terme du lexique qu'il a choisi d'illustrer, qu'il s'agisse de «secte» ou de «préjugés», de «credo» ou d'«enthousiasme», de «fraude» ou de «guerre», mérite d'exercer la pensée autant que le vocabulaire traditionnel de la philosophie: «âme», «matière» ou «destin». Ces mots, employés couramment, feront donc l'objet d'une mise en perspective ou d'une mise au point qui permette de prendre conscience des enjeux qu'ils représentent.

Le sujet une fois présenté, le propos est parfois fortement argumenté comme dans «Inondation» qui illustre une certitude préalable, celle de l'impossibilité du déluge, ou dans «Julien» qui réfute en huit points une assertion fausse. Ces articles très démonstratifs prennent aussi la forme de questions sans réponses («Bornes de l'esprit humain») ou de questions avec réponses catégoriques («Du juste et de l'injuste»). Les développements suivent alors les règles propres à soutenir au mieux une thèse; les articulations du raisonnement sont soulignées, des preuves alignées.

A cette démarche pédagogique très structurée s'oppose l'allure capricieuse de maints articles qui se présentent comme une recherche sans *a priori*, ainsi de «Maître» qui associe à la réflexion de courtes fables, ou d'«Egalité» qui aborde les différentes faces du problème, reconnaît le droit des hommes à l'égalité, constate le fait de l'inégalité naturelle et sociale, dénonce la dépendance, tend à accepter l'inégalité comme inévitable. «Lois» ii offre un large tour d'horizon qui, sous une forme non systématique et contrastant avec le thème traité, évoque tour à tour une histoire arrivée aux Indes, un dialogue avec un avocat de Paris, les réflexions du narrateur sur la loi et la convention, la loi et la force, la loi naturelle.

Cette démarche heuristique peut être plus apparente que réelle. Voltaire plaide pour la compréhension des anciennes mœurs orientales. Dans «Circoncision», la boutade finale semble garantir sa réelle absence de préjugés. En fait, le témoignage d'Hérodote alimente une opinion préconçue sur les emprunts du petit peuple juif. Aussi le texte est-il scandé par des affirmations qui doivent emporter la conviction: «il est évident», «les Juifs disent», «les Juifs avouent», «cela n'est pas dans la nature humaine», «n'est-ce pas le sens naturel de ce passage». Dans «Ezéchiel», après avoir prêché la relativité des mœurs, Voltaire ironise. Son «authentique curiosité ethnologique»[74] est limitée par ses dégoûts ou sa volonté de dévaloriser la Bible. D'où le comique involontaire de la remarque: «Défaisons-nous de tous nos préjugés quand nous lisons d'anciens auteurs». Ces fluctuations de la pensée conduisent à des incertitudes, ainsi de l'anecdote du rabbin ajoutée en 1765. Ce dernier, «tout plein de ce chapitre», a d'abord expliqué le déjeuner d'Ezéchiel, les dévergondages d'Oolla et d'Ooliba en recourant aux «types». Il finit par avouer ignorer tout ce que cela signifie. Moment de sincérité ou contradiction? La structure de l'article reproduit les apories de la pensée voltairienne, enregistre ses doutes et les limites qu'elle s'est assignées. La recherche, conduite dans un réel esprit de liberté, reste parfois bridée par des certitudes. Ainsi le témoignage de Sextus Empiricus dans «Amour nommé socratique» est-il récusé comme contraire à la nature.

Chemin faisant, l'argumentation s'est nourrie d'exemples historiques, de réflexions personnelles, d'allusions à l'actualité. Les commentaires de texte s'enchaînent, des leçons se dégagent, ou des données sur lesquelles pourra s'enclencher la participation du lecteur, sont offertes. Ces développements, parfois de forte cohérence interne, parfois plus lâches, conduisent à des conclusions frappantes, soit que l'auteur privilégie la formule finale («Guerre», «Inquisition»), soit que la conclusion soit une ouverture, une invite à poursuivre la réflexion («Bêtes», «Egalité», «Etats»).

A lire le *Dictionnaire philosophique*, l'esprit est sans cesse sollicité par le contact avec une pensée agile, riche d'une immense culture, de tour personnel, sans faux-fuyant ni pédantisme. L'écart avec ce que l'on attend légitimement d'un dictionnaire doit être souligné. Point d'accumulation d'une documentation pour faire l'inventaire des connaissances. Les faits dans le *Dictionnaire philosophique* ne sont allégués que pour en dégager le sens.[75] Toutes les notices d'un tel ouvrage ne peuvent prétendre également à l'objectivité. Elles doivent y tendre. Du moins espère-t-on, en consultant un dictionnaire, trouver des informations précises plutôt que les jugements personnels du rédacteur. Le charme du *Dictionnaire philosophique* est lié à un total renversement des perspectives. La répartition entre discours et récit ou mieux entre discours narratif ou informatif et discours commentatif accuse un net déséquilibre. Voltaire est sans cesse présent et sa démarche relève bien souvent du prosélytisme.

Si le discours continu doit consonner avec un univers également continu, cette somme de la pensée voltairienne en 118 articles est accordée à une vision du monde où les effets de manque comptent autant que les positivités, les doutes que les croyances. Roborative pour qui cherche une réflexion vivement menée sur tout, elle déçoit ceux qui cherchent un sens global. Ses limites comme sa valeur ont été analysées par P. Rétat.[76] Il est vrai que ces propos alignés sans ordre ni lien apparent se «prêtent à merveille» à une «vision de l'histoire absurde» ou offrent l'image d'une «métaphysique lacunaire». Il est vrai également que l'article «disjoint, diminue», qu'il opère une «fuite épistémologique», et que Voltaire en quelque sorte est condamné à s'exprimer par «jets brefs et renouvelés».

Cette analyse, sans négliger pour autant le dynamisme de la pensée voltairienne, met surtout l'accent sur sa clôture. Tendance que l'on peut tenter d'inverser, du moins partiellement. Répéter les mêmes aveux d'ignorance face à l'opacité du monde n'est pas vaine ratiocination. Sans doute n'y a-t-il point de mot de la fin, mais l'enquête est à reprendre indéfiniment. Aux philosophies du plein, s'oppose ici une philosophie qui prend en compte le tissu troué de l'univers avec ses pleins et ses vides, même si, au travers des trous, se profile l'ombre de Dieu. Point de lumière divine largement répandue dans ce monde qui a conservé un Dieu lointain, inaccessible, indifférent au sort des hommes, quand bien même la lumière du soleil levant manifesterait sa présence.[77] Dieu ne sépare point la lumière d'avec les ténèbres. Les ténèbres, dans la mesure où elles sont identifiées avec l'esprit du mal, continuent à régner sur terre. Le seul recours: les lumières humaines.[78] Aucune illumination n'est à espérer, mais chaque article est porteur de sa petite lumière. Au lecteur de reprendre le flambeau. La philosophie n'est pas dans la rectitude d'un raisonnement, elle est dans cet appel à exercer son jugement, à interroger. L'article est certes «la forme d'accueil parfaite de cette philosophie fragile et obstinée»[79] qui a conduit Voltaire à créer une forme littéraire originale pour découvrir des éclats de vérité.

iii. *Sur quelques formes de l'article voltairien*

L'article voltairien devrait avoir sa place dans une histoire des formes brèves et du discours discontinu, mieux engagée en ce qui concerne le seizième et le dix-septième siècles que pour le siècle suivant.[80] Voltaire se réfère à Montaigne qu'il a pratiqué assidûment. Il a lu les moralistes du dix-septième siècle, les *Maximes* de La Rochefoucauld, les *Pensées* de Pascal, les *Caractères* de La Bruyère, trois œuvres qui, pour des raisons diverses, ont adopté des formules différentes, mais qui toutes se situent en dehors de la tradition de la *dispositio* rhétorique. Jean Lafond, dans l'étude qu'il consacre aux moralistes du dix-septième siècle, fait remarquer que «chaque auteur a désigné d'un nom qui lui est propre la forme qu'il a élue» et que «le nom retenu est une manière de marquer son territoire propre».[81] Après avoir rappelé que Montaigne avait inventé l'*essai*, le mot et la chose, que les éditeurs de Pascal ont adopté *pensée*, que La Bruyère tentera d'acclimater *remarque*, on constate que le choix n'est pas affaire de simple vocabulaire. Voltaire range de fait ses réflexions, remarques, petites dissertations dans la rubrique des articles d'un dictionnaire. Il les désigne également comme de «petits chapitres qui ne fatiguent pas l'esprit».[82] Il convient donc d'apprécier les articles du *Dictionnaire philosophique* comme notices et comme chapitres, sans oublier ceux qui ne peuvent entrer sous ces dénominations.

Voltaire applique, en les détournant, des protocoles reconnus. C'est là une tendance majeure de sa création littéraire qui utilise et subvertit toute une tradition. Les études consacrées au conte l'ont amplement démontré. Dans le *Dictionnaire philosophique*, Voltaire se joue de l'instrument-dictionnaire, non seulement au niveau de l'ensemble en choisissant un lexique qui en fait un contre-dictionnaire théologique,[83] mais également au niveau de l'article, qui repose sur des codes que Voltaire ne s'est pas fait faute de reprendre tout en leur donnant des prolongements insolites.

S'il «importe plus de savoir la signification des mots que leur source» (V 33, p.144), Voltaire ne dédaigne ni les ressources de l'étymologie, ni les équivalents dans différentes langues[84] pour amorcer la réflexion. Il commet parfois des erreurs,[85] reprend à son compte des approximations. Les sciences de la langue se prêtent à un usage militant. «Abbé», à partir de l'étymologie: «père», est construit sur un jeu de mots sur la paternité spirituelle et la paternité biologique, ce qui permet au malin auteur de paraître découvrir les surprises de la sémantique: «Que les mêmes noms signifient avec le temps des choses différentes». L'histoire de la langue devient le moteur de la critique religieuse.[86]

Définitions et exemples sont en bonne place, mais ne se limitent pas aux indications nécessaires à la compréhension des mots. Ils visent une appréhension plus approfondie. Ainsi l'article «Sens commun» s'efforce, à partir d'un terme d'apparence anodine, de faire accéder son lecteur à l'intelligence de ce qui est en cause. Après avoir comparé les acceptions de «sensus communis» et de «sens commun», Voltaire remarque que les expressions «cet homme n'a pas le sens commun» et «cet homme a le sens commun» sont toutes deux injurieuses. Il prétend que les hommes en inventant ce terme ont fait «l'aveu que rien n'entrait dans l'âme que par les sens», ce qui le conforte dans son option sensualiste. Il fait réflexion que le sens commun est rare, énumère les obstacles, d'origine religieuse, auxquels il se heurte. A partir d'expressions courantes, Voltaire élargit le champ de ses investigations. Des définitions de tour personnel commandent parfois tout le développement, ainsi de «Miracles» où chaque point illustre la prise de parti initiale: «selon les idées reçues, nous appelons miracle la violation de ces lois divines et éternelles» dont il vient d'affirmer qu'elles étaient intangibles.[87]

Les articles lexicaux proposent donc le double plaisir d'une conformité apparente aux règles admises et d'un écart réel. Pour ceux qui se classeraient dans des dictionnaires historiques ou dans des dictionnaires de la Bible, le décalage s'accroît. Moreri ou Bayle se donnent pour mission de faire le point sur des connaissances, de détecter des erreurs, d'expliquer les Ecritures saintes et d'en faire revivre de grandes figures. L'exposition du savoir est subordonnée dans le *Dictionnaire philosophique* à d'autres fins.

Par leur intitulé, bon nombre d'articles s'annoncent comme des essais sur un thème donné: «De la Chine», «Des délits locaux», «Du juste et de l'injuste», «De la liberté», «Des lois», «D'Ezéchiel», «Sur le papisme». Ces titres ne sont point trompeurs.

«De la Chine» est une libre méditation sur les paradoxes et prétentions des Occidentaux confrontés à une civilisation plus ancienne que la leur. [88] Des informations peuvent être glanées, elles sont intégrées à ce thème général alors qu'elles constituent l'essentiel de l'article de Moreri: situation et division de la Chine, qualité du pays, richesses de la Chine, affluence de peuple dans la Chine, édifices de la Chine, inclinations et coutumes des Chinois, gouvernement de l'empereur ou du roi de la Chine avant l'invasion des Tartares, nouvelle route pour le voyage de la Chine, auteurs qui parlent de la Chine. [89] L'article «Chinois, philosophie des» de l'*Encyclopédie* qui porte l'astérisque de Diderot, cite des sources, évoque les thèses soutenues sur la sagesse des Chinois, fait état des traductions de livres chinois, présente l'histoire et la religion de ce peuple, expose longuement les principes de la philosophie chinoise. [90] Les uns informent, Voltaire expose son point de vue personnel. Une démonstration similaire pourrait être faite entre «Du juste et de l'injuste», plaidoyer en faveur de la loi naturelle, et l'article «Juste» de l'*Encyclopédie* qui cite Grotius et Pufendorf. [91]

D'autres articles du *Dictionnaire philosophique* sont pourvus d'un sous-titre qui indique ou le sens de la recherche («Etats, gouvernements. Quel est le meilleur?»; «Fraude. S'il faut user de fraudes pieuses avec le peuple?»; «Christianisme. Recherches historiques sur le christianisme»), ou le genre adopté («Carême. Questions sur le carême»; «Paul. Questions sur Paul»), ou des références («Superstition. Chapitre tiré de Cicéron, de Sénèque et de Plutarque»). Voltaire adopte à juste titre le terme de chapitre qui serait valable également pour désigner des textes comme «Inquisition» ou «Luxe». Parfois l'article ne se présente point comme une partie de l'ouvrage, mais tend à devenir un petit ouvrage à part entière. Ainsi des traités en miniature que sont «Idole» avec ses différentes rubriques, «Préjugés» et son catalogue, «Religion» et sa succession de huit questions.

La marge de liberté que s'octroie Voltaire s'accroît encore dans les articles bibliques où domine une veine parodique. Ceux du *Dictionnaire de la Bible* de Calmet sont souvent composés de deux parties nettement séparées: d'abord la biographie du personnage telle que l'Ecriture sainte permet de la reconstituer, ensuite les fables que l'on a débitées – autrement dit ce que l'on doit croire car d'inspiration divine et ce qui est divagation humaine, tout particulièrement celle des rabbins. La répartition dans le *Dictionnaire* de Bayle entre biographie et critique des textes est typographique. L'article proprement dit rappelle de manière brève l'histoire du personnage, des notes très fournies, bourrées de références, confrontent les différentes opinions qui ont été émises et se gaussent des étrangetés, sottises ou inconvenances qui ont été proférées. Voltaire qui a beaucoup pratiqué l'un et l'autre ouvrage rompt avec la tradition d'une séparation entre le texte saint et ses commentaires. Il procède par intégration. Tous les faits sont alors sélectionnés et commentés dans une optique dénigrante.

A titre d'illustration, comparons les articles «Adam» de ces trois ouvrages. Dom Calmet résume la Genèse, puis indique que «les interprètes n'en sont pas demeurés là». Il évoque leurs supputations sur la nature du fruit défendu, sur la création de l'homme et de la femme qui auraient été collés par les épaules, leurs fables sur la taille, la beauté d'Adam, leurs hypothèses sur le lieu de sa sépulture, sur les livres qu'on lui attribue, enfin les doutes des Tatianites sur le salut du premier homme. Calmet conclut: «Nous parlerons sous l'article Préadamite des hommes que l'on prétend faussement avoir vécu avant Adam».[92]

L'article de Bayle, beaucoup plus long et d'une érudition proliférante, présente d'abord «tout ce que nous savons de certain» sur le chapitre d'Adam: sa création par Dieu, le paradis terrestre, le péché originel. Puis viennent des hypothèses, les unes vraisemblables sur son savoir, sa beauté, les autres inacceptables sur son hermaphrodisme, les imaginations de Mlle Bourignon étant mises sur le même plan que celles du roman de Jacques Sadeur. Suit l'évocation de contes sur sa taille gigantesque, sur le lieu de sa sépulture. Enfin Bayle enjoint son lecteur de se garder du sentiment des Tatianites qui vouaient Adam aux flammes éternelles. Les notes, fort longues, accumulent les références et font découvrir sur chaque point des gloses sans fin, celles, et l'énumération n'est pas complète, de Photius, du père Garasse, de saint Augustin, Philon, Maimonide, Manasse ben Israël, du père Bartolocci, de Joannes Lucidus, saint Jérôme, du père Salian, d'A. Bourignon largement citée. Bayle se défend d'avoir dû, sur ce sujet, dire des obscénités et répond à ses détracteurs.[93]

Si différents soient-ils, ces deux articles séparent le bon grain de l'ivraie. L'article «Adam» de Voltaire, ajout de 1767, limité à une vingtaine de lignes et qui doit beaucoup aux textes de ses prédécesseurs,[94] opère une rupture radicale. Il est composé sous le signe de la négation, scandé par les refus du narrateur: «je n'en parlerai point», «je n'en dirai mot», «pour moi, je ne dis mot».

Ces refus se justifient à double titre, soit parce qu'il n'y a rien à dire des révélations absurdes de Mlle Bourignon ou des élucubrations des rabbins, soit parce qu'il n'y a plus rien à dire, tout ayant été dit par des esprits très savants dont les doutes sont fondés sur des lectures troublantes (le Veda) ou sur des observations (les différentes races). Les fables signalées par Calmet et Bayle sur les livres d'Adam, les imaginations de Mlle Bourignon dont Bayle s'était égayé ont été retenues, mais elles changent de statut. Reléguées au rang de curiosités ou d'étrangetés dans les articles précédents, elles sont mises par Voltaire en pleine lumière au point d'éclipser la chute d'Adam dont il n'est dit mot. En revanche, une allusion assassine au «précepteur» d'Adam détruit le dogme fondamental, réaffirmé par Bayle et Calmet, celui de la création du premier homme.

Sur un tel exemple, on saisit le passage de l'article de dictionnaire à l'article au sens journalistique du terme, soit de la notice à la chronique. Tout en gardant de plus ou moins lointaines parentés avec ce qu'ils prétendent être, maints textes du *Dictionnaire philosophique* optent pour la création personnelle: réflexion, entretien, billet d'humeur, point de vue. «Abraham», qui évoque les pérégrinations et mensonges du père des croyants, mais omet le sacrifice d'Isaac, s'organise en conte. «Joseph» est traité en fiction attendrissante, «Genèse» en parodie du *Commentaire littéral*, «Job» sous forme d'admonestation familière; «Moïse» est une réfutation en règle, «David» un règlement de comptes que soulignent les interventions du narrateur: «je suis fâché», «je suis un peu scandalisé», «j'ai quelques scrupules».[95] S'accordant toute liberté, Voltaire inclut des textes qui sont des facéties comme «Gloire» et «Foi» 1,[96] un code de lois limitant le pouvoir ecclésiastique et passant pour les notes d'un juriste («Lois civiles»), une allégorie («Dogmes»).

Il a intégré aussi dix dialogues philosophiques (six en 1764, trois en 1765, un en 1767),[97] auxquels il convient d'ajouter des textes composés de questions et de réponses, non séparées dans leur typographie («Critique», «Idée»). Auteur de bon nombre de dialogues[98] alors que ce genre est en pleine expansion,[99] Voltaire, toujours obsédé par les formes religieuses, écrit quatre caté-chismes,[100] dont l'un en six entretiens, le «Catéchisme chinois», pourvu d'un long sous-titre qui pastiche les habitudes de l'époque en matière d'intitulé.[101]

Les difficultés et apories du dialogue d'idées, ses différentes formes ont été étudiées par M. Roelens.[102] Les travaux concernant le dialogue voltairien se sont attachés en priorité aux œuvres séparées.[103] Ceux que Voltaire a inclus dans le *Dictionnaire philosophique* sont critiques et satiriques et procèdent de la revue, de l'inventaire, du bilan. Ils visent à l'universel par les thèmes traités tout en s'efforçant de créer l'illusion du particulier. Soucieux d'effets de réalité, Voltaire fait précéder trois d'entre eux d'une introduction de style narratif qui présente les personnages, les lieux, le temps. Réduite à la présentation rapide de Bambabef et de Ouang pour l'article «Fraude», elle conditionne le lecteur pour «Liberté de penser» où s'opposent milord Boldmind et Médroso, tous deux bien nommés. L'un sera le porte-parole de l'auteur, l'autre, «familier de l'Inquisition», un adversaire caricatural. Les préliminaires sur lesquels s'ouvre l'article «Dieu» avec leur luxe de détails sur les personnages et les lieux, ont déjà imposé le respect pour le Scythe, propriétaire terrien et patriarche, et prouvé la sottise du théologal. Même lorsque l'entretien s'engage *ex abrupto*, le lecteur a vite fait de repérer la répartition des rôles. L'antithèse prévaut qui oppose la série des sages – Dondindac, Boldmind, Ouang, le Trésorier – à celle de leurs interlocuteurs enfoncés dans l'erreur – Logomacos, Médroso, Bambabef, le Papiste.[104] Seul le «Catéchisme chinois» met en scène des person-nages disputant sur un certain pied d'égalité.

La conduite du dialogue qui est moins de recherche que de démonstration, oscille de la réfutation à la prédication. Le schéma est celui de l'enquête: Ariston soumet à un interrogatoire serré le curé Téotime qui répond de façon pertinente («Catéchisme du curé»); Logomacos, qui prétend mettre en difficulté le Scythe Dondindac, se ridiculise, le barbare répond de manière satisfaisante

au faux savant qui, mis en demeure de préciser ses dires, reste coi
(«Dieu»).[105] D'où le comique de maints dialogues.[106] L'exposé
conceptuel est exempt de caricature lorsque le ton s'élève au
niveau du débat d'idées.[107]
     La conclusion privilégie le triomphe de la vérité, marqué soit
par une conversion, celle de Bambabef («Fraude»), soit par un
conseil («Nécessaire»), soit par la reconnaissance de la valeur de
celui qui était mis sur la sellette («Catéchisme du curé»), enfin par
le respect mutuel («Catéchisme du jardinier»). Au dénouement
du «Catéchisme chinois», plus de maître ni de disciple, mais
prévaut l'accord de deux esprits de qualité.[108] Il est des âmes
imperméables à la vérité, celle de Médroso dans «Liberté de
penser». Le dialogue reste militant et didactique. Pour éviter
l'ennui que pourrait sécréter cette visée pédagogique, Voltaire
s'efforce de maintenir l'intérêt grâce à un rythme soutenu. Des
répliques courtes vulgarisent les questions philosophiques («Liberté», «Nécessaire»). L'alternance de tirades et de réponses
rapides introduit un facteur de variété. Voltaire réussit à ne
pas sombrer dans l'exposé, ses personnages restent suffisamment
individualisés, mais il n'évite pas toujours que l'un des disputeurs
n'apparaisse comme un faire-valoir. Finalement, il nous offre le
spectacle toujours passionnant de son intelligence et de sa culture.

Voltaire s'affirme comme le créateur d'une forme littéraire qui
porte son estampille. Il avait évoqué Montaigne, ses critiques
pensent volontiers aux *Propos* d'Alain.[109] Sans doute se souvient-
il de la dissertation de Plutarque,[110] de l'épître de Sénèque, et
reste-t-il marqué par l'idéal latin de la *brevitas*. Il se situe parmi
ceux qui ont l'«ambition de dire en dix phrases ce que cet autre
dit en un livre – ne dit pas dans un livre»,[111] sans pour autant
cultiver l'aphorisme ou la sentence. Le développement dense
garde toutes ses faveurs.
     Ces développements ne sont pas malléables à la manière des
Essais de Montaigne qui s'enrichissent de nouvelles strates. Les
additions, nettement séparées du texte initial,[112] prennent parfois
la forme d'un nouvel article reconnu comme tel,[113] parfois elles
restent simplement ajoutées à la fin du texte, bien qu'elles soient
composées comme un nouvel essai.[114] D'autres sont de simples

ajouts [115] ou des notes. [116] Chaque texte garde son autonomie, c'est une entité, Voltaire ne pratiquant pas une esthétique du fragment, de l'inachevé, mais du provisoirement achevé. Il pourra donc reprendre les mêmes intitulés dans les *Questions sur l'Encyclopédie*. Il ne réunit pas des pièces détachées, comme l'a fait La Bruyère, juxtaposant réflexions, remarques, portraits. Ce sont des *chapitres* d'un ouvrage qui a son unité, même s'ils prennent des formes variées (D12939):

> Je suis fâché qu'un livre si dangereux soit si commode pour le lecteur; on l'ouvre et on le ferme sans déranger les idées. Les chapitres sont variés comme ceux de Montagne et ne sont pas si longs.

Il convient donc d'apprécier les textes qui composent le *Dictionnaire philosophique* à la fois comme «articles» et comme «chapitres». Cette double dénomination indique que dans cette œuvre coexistent le continu et le discontinu. Voltaire a rédigé des développements qui, vu leur brièveté, ne donnent qu'un point de vue limité, fragmentaire, mais qui entretiennent entre eux bien des rapports. Chacun vaut pour lui-même, mais aussi par ce dont il se détache, par ce à quoi il renvoie. Ces exposés, séparés typographiquement par des blancs, forment un ensemble.

Ph. Lacoue-Labarthe et J.-L. Nancy voient dans la fragmentation le «signe d'une absence». Le type de pensée qui sous-tend le fragment serait «la théologie négative», les fragments désignant un centre qu'ils ne peuvent que cerner. [117] L'article du *Dictionnaire philosophique* vaut comme microcosme d'une œuvre dont on ne désignera pas *le centre*, mais *des centres*. Ce n'est pas le manque d'unité qui la caractérise, mais la mise en pratique d'une écriture du multiple.

«Carrefour de thèmes voltairiens», illustration d'un art raffiné, ces articles sont un véhicule efficace d'une pensée dont Lanson remarquait justement: «Ce n'est pas un système qu'on s'assimile laborieusement, c'est un esprit dont on est petit à petit imprégné». [118] Pour que cette imprégnation soit possible encore faut-il que cette esthétique de la maigreur qui s'est refusé toute pléthore verbale, s'appuie sur une pratique de l'intensité.

6

Séduction et combat

Même les plus farouches détracteurs du *Dictionnaire philosophique* reconnaissent que le «poison de l'impiété» y est inoculé d'autant plus dangereusement que l'ouvrage ne manque point d'agrément :

> Saillies ingénieuses, plaisanteries légères, bons mots piquants, antithèses brillantes, contrastes frappants, peintures riantes, réflexions hardies, expressions énergiques; toutes les grâces du style, tous les agréments du bel esprit y sont prodigués. [1]

Ce panégyrique de Chaudon, qui a identifié «cette plume téméraire et féconde», trouve place dans une préface destinée à justifier la dénonciation virulente d'un auteur inspiré par Satan. Que la réussite éclatante de ce «dictionnaire diabolique» [2] fasse l'objet de tant de craintes, qu'elle soit reconnue dans une réfutation prouve que la méthode de Voltaire, telle qu'il l'a définie à propos du *Traité sur la tolérance*, est couronnée de succès :

> J'ai beaucoup retravaillé l'ouvrage en question; je me dis toujours, il faut tâcher qu'on te lise sans dégoût; c'est par le plaisir qu'on vient à bout des hommes; répands quelques poignées de sel et d'épices dans le ragoût que tu leur présentes, mêle le ridicule aux raisons, tâche de faire naître l'indifférence, alors tu obtiendras sûrement la tolérance. [3]

Les traces d'un tel travail qui se situerait avant la première édition de 1764 ne sont pas aisées à découvrir faute de manuscrits. [4] On peut saisir des mises au point stylistiques en comparant des remarques jetées sur le papier dans les carnets à leur formulation dans le *Dictionnaire philosophique*, vérification qui peut être faite, par exemple, sur la phrase finale de l'article «Amour-propre». [5]

La préface de l'édition Varberg précise que l'auteur s'est efforcé, dans une perspective toute classique, de «joindre l'agréable à l'utile». [6] Or l'art de Voltaire, s'il est toujours salué avec révérence, fait l'objet d'études relativement peu nombreuses, à l'exception du domaine très exploré des contes. Aux jugements très pertinents de G. Lanson,[7] se sont ajoutées maintes remarques de détail dans les travaux traitant du *Portatif*, mais il a fallu attendre 1966 pour qu'une synthèse soit tentée par Jeanne Monty : *Etude sur le style polémique de Voltaire : le « Dictionnaire philosophique »*.[8]

Dans cet ouvrage de référence, J. Monty s'efforce de «concilier l'étude systématique des procédés que recommandent les Français Marouzeau et Cressot aux théories de Spitzer, qui part de l'intuition du détail significatif pour arriver à la vue d'ensemble». Elle relève les procédés qui correspondent à «une intention visible de l'écrivain» (p.10). Ce dénombrement passe en revue le vocabulaire, les alliances de mots, les images complexes, la phrase, et se termine par des remarques sur la satire. Dans cet inventaire, J. Monty montre comment les effets de style au niveau du syntagme et de la phrase concourent à persuader un lecteur, homme du monde du dix-huitième siècle.

On se propose ici, tout en s'appuyant sur le détail des textes,[9] de dégager quelques perspectives sur l'art de Voltaire dans le *Portatif*. Il s'agit de prendre en compte les contraintes propres à un discours bref qui s'est donné pour finalité de plaire pour convaincre. Engagé tout entier dans cette œuvre de combat, Voltaire mobilise toutes ses ressources. L'article doit aller à l'essentiel, ce qui suppose une écriture sous tension pour éveiller et soutenir l'attention. Encore faut-il au préalable se faire entendre de ces «personnes éclairées» qui doivent chercher à «être philosophes sans se piquer de l'être».[10] Il convient donc d'être philosophe sans en faire parade, sans rien qui pèse ou qui pose. Voltaire sait bien que l'esprit consiste à faire «valoir l'esprit des autres» (V 33, p.53), aussi doit-il donner l'impression à son lecteur d'être de plain-pied avec des matières abstruses qui lui seront présentées élégamment. Etape nécessaire pour permettre à ce lecteur d'adhérer à un esprit philosophique qu'il importe, en fait, de lui inoculer.

i. *L'art de la vulgarisation*

«Je suis un peu opiniâtre de mon naturel. Jean Jacques n'écrit que pour écrire et moy j'écris pour agir», déclare Voltaire à Jacob Vernes (D14117). Ce dessein passe par l'obligation de rendre accessible en simplifiant et en expliquant. Comment intéresser aux absconses distinctions des Pères de l'Eglise, à des arguties génératrices d'hérésies dans le passé, à des disputes philosophiques sans fin, toutes matières largement développées dans de pesants in-folio réservés aux initiés? La théologie amuse Voltaire;[11] il traduit devant son tribunal personnel les «impertinences de l'Eglise».[12] Ces goûts ne sont pas l'apanage de tous, loin de là. Pour mettre à la portée du public ce qui le passionne, Voltaire doit dominer son sujet, le schématiser, le rendre plaisant. Non sans paradoxe, il fustige également les moines compilateurs qui sont de «pauvres gens» («Job») et les rabbins, en tout semblables aux premiers («Résurrection» II), mais tout ce qu'ils dirent de faux lui importe au plus haut point. Le vrai théologien et le sage rabbin avouent qu'ils ne savent rien («Théologien», «Ezéchiel»), la parole ne leur est donnée que pour confirmer leur ignorance. Voltaire n'a de cesse de faire parler des exégètes ridicules, sa documentation le conduisant à accorder plus de place aux commentateurs chrétiens qu'aux commentateurs juifs.

Pour tous, il procède par réduction drastique. Il abrège en une phrase les six pages consacrées aux juifs dans le *Manuel des inquisiteurs* de Morellet («Inquisition»). Il résume les subtils raisonnements de la *Somme théologique* de saint Thomas d'Aquin en se limitant à quelques allusions («Dieu»). Il réduit à une allégation, d'ailleurs tendancieuse, une discussion de saint Cyprien concernant le baptême reçu par ceux qui sont alités et qui n'ont pas subi la triple immersion («Baptême»). L'effet d'absurdité de l'article «Conciles» tient au fait que Voltaire sélectionne la décision essentielle de ces assemblées, sans rappeler ni les enjeux, ni la teneur des débats, et que cette unique décision, approuvée par un concile, est contestée par le suivant.

Il ne relate que les actes, taisant volontiers les intentions de ceux qui les ont commis, suivant une tactique délibérée: «Les ouvrages métaphysiques sont lus de peu de personnes, et trouvent toujours des contradicteurs. Les faits évidents, les choses simples et claires, sont à la portée de tout le monde et font un effet immanquable» (D11445). Les charges retenues contre Vanini paraissent frappées d'inanité quand la possession d'un crapaud vivant dans un bocal décide de la vie d'un homme («Athée» I). Il s'ensuit au niveau stylistique une prédominance de la phrase verbale, le verbe «porte tout le poids de la pensée».[13] Voltaire juge des actes dépouillés des justifications liées aux circonstances. D'où un défilé d'absurdités sans explication ou accompagnées de raisons scandaleuses : « On sophistiquait, on ergotait, on se haïssait, on s'excommuniait chez les chrétiens pour quelques-uns de ces dogmes inaccessibles à l'esprit humain » («Arius»). Définir la vertu, c'est énumérer des actions de bienfaisance : « Je suis indigent, tu es libéral. Je suis en danger, tu me secours. On me trompe, tu me dis la vérité. On me néglige, tu me consoles. Je suis ignorant, tu m'instruis » («Vertu»).

Les traits retenus sont grossis. L'œuvre de saint Justin, pour le lecteur du *Dictionnaire philosophique*, se réduit à quelques divagations sur les sibylles et sur les cellules où furent enfermés les Septante («Apocalypse») :

> Le témoignage d'un homme qui a eu le malheur de voir ces petites maisons, semble indiquer que l'auteur devait y être renfermé.

L'argument est repris dans l'article «Persécution». Voltaire a pu emprunter ce détail à Abauzit, mais le jeu de mots lui appartient. Il caricature en sélectionnant quelque détail piquant ou singulier : les élucubrations des Pères sur la hauteur de la tour de Babel («Babel»), leurs interprétations étonnantes des textes délicats («Abraham», «Ezéchiel»), les fables des rabbins sur les livres écrits par Adam («Adam»), sur le festin offert par le Messie avec au menu de la léviathane salée et du vin venant du Paradis terrestre («Messie»). Au nom de saint Jérôme est attaché volontiers l'épisode de la rencontre de satyres dans la *Vie des Pères du désert* («Babel», «Miracles»). Du Talmud, Voltaire extrait un détail insolite, les morts marchant sous terre comme des taupes («Résurrection» II).

Débarrassés de longues argumentations, privés de correctifs ou de nuances, réduits à quelques faits frappants, ces résumés, sans support historique, acquièrent une réelle force d'impact susceptible de capter l'attention d'un honnête homme peu au fait des opinions farfelues des théologiens ou des scandales de l'histoire de l'Eglise. Ces aberrations d'un temps passé ont besoin d'être réactualisées afin de prévenir toute indifférence. Voltaire croit à leur nocivité.[14] Ces questions abstraites doivent reprendre du corps, devenir vivantes. L'art de la vulgarisation voltairienne s'appuie sur un très vif sens du concret.

Jeux de mots, comparaisons, images en témoignent. S'agit-il de faire comprendre que les Egyptiens se conduisaient comme des écervelés, Voltaire revient au sens premier du terme: «Mais s'ils espéraient cette résurrection des corps, pourquoi leur ôter la cervelle avant de les embaumer? Les Egyptiens devaient-ils ressusciter sans cervelle?» («Apis»). Pour dire que la tolérance est vitale, le «Catéchisme chinois» la définit par une équivalence qui l'assimile aux nécessités primordiales: «cet esprit de tolérance, cette vertu si respectable, qui est aux âmes ce que la permission de manger est au corps». Pour susciter l'horreur à l'égard des prêtres intolérants, ceux-ci ont «besoin de superstitions comme le gésier des corbeaux a besoin de charognes» («Tolérance» 1). La métaphore se développe en tableau lorsque l'Anglais Boldmind s'efforce de convaincre Médroso: «Il ne tient qu'à vous d'apprendre à penser; vous êtes né avec de l'esprit; vous êtes un oiseau dans la cage de l'Inquisition, le Saint-Office vous a rogné les ailes, mais elles peuvent revenir» («Liberté de penser»). C'est encore un Anglais qui explique que la force impose les lois: «Oui, dit-il, nous étions des bœufs alors, Guillaume nous mit un joug, et nous fit marcher à coups d'aiguillons; nous avons depuis été changés en hommes, mais les cornes nous sont restées, et nous en frappons quiconque veut nous faire labourer pour lui» («Lois» 11).

Des périphrases descriptives identifient, dans la veine des *Lettres philosophiques*,[15] les religions à leurs pratiques extérieures («Secte»):

> toute la terre siffle celui qui prétend qu'on ne peut plaire à Dieu, qu'en tenant à sa mort une queue de vache, et celui qui veut qu'on se fasse couper un bout de prépuce, et celui qui consacre des crocodiles et des oignons, et celui qui attache le salut éternel à des os de morts qu'on porte sous sa chemise, ou à une indulgence plénière qu'on achète à Rome pour deux sous et demi.

Selon le même procédé dévalorisant, le temple de Jérusalem est désigné comme «un endroit où les Juifs tuaient des bœufs et des vaches» («Julien») et les vêtements sacerdotaux des prêtres catholiques comme «une chemise par-dessus une robe» et «deux pendants d'étoffe bigarrée, par-dessus leur chemise» («Guerre»). Le relevé exhaustif des images auquel s'est livrée J. Monty[16] attire l'attention sur leur nombre fort élevé et indique que certains domaines sont souvent sollicités. Les dérèglements de l'esprit sont systématiquement associés au thème de la maladie. Le fanatisme a «gangrené un cerveau», cette «peste des âmes» est «une maladie épidémique» qui se manifeste par des «accès de rage» («Fanatisme»). La superstition est également une «maladie de l'esprit» qui a infecté l'Eglise chrétienne («Superstition» II), et «il y a équivalence entre tous les malades du *Dictionnaire philosophique*»[17] qui méritent tous de se retrouver dans les «Petites-Maisons de l'univers» («Dogmes»). Le bon prêtre sera le «médecin des âmes» («Prêtre») qui ne brandira pas le dogme du péché originel, «la chute de l'homme [étant] l'emplâtre que nous mettons à toutes ces maladies particulières des corps et de l'âme» («Tout est bien»).

Le bestiaire est largement sollicité, comme le montre l'étude très fouillée que lui a consacré Robert Granderoute[18] et qui signale, dans sa première partie, les occurrences du *Portatif* tirant parti des traits et symboles fixés par la tradition. Sans prétendre à l'originalité, Voltaire s'appuie sur l'expérience quotidienne de ses lecteurs ou sur un fonds commun de remarques qui sont dans tous les esprits. Il rend vivantes idées et théories, s'oppose à celle des animaux-machines : l'oiseau qui fait son nid, le chien qui manifeste son attachement à son maître («Bêtes») en disent plus long que des réfutations en forme. D'une manière générale, Voltaire préfère l'exemple à l'exposé. Point de dissertation sur l'amour, mais des illustrations inspirées par le symbolisme animal.[19]

Lorsqu'une notion échappe aux équivalences tirées du monde physique, Voltaire s'efforce de réduire l'abstraction. Pour traduire le concept d'âme végétative, au lieu de s'attarder sur les distinctions entre la nutritive, l'augmentative et la générative, il donne la parole à une tulipe : «Si une tulipe pouvait parler, et qu'elle te dît, Ma végétation et moi, nous sommes deux êtres joints évidemment ensemble, ne te moquerais-tu pas de la tulipe?» («Ame»). L'ineffable se définit par approximations, ne serait-ce pas l'indice qu'il n'existe pas? Ainsi de l'effort pour cerner la notion d'âme : «Les premiers philosophes, soit chaldéens, soit égyptiens, dirent, Il faut qu'il y ait en nous quelque chose qui produise nos pensées ; ce quelque chose doit être très subtil, c'est un souffle, c'est du feu, c'est de l'éther, c'est une quintessence, c'est un simulacre léger, c'est une entéléchie, c'est un nombre, c'est une harmonie» («Ame»).

Les institutions humaines ont des modèles dans la nature. «Lois» II énumère les sociétés animales qui représentent l'état monarchique, la démocratie, la république. La tyrannie, c'est de se ranger contre un mur quand passe le despote, de se prosterner, de frapper la terre de son front («Tyrannie»). Tout est transposé en gestes ou en références concrètes. Plus que de longs discours sur la condition de l'homme de lettres, une image laisse à penser : «L'homme de lettres est sans secours ; il ressemble aux poissons volants ; s'il s'élève un peu, les oiseaux le dévorent ; s'il plonge, les poissons le mangent» («Lettres»).

Cette tournure d'esprit voltairienne qui rend toute idée physiquement présente explique le recours fréquent à l'anecdote ou à la fable. Dans *Le Siècle de Louis XIV*, Voltaire reconnaissait que les anecdotes étaient un «champ resserré où l'on glane après la vaste moisson de l'histoire» et que ces «petits détails [...] intéressent le public quand ils concernent des personnages illustres».[20] Point de remarques générales sur les légendes. Voltaire choisit de présenter des historiettes concernant Clovis, celle de la sainte ampoule apportée par un pigeon et celle de l'oriflamme apportée par un ange («Préjugés»). Il déterre dans Casaubon la manière dont saint Pierre traita le bonhomme Anane et Saphire, sa femme («Pierre»), et dans dom Ruinart, l'aventure du jeune Romanus («Christianisme»). Son immense érudition historique le pourvoit en faits remarquables, en bons mots.[21] Il illustre l'idée de la chaîne des événements par celle de la dispute entre la duchesse de Marlborough et Lady Masham («Chaîne des événements»). Il frappe d'inanité les querelles sur les dogmes par l'anecdote du roi Daon («Catéchisme chinois»). Il rappelle en note le sort de Deschauffours («Amour nommé socratique»). Il narre, sous forme anecdotique, quelques biographies, celle du père des croyants («Abraham»), celle de Saavedra («Inquisition»), et traite de l'histoire des convulsionnaires en échotier («Convulsions»).

Lorsque ses souvenirs ne lui fournissent pas les matériaux

nécessaires, il insère dans la trame de ses articles des ébauches de
fiction, ainsi de la fable des deux grillons («Catéchisme chinois»),
de celle de la taupe et du hanneton («Dieu»). Il faut «détruire les
objets de la crédulité, mais non ceux du plaisir»,[22] les fables des
imposteurs ne méritent que dédain, d'où les ironies sur les prodiges : «Les filles du grand prêtre Anius changeaient tout ce
qu'elles voulaient en blé, en vin, ou en huile ; Athalide fille de
Mercure ressuscita plusieurs fois ; Esculape ressuscita Hippolyte ;
Hercule arracha Alceste à la mort ; Er revint au monde après avoir
passé quinze jours dans les enfers. Romulus et Rémus naquirent
d'un dieu et d'une vestale ; le Palladium tomba du ciel dans la
ville de Troie» («Miracles»). Les miracles dont s'enorgueillissent
les chrétiens sont à mettre au même rang, la seule différence étant
dans la crédulité, puisque Hérodote n'exigeait pas qu'on croie à
l'aventure de Gygès et de Candaule, ni au cheval de Darius
(«Circoncision»). Les fables des «anciens peuples ingénieux»,
celles des philosophes déchiffrent le monde.[23] Ce sont des emblè-
mes de la vérité ; elles ont tout dit («Maître») ; visiblement allégoriques, elles peignent la nature entière («Fables»). Voltaire retient
celle du livre des Juges, celle de la naissance de Vénus, l'histoire
de Prométhée, celle de la boîte de Pandore. Il rappelle celle de
Crantor («Bien»), et crée, dans la lignée des Troglodytes des
Lettres persanes, celle de deux familles pour expliquer l'origine de
l'inégalité («Egalité»).

Les anciennes cosmogonies et les systèmes philosophiques sont
rendus clairs et compréhensibles. L'érudition se fait aimable,
tout au plus quelque terme technique comme «la procession
du Pneuma, organe divin du divin Logos» («Religion» iii) ou
l'allusion aux quiddités et universaux («Athée» i), celle au «Tou
patrou» et au «Tou you» («Catéchisme du jardinier»),
garantissent-ils au lecteur, qui n'ira pas vérifier, que l'auteur
possède parfaitement ces matières incompréhensibles. Dans une
prose de «texture très sobre»,[24] ces mots insolites acquièrent du
relief, donnent l'impression d'accéder à moindres frais à la science.
Qui songerait alors à mettre en cause les fondements et les limites
de la vulgarisation voltairienne, d'autant plus que le rythme vif
de l'ouvrage n'autorise guère de pause réflexive ?

ii. *L'art de l'animation*

Le *Dictionnaire philosophique* est «une ample comédie aux cent actes divers» ou plutôt aux cent dix-huit actes, car chaque article joue son rôle dans cette pièce que met en scène un animateur-acteur-meneur de jeu. La présence de Voltaire dans son œuvre est un trait constant qu'ont relevé Yvon Belaval pour qui l'esprit voltairien reste lié aux portraits, dessins, statues qui nous ont transmis le visage de l'homme de lettres[25] ou Jeanne Monty affirmant que «c'est au moins autant la force de sa personnalité littéraire qui convainc le lecteur que la logique de ses arguments».[26]

Un Protée interpelle, commente, s'exclame, décide sans appel, anime chaque page du *Dictionnaire philosophique*. Tantôt il intervient à la première personne du singulier, tantôt il s'adresse à quelque interlocuteur, tantôt il met en œuvre de petits dialogues entre des personnages qu'il agite comme des marionnettes. Il acquiert le statut d'un personnage à part entière, différent de M. de Voltaire et qui, pourtant, lui ressemble comme un frère.

C'est un homme pressé: «Je passe vite de ce quatrième ciel à milord Bolingbroke, pour ne pas m'ennuyer» («Tout est bien»), vite impatient: «je passe des conciles tenus pour des minuties» («Conciles»), aux réactions vives: «je n'en dirai pas davantage, car je me mettrais en colère» («Fausseté des vertus humaines»). Il demande des comptes au bon roi David, ponctuant son histoire d'appréciations personnelles: «je suis un peu fâché», «je suis un peu scandalisé», «j'ai quelques scrupules sur sa conduite». Ces euphémismes conduisent à condamner David sans appel. Même familiarité à l'égard du Prince des ténèbres dont celui qui dit «je» déclare sans ambages: «Je ne suis pas du tout content de Satan» («Job»). Homme riche et malade comme le patriarche de Ferney, il apostrophe «l'ami Job», évalue ses richesses, juge sa femme et ses faux amis («Job»). Cet esprit cultivé refuse la théorie carté-sienne des animaux-machines («Bêtes»), ne se fie qu'à sa raison et rejette les dires de Sextus Empiricus («Amour nommé socrati-que»), il précise le sens d'une définition et en pèse les termes («Amitié»). Il rapporte ses rencontres réelles ou fictives avec une

sauvagesse («Anthropophages»), un vrai théologien («Théologien»), raconte la discussion qu'il a eue au cours d'une représentation théâtrale («Beau», ou l'un de ses rêves («Dogmes»). Il a lu
Platon («Chaîne des êtres créés»), le Cantique des cantiques,
l'Ecclésiaste et les Proverbes («Salomon»); il scrute les textes
bibliques, débusquant leurs incongruités («David», «Ezéchiel»),
bien qu'il joue au bon chrétien qui récite son credo tous les matins
(«Credo»). Il se met à dialoguer avec un jeune homme («Certain»),
avec un savant auquel, magnanime, il laisse du temps pour répondre («Bornes de l'esprit humain»).

L'animateur du spectacle est présent, même quand il ne parle
pas à la première personne. Tantôt bonhomme, «mes pauvres
Juifs, mes chers Juifs» («Judée»), tantôt méprisante, «pauvres
docteurs» («Bornes de l'esprit humain»), «O savants» («Ame»),
tantôt furieuse, «prêtres idiots et cruels» («Carême»), «Vous avez
raison, messieurs» («Abbé»), une voix interpelle. Le goût du
masque autorise des énonciations multiples. Voltaire joue à prendre le ton des hétérodoxes («Divinité de Jésus»), ou à s'abriter
derrière un «nous» ou un «on» orthodoxes («Conciles», «Idole»).
L'indignation se donne libre cours dans des invectives: «Monstres
persécuteurs, ne cherchez ces vérités que dans vos annales [...] Il
vous sied bien, barbares que vous êtes» («Martyre»), ou «Insen-
sés! qui n'avez jamais pu rendre un culte pur au Dieu qui vous a
faits! Malheureux que l'exemple des noachides, des lettrés chinois,
des parsis et de tous les sages n'ont jamais pu conduire!» («Tolérance» I).

L'adversaire, l'anti-Voltaire, est toujours dans une position
d'infériorité. C'est un pédant («Ame»), un mauvais philosophe
(«Méchant»), un oratorien borné («Fausseté des vertus
humaines»), un docteur de Sorbonne ignorant («Bornes de l'esprit
humain»), un brame intolérant («Secte»). Lorsque ses raisonnements sont reproduits, «tu» se montre pour ce qu'il est, «une
bête raisonnant sur d'autres bêtes» («Bêtes»). Le persécuteur tient
d'horribles propos. Balayant toute objection quant à leur véracité,
le narrateur avoue que si ces paroles «ne sortent pas précisément
de sa bouche, elles sont gravées dans son cœur avec le burin du
fanatisme trempé dans le fiel de l'envie» («Persécution»).

Nombre d'articles comportent des questions. L'auteur dit tout haut ce que chacun se dit tout bas sur l'existence du mal («Amour»), ce que personne n'ose dire quant à la hiérarchie des crimes («Anthropophages»), ce que peu d'hommes sont aptes à discerner («Secte»). Ces interrogations cernent le problème ardu de la divinité de Jésus («Arius»), reflètent les doutes des hommes («Ame»), s'efforcent de définir des notions («Enthousiasme», «Esprit faux»), et l'article peut n'être qu'une suite de questions («Carême»). L'exposé historique dans «Christianisme» juxtapose en continu un relevé des difficultés insolubles soulevées par les savants et des commentaires orthodoxes. Un refrain qui nie que les anciens aient été idolâtres scande l'article «Idole».

Les modalités de la présence de ce moi qui parle directement ou que l'on devine s'échelonnent des indices discrets de désapprobation dans les incises[27] aux interventions vigoureuses adressées aux «Sacrés consulteurs de Rome moderne, illustres et infaillibles théologiens» («Grâce») ou aux douloureuses interpellations: «O Pierre! vous faites mourir deux chrétiens qui vous ont fait l'aumône, et vous laissez vivre ceux qui ont crucifié votre Dieu» («Pierre»). La tonalité dominante est celle d'une vive affectivité. Cet homme révolté par trop d'absurdités, cette intelligence qui parie sur les pouvoirs du verbe use de toutes les figures de la rhétorique pour maintenir l'intérêt. Soignant tout particulièrement les entrées en matière et les clausules, l'article pratique une esthétique de la surprise.

Voltaire en appelle implicitement à son lecteur par ses astuces, ses formules, ses rapprochements de mots. Dans une énumération cocasse, il met sur le même plan «la déclinaison des atomes, les formes substantielles, la grâce versatile, et les vampires de dom Calmet» («Corps»). Il parie sur le choc des mots: antithèses: «On croyait avoir trouvé le secret de vivre criminel, et de mourir vertueux» («Baptême»); oxymorons: Alfonso Diaz part de Rome pour «aller assassiner saintement son frère» («Fanatisme») ou le caprice des rois fait «loyalement égorger des milliers de nos frères» («Guerre»); exagérations: «Constantin se baigne dans le sang» («Julien») ou des «hommes engraissés de notre substance» («Athée» II). Il joue avec les mots, d'abord par des jeux de mots comme «le minime et très minime Mersenne» («Athée» I), ou celui de «Liberté de penser» qui met en scène un «familier de l'Inquisition», officier chargé de détecter l'hérésie, et un Anglais «familier dans la conversation». Mais on signale également des échos de mots à mots: «il ergote en partie comme le prêtre Sabellious, qui avait ergoté comme le Phrygien Praxéas grand ergoteur» («Arius»), et des effets de ballet verbal: «Que fais-tu là, idolâtre? lui dit Logomacos. Je ne suis point idolâtre, dit Dondindac. Il faut bien que tu sois idolâtre, dit Logomacos, puisque tu es Scythe, et que tu n'es pas Grec» («Dieu»). [28]

Tenu en alerte par les multiples formes de l'ironie voltairienne, complice de ses railleries, étourdi par son brio, le lecteur bénévole est soumis aux agressions d'une pensée autoritaire. La rigidité des équations mathématiques dans maintes formules s'impose comme vérité: «Le superstitieux est au fripon ce que l'esclave est au tyran» («Superstition» II). Des impératifs martellent les raisonnements («Chine»). Des verdicts sont assénés. La préférence de Voltaire pour le verbe *être*, l'emploi d'indéfinis à valeur générale: «on sait que», «on sait assez que», le choix d'épithètes de jugement, [29] d'adverbes de nature absolue: «certainement», «assurément», «incontestablement» sont les indices d'une pensée qui procède d'affirmations en négations tout aussi tranchées.

Le rythme de l'article, souvent composé de paragraphes courts, celui de la phrase qui conduit de jugement en jugement et dont tout détail inutile a été supprimé [30] contribuent à cette impression d'autorité. Lanson remarquait à juste titre:

> Voltaire rejette toutes ces lourdes façons d'exprimer les dépendances logiques, et de matérialiser, par des mots-crampons, les rapports des idées. Il réduit au minimum ce qu'il est impossible d'éliminer, les conjonctions, relatifs, et tous autres termes de coordination et de subordination. C'est le mouvement endiablé du style qui lie les phrases, qui les emporte ensemble, comme dans une farandole où les danseuses ne se donneraient pas les mains, et garderaient leurs distances en suivant seulement la mesure. [31]

La liaison immédiate du sujet et du verbe, l'accumulation de propositions juxtaposées, le nombre des ellipses, [32] celui des phrases nominales créent ce *prestissimo* qui tantôt reproduit le rythme d'une conversation allègre, tantôt celui d'une démonstration vivement menée.

Selon son programme défini dans la «Préface» de l'édition Varberg, Voltaire en appelle directement à son lecteur: «Lecteur, réfléchissez. Etendez cette vérité; tirez vos conséquences» («Morale») ou «Que de choses à dire sur tout cela! Lecteur, c'est à vous de les dire vous-même» («Prêtre») ou «Remarquez, ici, lecteur» («Conciles») ou «Que conclure de tout cela? Vous qui lisez et qui pensez, concluez» («Sensation»). Le lecteur en tant que personnage est présent dans des œuvres du dix-huitième siècle. Il autorise les jeux complexes de mise en abyme, de réflexion et de prise de distance à l'égard de la fiction. [33] Dans le *Dictionnaire philosophique*, Voltaire ne songe qu'à le faire réagir. La solution est dans la diffusion des Lumières: «Philosophes, il vous sera aisé de résoudre ce problème» («Philosophe»). La marche de l'esprit humain autorise cet espoir. [34] Le *Dictionnaire philosophique* doit permettre de faire passer au temps de la «raison perfectionnée»: «Qui jugera? [...] l'homme enfin qui n'est pas bête, et qui ne croit point être ange» («Secte»).

Au niveau de la plus petite unité linguistique comme à celui de l'article et du *Portatif* tout entier, Voltaire dramatise. Point de jeux rhétoriques vains, mais une formidable mobilisation. Le dynamisme du rire, celui de l'éloquence donnent à la pensée de Voltaire sa force d'agression. Si comme l'affirme André Maurois, «le style, c'est la griffe d'un tempérament sur la nature des choses», [35] Voltaire dans le *Portatif* qu'il a rédigé bien à l'abri dans sa retraite de Ferney, est toutes griffes dehors.

iii. *Voltaire tel qu'en lui-même*

Régal pour les amateurs de ton voltairien, le *Dictionnaire philosophique* doit être insupportable aux autres, plus insupportable même que les autres ouvrages de cet homme de lettres, objet de tant de rejets. La variété et l'émiettement de la correspondance, les charmes de la fiction dans les contes, le comique des facéties, l'intérêt de la narration dans les œuvres historiques ne confrontent pas aussi directement avec un combat et une tournure d'esprit. Les mélanges, fort révélateurs au demeurant, n'ont pas la cohérence du *Portatif*. D'autres éléments tenant à la visée de chaque ouvrage, aux matériaux mis en œuvre font écran. Si le conte doit, «sous le

voile de la fable», laisser «entrevoir aux yeux exercés quelque
vérité fine qui échappe au vulgaire»,[36] le *Dictionnaire philosophique*
ne s'enveloppe point de voiles. Le choc tient à ce contact direct
avec un Voltaire essentiel, sans fard, mais non sans malice, qui
s'est donné toute licence d'être pleinement lui-même dans cet
ouvrage «diabolique».

Le lecteur pénètre dans le monde d'un homme aux convictions
fortes, luttant pour ce qu'il croit être la vérité, coupable parfois
de manichéisme, et qui mobilise toutes ses forces, affûtant sa
stratégie, des ruses de la fausse candeur aux violences verbales des
grandes indignations. Dans une lettre à Damilaville, il prend soin
d'exposer l'une de ses tactiques préférées (9 juillet 1764; D11978):

> Je crois que la meilleure manière de tomber sur l'infâme, est de
> paraître n'avoir nulle envie de l'attaquer; de débrouiller un peu le
> chaos de l'antiquité; de tâcher de jetter quelque intérêt; de répandre
> quelque agrément sur l'histoire ancienne; de faire voir combien
> on nous a trompé en tout; de montrer combien ce qu'on croit
> ancien est moderne; combien ce qu'on nous a donné pour respecta-
> ble est ridicule; de laisser le lecteur tirer lui-même les conséquences.

La feinte naïveté félicite les commentateurs des mensonges d'Abraham, «esprits fins et délicats, excellents métaphysiciens, gens sans
préjugé, et point du tout pédants», après avoir relaté les aventures
singulières du patriarche en compagnie de son épouse de quatre-
vingt-dix ans, laquelle «grosse, toujours jeune et toujours jolie»
ne manque pas de séduire tous les rois qu'elle rencontre («Abraham»). Elle détruit les formules toutes faites: ainsi ce n'est plus
Dieu qui a fait l'homme à son image, car «jusqu'à quand, animaux
à deux pieds sans plumes, ferez-vous Dieu à votre image?»
(«Gloire»). La feinte orthodoxie conduit à des constats inacceptables: ainsi au concile de Constance, «on se contenta de démettre
le pape Jean XXIII convaincu de mille crimes», tandis que l'on
«brûla Jean Hus, et Jérôme de Prague, pour avoir été opiniâtres,
attendu que l'opiniâtreté est un bien plus grand crime, que le
meurtre, le rapt, la simonie, et la sodomie» («Conciles»). Le
lecteur juge sur pièces: «En un mot, la religion païenne a fait
répandre très peu de sang, et la nôtre en a couvert la terre. La
nôtre est sans doute la seule bonne, la seule vraie» («Religion» VI).
Des déductions de bon sens font basculer dans un monde privé

de ses repères ; ainsi à propos de l'incendie du temple de Jérusalem sous l'empereur Julien, le narrateur s'interroge (« Julien ») :

> On ne voit pas pourquoi Jésus aurait brûlé les ouvriers de l'empereur Julien, et qu'il ne brûla point ceux du calife Omar qui longtemps après bâtit une mosquée sur les ruines du temple ; ni ceux du grand Saladin, qui rétablit cette même mosquée. Jésus avait-il tant de prédilection pour les mosquées des musulmans ?

Dans la même veine, les crimes des papes sont injustifiables : « C'est une preuve, dit-on, de la divinité de leur caractère, qu'elle [l'Eglise] ait subsisté avec tant de crimes ; mais si les califes avaient eu une conduite encore plus affreuse, ils auraient donc été encore plus divins » (« Pierre »).

De grands cris de colère, des sarcasmes bousculent toutes les précautions oratoires. Ouvrage polémique, le *Dictionnaire philosophique* cingle. Les magistrats qui ont condamné un philosophe pour avoir dit que les hommes ne pourraient exercer les arts s'ils étaient privés de mains, reçoivent une volée de bois vert. Ils seraient capables d'envoyer aux galères celui qui aurait l'insolence de dire qu'un homme penserait sans tête (« Lettres »). Point de quartier pour l'infâme, ainsi de la plaidoirie impitoyable contre les papes, longue suite d'abominations (« Pierre ») :

> Sturbinus dit qu'on peut pardonner à ceux qui doutent de la divinité et de l'infaillibilité du pape, quand on fait réflexion.
>
> Que quarante schismes ont profané la chaire de St Pierre, et que vingt-sept l'ont ensanglantée ;
>
> Qu'Etienne vii, fils d'un prêtre, déterra le corps de Formose son prédécesseur, et fit trancher la tête à ce cadavre ;
>
> Que Sergius iii convaincu d'assassinats, eut un fils de Marozie, lequel hérita de la papauté.

Et la liste continue. Même litanie d'horreurs avec l'histoire des rois juifs où sont énumérés quinze assassinats en quelques lignes (« Histoire des rois juifs »).

Sans doute les détracteurs de Voltaire lui pardonneraient-ils plus facilement ces cris de rage, s'il n'aggravait point son cas par une jubilation blasphématoire. Les plaisanteries sur Moïse « qui parlait à Dieu face à face » et qui ne le voyait que par derrière (« Ame ») ou sur la Trinité (« Arius ») peuvent être regardées comme des écarts de langage d'un mauvais plaisant. Mais l'intention profanatrice blesse les âmes pieuses, lorsque Voltaire fait rire des sept vierges de soixante-dix ans condamnées à «perdre le plus vieux des pucelages» ou du martyre de saint Romain, bègue de naissance, qui se met à parler avec volubilité dès qu'on lui a coupé la langue («Martyre»). Le rire désacralise.

Voltaire est volontiers impudent et il convient de signaler dans le *Dictionnaire philosophique* des inconvenances, lorsque le ridicule bat en brèche les tabous.

Dans un univers soumis à la loi de dévoration universelle, [37] où la nourriture tient une place non négligeable, [38] Voltaire n'élude point les fonctions physiologiques. Les allusions scatologiques y sont nombreuses : outre les trop fameuses confitures d'Ezéchiel, la chaise percée du sultan («Gloire»), celle du dalaï-lama («Religion» VIII), les dieux Pet et Stercutius («Idole») trouvent place dans des articles dont les sujets ne paraissent pas devoir *a priori* comporter de tels exemples. Pour rendre compte de l'origine du mal, la fable syrienne suivant laquelle notre terre serait la garde-robe de l'univers n'est point omise («Tout est bien»). La fureur iconoclaste de l'article «Transsubstantiation» tient à des considérations sur les processus digestifs mises en relation avec le mystère de la présence réelle du Christ dans l'hostie et qui insistent sur la position des stercoranistes.

Sans vouloir traquer des fantasmes personnels, il faut signaler la place qu'occupe la sexualité dans le *Portatif*. L'aventure de Joseph avec la femme de Putiphar s'enrichit d'une digression sur les eunuques et le sérail de Kizlar-Aga («Joseph»), alors que l'article «Amour-propre» célèbre la virilité. Voltaire se complaît dans les descriptions qui «effarouchent tant d'esprits faibles»; il respecte la verdeur des chapitres XVI et XXII d'Ezéchiel que la traduction de Lemaître de Sacy avait atténuée; il prétend, à tort, qu'on «touchait les génitoires» à ceux à qui on faisait quelque promesse («Ezéchiel»). Il rappelle que les Egyptiens portaient en procession une grande figure du membre viril et évoque une étrange coutume des Hottentots («Circoncision»). Enfin ne s'avise-t-il pas d'imaginer un Dieu voyeur, toujours à l'affût des accouplements, remarquant «attentivement le moment où un germe sort du corps d'un homme, et entre dans le corps d'une femme» («Catéchisme chinois» III)?[39]

Le *Dictionnaire philosophique* reflète le double mouvement voltairien, celui d'une sensibilité aiguë au mal, celui de l'hygiène du rire. D'où les deux pôles entre lesquels il oscille, celui de la cruauté et celui de la drôlerie. La gaîté corrosive l'emporte lorsque défile la cohorte des dieux inventés par les hommes: dieu-poisson Oannès avec un beau croissant sur la queue («Catéchisme chinois»), dieu né d'un éléphant blanc («Religion» VIII), dieu Apis que l'on met à la broche («Apis»), crocodiles et oignons sacrés, dieux mâles et femelles des Romains («Idole»), dieu chrétien perpétuellement occupé à «forger des âmes pour les éléphants, et pour les porcs, pour les hiboux, pour les poissons et pour les bonzes» («Catéchisme chinois» III).[40] La révolte contre l'horreur l'emporte lorsque sont évoqués les bourreaux et leurs victimes: «Voulez-vous de bonnes barbaries bien avérées, de bons massacres bien constatés, des ruisseaux de sang qui aient coulé en effet, des pères, des mères, des maris, des femmes, des enfants à la mamelle réellement égorgés et entassés les uns sur les autres? Monstres persécuteurs, ne cherchez ces vérités que dans vos annales» («Martyre»).

Dans ses plus grandes réussites, Voltaire en compose des alliages qui vont de la bouffonnerie sur fond de désespoir comme le mot de la femme d'un juge: «Mon petit cœur, n'avez-vous fait donner aujourd'hui la question à personne?» («Torture»), à l'irrespect dévastateur: «Un jour le prince Pic de la Mirandole rencontra le pape Alexandre VI chez la courtisane Emilia pendant que Lucrèce fille du Saint-Père était en couche et qu'on ne savait dans Rome si l'enfant était du pape ou de son fils le duc de Valentinois, ou du mari de Lucrèce Alphonse d'Aragon, qui passait pour impuissant» («Foi» I). Des imaginations sadiques font rire en révélant des coutumes affreuses, ainsi des cinquante «hongres» du dalaï-lama, c'est-à-dire des castrats du pape: «Je pardonne tout au plus qu'on chaponne des coqs, ils en sont meilleurs à manger, mais on n'a point encore fait mettre d'eunuques à la broche. A quoi sert leur mutilation?» («Catéchisme chinois» V).

Face à l'atroce comique des absurdités théologiques, à la désespérante succession des crimes du fanatisme, Voltaire a fait un pari sur l'homme : « on peut ramener les hommes en les faisant penser par eux mêmes, en paraissant douter avec eux, en les conduisant par la main sans qu'ils s'en aperçoivent ».[41] Voltaire croit aux vertus du rire : « Riez, Démocrite ; faites rire, et les sages triompheront », écrit-il à d'Alembert auquel il demande « cinq ou six bons mots par jour » pour terrasser le monstre (D11669).

Le prophète Voltaire espère bien n'être point sifflé, roué, pendu, mis au pilori, cuit, transporté par les cheveux dans les airs, souffleté, lapidé, scié en deux comme ses prédécesseurs dont il évoque de manière étourdissante les malheurs : il ne compte point sur le sort mirifique d'Elie. Il pourrait bien ressembler quelque peu à Amos (« Prophètes ») :

> On croit que le roi Amasias fit arracher les dents au prophète Amos pour l'empêcher de parler. Ce n'est pas qu'on ne puisse absolument parler sans dents ; on a vu de vieilles édentées très bavardes ; mais il faut prononcer distinctement une prophétie, et un prophète édenté n'est pas écouté avec le respect qu'on lui doit.

Amos annonçait les colères terribles de Jéhovah. Voltaire, par l'appel à la raison, veut libérer les hommes de l'insanité. Bien qu'édenté,[42] le prophète Voltaire a parlé distinctement, aussi l'écoute-t-on et continuera-t-on de l'écouter.

7
Réception

Le *Dictionnaire philosophique* fit grand bruit et suscita de nombreuses réfutations. La fortune de ce «dictionnaire de Satan» nécessiterait maintes enquêtes. Les lectures du *Portatif*, des plus anciennes aux plus récentes, en France et hors de France, représentent un champ de recherches immense. On se donne ici pour but de marquer seulement quelques repères.

i. *Quelques réactions individuelles*

Il reste plus de traces de critiques que d'éloges. Les amis de Voltaire ne sont pas prolixes. D'Alembert désire savourer à loisir ce dictionnaire diabolique qu'il a été obligé «d'avaler gloutonnement», [1] puis se dit charmé des additions parues en 1765 (D12534). D'Argental commente sobrement les bruits qui courent : «Il seroit possible qu'à la rentrée du parlement on brûlât le portatif. Il est assés bon pour mériter ce traitement» (D12201). Cideville le trouve «bien salé» et l'a lu avec grand profit (D12457, D12827). Le prince Henri de Prusse l'a apprécié :

Les brochures de Voltaire sont comme les parfums qui laissent une agréable odeur après eux. Quoique son Dictionnaire philosophique soit plein de contradictions, de répétitions et de mauvaises plaisanteries, on y trouve aussi des endroits très agréables, des pensées justes et des idées ; si elles ne sont pas neuves, elles ont pourtant l'avantage d'être présentées sous une forme qui paraît telle. Mais l'ouvrage ne mérite pas l'honneur du bûcher. [2]

La duchesse de Saxe-Gotha, sans doute gênée par les impiétés de cet ouvrage, se contente de le citer (D12872). Si Chouvalov désire qu'il soit traduit en italien (D12926), le prince Louis-Eugène de Wurtemberg dénonce «cet acharnement à sapper les fondements sacrés de la foi» qui est «une témérité et une méchanceté de la part de ceux qui en ont formé le fatal Dessein» (D12126). Ce prince, qui apprécie surtout Rousseau, saisit l'occasion d'être désagréable avec Voltaire, non seulement pour défendre ses convictions religieuses, mais par humeur personnelle à l'égard de l'illustre écrivain auquel la maison de Wurtemberg a emprunté tant d'argent.[3]

Louis-Eugène de Wurtemberg se vante de cette diatribe qui lui vaudra une ironique mise au point de Voltaire.[4] La très longue lettre du comte d'Autrey (D12783), auquel Voltaire avait fait envoyer un exemplaire du *Portatif* pour lui «faire entendre raison»,[5] est une défense de l'Ancien et du Nouveau Testament, une réfutation des principales thèses du *Dictionnaire philosophique* et plus particulièrement des articles «Ame», «Christianisme», «David» et «Moïse». Voltaire qui reconnaissait au comte d'Autrey «beaucoup d'esprit»,[6] a annoté ce texte, surtout dans sa première moitié. Malgré le nombre élevé de ces notes (une quarantaine), portant sur des points d'histoire, il n'a répondu aux objections de son correspondant que par des bouffonneries anti-chrétiennes.[7] Il n'était point facile d'attaquer Voltaire à visage découvert.

Protégées par le secret des correspondances, les langues se délient. Venimeux, le président de Brosses mêle quelques compliments à des perfidies étudiées (D12277):

> Il y a, à travers des folies et des disparates, des choses bien vues et bien exprimées, qui vous feront plaisir, mais d'ailleurs communes et que tout le monde sait; il passe sa vie à lire le commentaire de Calmet, où il prend son érudition et ajuste ses épigrammes.

Pour Jean-Jacques Rousseau, «cet ouvrage est agréable à lire», mais cette appréciation est corrigée par des restrictions d'importance:

> Il y régne une bonne morale; il seroit à souhaiter qu'elle fut dans le cœur de l'Auteur et de tous les hommes. Mais ce même Auteur est presque toujours de mauvaise foi dans les extraits de l'Ecriture; il raisonne souvent fort mal, et l'air de ridicule et de mépris qu'il jette Sur des sentimens respectés des hommes, rejaillissant sur les hommes mêmes, me paroit un outrage fait à la société et punissable devant les Tribunaux humains.[8]

L'appel à la répression s'exprime plus franchement chez Rabaut de Saint-Etienne qui n'a pas encore lu le *Dictionnaire philosophique*, mais a entendu dire que c'est «l'égoût de toutes les impiétés imaginables». Il ose écrire:

> Il ne fait pas mal de s'accoûtumer au feu; et en attendant mieux il ne peut pas mieux employer son tems qu'à se faire brûler en effigie. L'Intolérance est assûrément quelque chose d'horrible: mais peut-on réellement ne pas sévir contre un homme qui mettrait l'Univers en dissention, si son système prenait faveur entière?[9]

Plus sagement, après cet accès de colère, il conclut: «On dit qu'il paraîtra des réfutations; cela vaudra peut-être encore mieux que des fagots». On prend la mesure du scandale face à la réaction de ce huguenot qui milite contre les persécuteurs de la communauté protestante et qui, en 1768, fera appel à Voltaire pour qu'il soutienne son action (D15194). Charles Bonnet, qui sera l'auteur des *Recherches philosophiques sur les preuves du christianisme*, est ulcéré. Il ne ménage point ses insultes contre l'homme de Ferney qui a «concentré tous ses poisons» dans cet ouvrage, «le plus détestable de tous les livres du pestilentiel auteur».[10]

Les âmes pieuses obtiendront satisfaction. Des flots d'encre vont couler pour contre-attaquer en s'efforçant de peser sur l'opinion publique.

ii. *Le rôle des périodiques*

Des recensements dans les périodiques seraient nécessaires pour dessiner un panorama de la réception du *Dictionnaire philosophique*.[11] On indiquera ici quelques faits marquants.

La *Correspondance littéraire* annonce à ses abonnés princiers la publication de ce volume de 300 pages dû au «zèle infatigable du patriarche des Délices» le 1er septembre 1764.[12] La livraison du 15 septembre reproduit les articles «Apis» et «Gloire», celle du 1er octobre, «Fanatisme», «Tyrannie», «Convulsions».[13] Les additions de la nouvelle édition de 1765 sont énumérées le 15 janvier 1765, le réquisitoire de Joly de Fleury commenté le 1er avril.[14] Le 1er novembre 1765, l'édition Varberg est signalée, quelques-uns de ses ajouts sont indiqués:

> Il paraît que nous aurons tous les ans une édition augmentée et

que le canon de ce divin ouvrage ne pourra être arrêté qu'après la mort de certain Patriarche que Dieu conserve![15] Le silence du *Mercure de France*, des *Mémoires de Trévoux*, du *Journal des savants*, du *Journal encyclopédique* ne paraît pas dénué de signification, tandis que *L'Année littéraire* de 1764 reproduit une «Lettre de Genève touchant le livre intitulé *Dictionnaire philosophique portatif* que les magistrats de cette ville ont condamné à être brûlé par la main du bourreau, et qui passe pour être de M. de Voltaire». Cette lettre condamne le «projet [...] très pernicieux» d'un «vieillard plein de caprices, dévoré d'humeur, et qui tombe dans le délire de l'enfance». L'ouvrage n'est qu'un «réchauffé alphabétique de ces réflexions, tantôt sérieuses, tantôt bouffonnes, que M. de Voltaire a semées dans les écrits où il s'efforce de tourner en ridicule le gouvernement moral de la Divinité, l'immatérialité de l'âme, les dogmes des Juifs et des chrétiens, et autres matières qui regardent de près les intérêts civils et religieux du genre humain».[16]

Cette lettre avait été publiée dans une gazette anglaise, *Lloyd's evening post*, le 23 novembre 1764.[17] Il est de fait que le *Dictionnaire philosophique* ne passa point inaperçu en Angleterre. Voltaire avait envoyé un désaveu de paternité à la presse qui n'en fut pas dupe. Le *Gentleman's magazine* le reproduit en janvier 1765:

> Being advertised that for some years past the foreign booksellers have printed under my name writings which I knew nothing of, nor ever read, I am obliged to declare, that I have no correspondence with any bookseller in Europe; that whoever makes use of my name is guilty of forgery; and I refer it to the magistrate to repress so scandalous a practice.
> Castle of Ferner, Dec. 23. 1654 (signed) Voltaire
> Gentleman of the bed-chamber to the King.[18]

L'Annual register imprime le même texte.[19]

Déjà des comptes rendus étaient parus. En décembre 1764, la *Critical review* signale que le *Dictionnaire philosophique* est importé par Nourse et mentionne son prix. Le journaliste qui a reconnu le style et la manière de Voltaire, rend hommage à son génie, mais déplore qu'il l'ait prostitué en traitant de sujets obscènes, en ridiculisant la Bible. Deux articles lui paraissent fort condamnables: «Histoire des rois juifs» et «Salomon» dont il traduit des passages. Ce journaliste sait que Voltaire passe sa vie à lire dom Calmet et croit que sa philosophie l'abandonnerait s'il était à l'article de la mort. Trop superficiel pour causer de grands dommages à la religion, Voltaire reste un écrivain agréable, plein d'esprit, et parfois d'érudition. Son article «Tolérance» est excellent; le rédacteur reconnaît des mérites à «Joseph» et aux textes «on prejudices, on government, on glory, on one's country, on luxury, on war, etc.» Il termine cette recension par la traduction de «Tout est bien». [20]

Le *Gentleman's magazine*, dans son numéro d'octobre 1765, énumère le contenu du *Dictionnaire philosophique* qu'il juge comme un ouvrage séduisant, mais dangereux. Pour illustrer ces qualités et ces défauts, le journaliste relève des erreurs dans l'article «Abraham» et traduit «Apis», «Beau», «Anthropophages», «Chaîne des êtres créés», puis «Luxe», «Amour-propre» en décembre 1765. [21] La *Monthly review* se montre plus sévère. L'auteur de ce compte rendu est vraisemblablement William Kenrick. [22] Après avoir affirmé son attachement à la liberté de penser, il trace un cadre juridique pour les ouvrages qui mettent en cause la morale publique. D'où la conclusion: le rédacteur de cette recension n'approuve pas les mesures prises pour détruire le *Dictionnaire philosophique*, mais avoue qu'une grande partie de ce texte mérite d'être condamnée aux flammes. Il ne cite que l'article «Amour nommé socratique» pour alimenter ce bûcher. En revanche il traduit «Catéchisme du jardinier», «Liberté de penser», «Sens commun» et «Vertu», mais pour ce dernier en omettant des passages dangereux, ce qu'il justifie en note. L'idéal de Kenrick serait une édition expurgée. [23] La politique affichée par la *Monthly review* est de juger les écrits et non les personnes, [24] mais il est difficile de faire abstraction des auteurs. Voltaire s'avise le 24 octobre 1764 d'adresser aux responsables de ce périodique ses remerciements pour leur recension d'une traduction anglaise de l'*Histoire de l'empire de Russie* (D12141). En mars 1765, la revue accuse réception de cette missive et met l'accent sur son impartialité. [25] Mais elle n'en avait pas fini avec le *Dictionnaire philosophique*.

William Kenrick perd son calme lorsque paraît une traduction anglaise du *Portatif*: *The Philosophical dictionary for the pocket, written in French by a society of men of letters, and translated into English from the last Geneva edition, corrected by the authors. With notes, containing a refutation of such passages as are any way exceptionable in regard to religion*, London, printed for Thomas Brown, M.DCC.LXV. Fait exceptionnel, l'adresse était fausse, le libraire ayant subi des pressions pour qu'un tel ouvrage ne parût point. [26] Cette traduction est éreintée par la *Monthly review* qui n'a point de mots trop durs pour la qualifier. [27] Il s'agit d'un règlement de comptes : le traducteur du *Dictionnaire philosophique* se moque dans une note sur l'article « Socratic love » du trop scrupuleux critique de la *Monthly review*, des connaissances qu'il déploie sur les cours de justice et sur la pédérastie. Il rapporte pour finir ce mot : « but as Mr. Dryden well observes, much of ill nature and a very little judgment, go far in finding the mistakes of writers ». [28] Kenrick commente alors longuement l'article « Amour nommé socratique » pour démontrer que le traducteur a été dupe d'un écrivain insidieux dont il ne saisit pas les intentions et dont il ne comprend pas les écrits. [29]

Cette passe d'armes a pour résultat tangible, comme il arrive souvent dans le cadre d'une polémique, de mettre en exergue un texte primitivement destiné à être censuré. Les lecteurs des périodiques anglais ont beaucoup entendu parler d'« Amour socratique » !

Cette réception anglaise est intéressante à plus d'un titre. Les journalistes s'efforcent de distinguer le bon grain de l'ivraie dans le *Dictionnaire philosophique* alors que beaucoup des plumes françaises le condamneront systématiquement. Ils ne se contentent pas d'annoncer un livre nouveau et de le juger rapidement. Ils traduisent quelques morceaux choisis, ils introduisent des ébauches de réfutations. Cet élargissement du rôle joué par les périodiques sera illustré de manière encore plus sensible par le *Journal helvétique*.

En Suisse, il était question d'organiser une contre-offensive. Rabaut de Saint-Etienne, on l'a vu, le souhaitait. Jacob Vernet, le 9 janvier 1765, annonce « qu'on se prépare ici à réfuter cinq ou six de ses plus mauvais articles, tant philosophiques que théologiques » (D12301). Il a pris pour sa part celui des « Recherches historiques sur le christianisme». Le projet se réalisa-t-il? On l'ignore.[30] Une réfutation plus importante paraît dans le *Journal helvétique* en deux séries, l'une de janvier 1765 à août 1766, l'autre de juillet à décembre 1767.[31] Intitulés «Examen des principaux articles du Dictionnaire philosophique portatif» en janvier et février 1765, ces textes, à partir de la livraison de mars, sont précédés d'un titre plus explicite: «Remarques sur un ouvrage rangé par ordre alphabétique, dont plusieurs articles exigent d'être relevés, pour l'avantage des mœurs et la vérité de l'histoire ecclésiastique et profane». Ces remarques sont très développées, surtout celles portant sur «Catéchisme chinois» et sur «Christianisme».

Cet ensemble imposant est anonyme. On a toute raison de croire que son auteur est Nicolas-Sylvestre Bergier (1718-1790), curé de Flangebouche, village de Franche-Comté, professeur en théologie, qui deviendra principal du collège de Besançon, puis chanoine de Notre-Dame de Paris et confesseur du roi.[32] En 1765, il a à son actif un *Discours qui a remporté le prix d'éloquence de l'Académie de Besançon* (1763), une étude sur *Les Eléments primitifs des langues* (1764). Il commence sa carrière d'apologiste en s'attaquant parallèlement à J.-J. Rousseau dans *Le Déisme réfuté par lui-même, ou examen des principes d'incrédulité répandus dans les divers ouvrages de M. Rousseau, en forme de lettres, par M. B.* (Paris 1765) et à Voltaire par cette contribution anonyme, insérée dans un périodique suisse. En 1767, dans *La Certitude des preuves du christianisme* où il réfute l'*Examen critique des apologistes de la religion chrétienne*, il fait allusion aux ouvrages de Voltaire,[33] mais ce n'est qu'en 1769, dans son *Apologie de la religion chrétienne contre l'auteur du Christianisme dévoilé*, qu'il combat le *Dictionnaire philosophique* à visage découvert en joignant à son ouvrage une «Suite ou réfutation des principaux articles du Dictionnaire philosophique». Il reprend avec quelques variantes la grande majorité des textes parus dans le *Journal helvétique*. L'éditeur de Bergier, Migne, ayant eu connaissance de sa collaboration à ce périodique, reproduira un certain nombre d'articles dans ses *Œuvres complètes*.[34] Une réserve de principe doit être maintenue pour ceux qui n'ont point été repris dans l'*Apologie*, encore que leur absence puisse s'expliquer par leur sujet (par exemple l'article «Beau» qui n'a

rien à voir avec une défense du christianisme). Pour l'essentiel,
cette réfutation paraît bien être de Bergier.[35]
Le *Journal helvétique* a permis à l'abbé Bergier, sous le voile de
l'anonymat, de faire ses premières armes contre Voltaire. Le
résultat est impressionnant.

L'abbé Bergier est un érudit qui maîtrise le grec et l'hébreu et
qui a beaucoup lu. Il se fait un malin plaisir de détecter les sources
qui ne sont «ni inconnues ni infaillibles» du «sublime maître» de
Ferney.[36] Il l'accuse d'avoir recopié l'article «Rorarius» de Bayle
dans «Bêtes», l'article «Chrysippe» dans «Chaîne des événements».[37] La science de Voltaire est de seconde main, il a tout
emprunté à dom Calmet, à Tillemont et à Dodwell.[38] Bergier
prétend même que Voltaire n'a consulté que la table des matières
de la *Somme théologique*![39]

Aussi se fait-il fort de recourir aux textes pour débusquer les
inadvertances du *Dictionnaire philosophique*. Il se gausse de lectures
fautives d'Hérodote, corrige une citation inexacte de saint Cyprien.
Il signale que les douze portes de la Jérusalem céleste ne rappellent
point la mémoire des douze apôtres, mais celle des douze tribus
d'Israël, et que le verset d'Ezéchiel cité dans «Anthropophages»
ne s'adresse pas aux Juifs, mais aux oiseaux qui vont dévorer les
cadavres. Voltaire est un imposteur et un faussaire:

> Altérer, tronquer, déguiser les faits, démentir les historiens, calom-
> nier ceux que l'on veut faire haïr, c'est la philosophie de l'histoire.[40]

D'ailleurs Voltaire manque de sens historique: il juge Abraham
comme s'il s'agissait d'un homme du dix-huitième siècle, il prête
à rire aux vrais savants. Sa pensée est superficielle: «on est
philosophe à meilleur marché; on en est quitte pour voltiger
agréablement sur la superficie des choses, pour plaisanter bien ou
mal, pour trancher d'un seul mot». Ses raisonnements manquent
de solidité, ainsi à propos de l'argument de la petite cause, en
particulier la disgrâce de milady Marlborough qui aurait conduit
à la paix d'Utrecht:

> En confondant ainsi les causes avec de simples occasions, les agents
> libres avec les êtres nécessaires, on pourra prouver que la naissance
> d'un prince et la destinée d'un royaume dépendent d'une mouche,
> qui a volé sur le visage du roi.[41]

C'est faire un mauvais procès à Voltaire qui distingue les causes qui ont des effets de celles qui n'en ont point. Il en est de même lorsqu'il prétend que Voltaire apprend à ne plus éprouver de remords :

> Si l'on doit étouffer ceux qui, à force de crimes, sont parvenus à ne plus sentir de remords, que doit-on faire à ceux dont la doctrine empêchera les méchants d'en avoir jamais ? [42]

Non seulement Bergier s'efforce de prendre Voltaire en défaut, mais il entend prouver les vérités du dogme admises par l'Eglise catholique. Bergier utilise habilement le thème des bornes de l'esprit humain pour démontrer la nécessité de la Révélation et la soumission aux lois divines. [43] Il en déduit, de manière hasardeuse, que « le très grand nombre des recherches philosophiques sont imprudentes et superflues » puisque Dieu nous a donné tout ce qui est nécessaire et que les recherches scientifiques ne le sont pas moins ; nous n'avons nul besoin de comprendre ce qui fait germer les plantes. [44] Pour défendre le dogme, il assure qu'« il n'est pas décidé non plus, que l'on ne puisse trouver les oiseaux nommés griffon et ixion dans les versions de l'Ecriture » ; il doute que l'on puisse détruire « absolument » certaines espèces d'animaux. De plus, « il est faux qu'il y ait eu autrefois des races d'hommes qu'on ne retrouve plus ». [45] Il adopte les absurdités de l'ouvrage de Joseph de Guignes sur les Chinois descendants des Egyptiens afin de sauver la chronologie biblique. Il paraît croire aux sortilèges. Il affirme que la hiérarchie ecclésiastique reflète les instructions de Jésus. [46]

Bon casuiste, arc-bouté sur ses certitudes, il fait jouer en leur faveur des subtilités. L'Eglise affirme que les anges ne sont pas corporels ; s'ils apparaissent sous une forme corporelle, c'est pour se rendre « sensibles » aux humains. [47] Si Paul et Pierre se sont querellés, à propos de l'observance de la loi mosaïque, il n'est point question de prendre parti : « ni l'un ni l'autre de ces apôtres n'est blâmable ». Il suffit pour démontrer que le célibat des prêtres est une loi constante d'écarter d'un revers de main les orthodoxes, de suggérer que Tertullien ne devait point vivre « conjugalement » avec sa femme, ce qui n'est guère vérifiable. Les variations des conciles sont une illusion des ennemis de l'Eglise :

Nos adversaires ne tomberaient point dans ce ridicule, s'ils voulaient se souvenir de ce que fait l'Eglise, quand elle forme une
décision sur le dogme: elle rend témoignage de sa foi; elle fait
profession, non pas d'établir une nouvelle doctrine, mais de publier
l'ancienne croyance, non pas d'apprendre à ses enfants ce qu'ils
ont ignoré jusques alors, mais de leur représenter ce qui a toujours
été cru. [48]

Son exégèse biblique maintient la tradition explicative par les
types, mais prétend que ces sens mystiques ne dérogent point au
sens littéral. [49] Bergier traque les traductions incorrectes de Voltaire, avoue que la version des Septante est fautive (Psaumes
xviii. 17), mais l'Eglise a eu raison de ne point lui substituer une
version correcte:

> Parce qu'elle a jugé, qu'il valait mieux laisser aux fidèles celle à
> laquelle ils étaient accoutumés, depuis la naissance du christia-
> nisme, en se réservant le soin de leur expliquer ce qu'il y aurait de
> difficile à comprendre. [50]

Tout comparatisme religieux est sacrilège, les Hébreux ont une
réelle supériorité sur les «peuples ignorants et abrutis» qui sont
polythéistes. Si Dieu est le souverain de l'univers, il n'a été révéré
que dans la Judée: «C'est un fait qu'il est inutile de vouloir
révoquer en doute». Autre «fait», tout aussi évident, «l'esprit
séditieux et opinâtre des Juifs» qui s'obstinent à respecter la loi
mosaïque! [51]

Bergier appartient à «la fraction éclairée du clergé du dix-
huitième siècle, persuadée de la nécessité d'opposer aux objections
des philosophes un savoir à toute épreuve», [52] mais ses raisonnements ne sont pas toujours exempts de faiblesse, comme cette
argumentation sur la Résurrection: l'âme survit nécessairement à
la dissolution du corps «parce qu'une substance capable de penser
étant nécessairement indivisible, elle est aussi naturellement indestructible; parce qu'il faut pour justifier la Providence que le crime
soit puni et la vertu récompensée». [53] Si «en matière polémique,
le plus fort est rarement le plus solide, mais bien souvent le plus
malin», [54] Bergier, autant que Voltaire, peut être plus malin que
solide, comme dans ce plaidoyer en faveur de l'Incarnation:

> En se donnant aux Juifs pour le Messie, il leur apprenait assez

qu'il était né d'une Vierge, puisqu'ils étaient persuadés, selon la prophétie d'Isaïe, que le Messie devait naître ainsi.[55]

Aucune concession, mais point d'injures. Les plaisanteries fusent, souvent accompagnées de menaces. Bergier ne dédaigne point les traits piquants. A l'impertinence de Voltaire voulant enfermer saint Justin dans les Petites-Maisons des Septante, il répond en remarquant que le philosophe est digne des Petites-Maisons; comme les Egyptiens, les philosophes ressusciteront à «cerveau brûlé».[56] Bergier n'a que faire de la tulipe de l'article «Ame», ni des réponses d'un crapaud, d'un nègre et du diable dans «Beau».[57] Il remarque malignement que pour l'auteur du *Dictionnaire philosophique*, Homère est devenu un théologien; il ne désespère point de voir la philosophie relever des autels à Jupiter; Voltaire aime des histoires de vieilles, comme celle du roi Daon.[58]

Il compte sur des mesures coercitives des princes pour faire taire les philosophes, et tout particulièrement l'auteur du *Dictionnaire philosophique*:

> Et comme cette audace n'est propre qu'à aigrir les esprits, à remplir la société de disputes et à causer des troubles, il s'ensuit que le prince, qui a le droit d'empêcher les troubles, a aussi celui de faire pendre les philosophes, qui en sont les auteurs. Voyez l'article *Athées, Athéisme.*[59]

Bergier a mis toute son érudition, toutes ses facultés de raisonnement au service de sa cause, mais souhaite des moyens de répression pour l'appuyer: il propose d'enfermer les athées puisque ce sont des «cerveaux malades», il justifie le supplice de Vanini dont les «sentiments intérieurs» importent peu, son enseignement pernicieux suffit à le condamner.[60]

Le *Journal helvétique* a ouvert ses colonnes à une apologie de poids, imprimée presque à la barbe du patriarche de Ferney, mais dont on ne sait s'il en a pris connaissance.[61]

Pour les consciences chrétiennes, l'auteur du *Dictionnaire philosophique* est l'ennemi à abattre en priorité. Aussi protestants et surtout catholiques vont-ils se mobiliser contre cet ouvrage infernal.

iii. *Les principales réfutations*

Le corpus que nous allons étudier ne retient pas les textes émanant des autorités et condamnant le *Dictionnaire philosophique*, tel le réquisitoire de Joly de Fleury.[62] Il comprend deux réfutations protestantes (J.-A. Rosset, celle d'un traducteur anglais) et sept réfutations catholiques dont un manuscrit anonyme; les six textes publiés sont signés par Bergier, Chaudon, l'abbé François, Guénée, Nonnotte et Paulian. L'ensemble représente des milliers de pages in-douze, ce qui donne une idée de l'ampleur de la réaction. Classer ces différentes réfutations n'est guère aisé. Par la force des choses, elles développent des argumentations semblables, à quelques nuances près. Pour éviter, autant que faire se peut, les redites, le critère de classement a été celui du statut du texte qui conduit à distinguer les réfutations suivies du *Dictionnaire philosophique* de celles qui sont intégrées à d'autres problématiques.

Réfutations suivies

A la Bibliothèque publique de Nancy est conservée une réfutation manuscrite et anonyme de 219 feuillets (MS 205). Le titre prévu, indiqué à la dernière page, est: *Dictionnaire philosophique portatif, première édition revue et corrigée ou Fourberie étrange de Voltaire dans son Dictionnaire philosophique, dévoilée et mise au jour.* Il ne semble pas que ce texte ait eu les honneurs de l'impression. L'auteur espérait être publié; de style vif, parfois familier, cette réfutation interpelle sans cesse le lecteur qu'elle prend à témoin. C'est un texte animé par la fureur du prosélytisme. Dans sa conclusion l'auteur supplie le lecteur de le juger et d'examiner ses preuves «avec le scrupule le plus rigoureux», de ne pas l'épargner s'il trouve une seule citation fausse ou un seul reproche discutable. Mais s'il ne trouve rien, il lui demande d'être un juge équitable entre lui et «l'Ennemi», car il s'agit de religion, du bonheur ou du malheur éternels (f.218-19).

Ce manuscrit comprend 70 réfutations de l'édition de 1764. Les trois articles qui n'ont fait l'objet d'aucun commentaire sont «Chaîne des êtres créés», «Convulsions», «Critique». Un «*Supplément au Dictionnaire philosophique portatif*» réfute les articles parus dans l'édition de 1765: «Catéchisme du jardinier», «Enthousiasme», «Liberté de penser», «Nécessaire», «Persécution», «Philosophe», «Sens commun», «Tolérance» ɪɪ.

C'est un commentaire souvent littéral, encadré par des citations
de l'Epître catholique de l'apôtre saint Jude en guise d'introduction et de conclusion. Dans son style apocalyptique, saint Jude
stigmatise de faux docteurs qui «condamnent avec exécration tout
ce qu'ils ignorent» et qui «se corrompent en tout ce qu'ils
connaissent naturellement, comme les bêtes irraisonnables» (Jude,
10); ces hommes sont «la honte et le déshonneur des festins de
charité» (Jude, 12); ils sont semblables à «des vagues furieuses
de la mer, d'où sortent, comme une écume sale, leurs ordures et
leurs infamies. Ce sont des étoiles errantes, auxquelles une tempête
noire et ténébreuse est réservée pour l'éternité» (Jude, 13). De
telles références donnent le ton.

Animé d'une sainte colère, persuadé d'avoir pour lui Dieu et la
vérité,[63] alors que le partage de Voltaire est le mensonge, cet
anonyme confond réfutation et invectives. Voltaire qui va
«d'abyme en abyme» est un «gredin», l'homme le plus corrompu
de tous les hommes dont le langage est celui d'un barbare, d'un
Turc ou d'un pourceau.[64] Il l'attaque dans sa vie privée, évoque
la bastonnade du chevalier de Rohan, fait allusion à «ce qui s'est
passé à Lunéville entre luy et Madame D C», l'accuse d'être resté
célibataire «dans la crainte d'avoir des enfants qu'il serait obligé
de nourrir», puis s'en réjouit, car d'un «tel monstre» n'auraient
pu naître que des «fruits de malédiction».[65] Il ne ménage point
son exécration à l'égard d'un «infâme libelle» dont les indécences
sont «propres à faire rougir ceux à qui il reste quelque pudeur».[66]

L'auteur de ce manuscrit se croit investi d'une mission, celle
de ne rien passer au philosophe; il se propose donc de le suivre
pas à pas, puis s'aperçoit qu'il serait trop long de réfuter toutes
ses sottises.[67] Il va se limiter au «point particulier» que Voltaire
attaque dans chaque article,[68] ce qui n'est guère évident. Il sait
trouver des failles dans le raisonnement de Voltaire, il vérifie ses
citations, il s'appuie souvent sur l'autorité de saint Augustin pour
le réfuter, mais quelques-unes de ses réponses sont faibles. Ainsi
est-il inutile de s'interroger sur la matière: «je luy dirais que la
matière est de la matière, comme un couteau est un couteau, un

chat un chat». Il suffit de faire état de certitudes : les anges existent
«véritablement» et personne n'en doute.   Quant à la Résurrection,
il met Voltaire au défi :

> Que Voltaire me prouve que celuy qui a dabord formé mon corps
> d'une goûte de sang dans le sein de ma mere, ne pourra pas en
> rassembler toutes les parties après quelles auront été dispersées
> dans le sein de la terre. [69]

Il avoue qu'il doit prendre le contre-pied de tout ce que
dit Voltaire. Aussi affirme-t-il que *Polyeucte* et *Athalie* sont des
«ouvrages du démon», que toutes les nations de la terre, en tous
temps, ont condamné «cet infâme commerce que l'on appelle
amour», enfin que les femmes qui se fardent, non seulement
défigurent l'ouvrage du Créateur, mais «se prostituent en quelque
façon à tous ceux qui les voyent», puisqu'elles essaient de plaire. [70]

Cet homme de foi, borné et colérique, peut-être janséniste,
éprouve la satisfaction du devoir accompli :

> On dit quelquefois faire d'une pierre deux coups. J'en ay fait trois.
> J'ay prouvé à l'occasion de la circoncision que les Juifs n'avaient
> pas reçu cet usage des Egyptiens, que Calmet raisonne très bien,
> et que Voltaire raisonne très mal.

Il est persuadé de rendre un service inestimable à la religion :
«Pour moy, Seigneur, je fais cet ouvrage à votre plus grande
gloire». [71]

Ces foudres restèrent inédites. Les réfutations qui parurent sont
beaucoup plus modérées, du moins dans leur langage.

En 1765 paraissent des *Remarques sur un livre intitulé Dictionnaire
philosophique portatif*, Lausanne, J. P. Heubach, in-8°, XVI-176p.
De Barbier à J. Vercruysse, on a identifié l'auteur de cet ouvrage
anonyme comme étant A. Dubon. [72] J.-D. Candaux corrige cette
attribution. [73] L'auteur se désigne comme «membre de l'illustre
société d'Angleterre pour l'avancement et la propagation de la
doctrine chrétienne» où le nom de Dubon ne figure pas. Les
biographes et bibliographes helvétiques l'attribuent à Jean-
Alphonse Rosset de Rochefort (1709-1766), comme le fait son
éloge funèbre prononcé le 30 juin 1766 et reproduit dans le *Journal
helvétique* :

Peu de temps après, il eut une nouvelle occasion de répondre à l'honneur de cette association, d'une manière digne de sa piété, en combattant le monstre de l'irréligion, qui se reproduisant sous une nouvelle combinaison des formes qu'il a toujours prises, parut il y a deux ans sous le nom de *Dictionnaire philosophique portatif.* Par des coups secs et vifs, redoublés et variés, selon les divers élans que faisait chacune des têtes de cette hydre infernale, il l'a jetée dans un état d'étourdissement, d'où elle ne peut se réveiller, qu'avec le sentiment de cette nouvelle défaite. [74]

Cette réfutation est la dernière œuvre de ce professeur en théologie, recteur de l'Académie de Lausanne dont on connaît des *Discours académiques sur divers sujets intéressants relatifs à la religion* (Lausanne 1753) et des *Pensées générales sur le déisme* (Lausanne 1760). D'une famille noble du Chablais, pasteur en 1731, J.-A. Rosset édifie sa patrie par ses sermons et combat avec zèle «le libertinage des prétendus esprits forts». [75]

Jean-Alphonse Rosset n'est pas un inconnu pour Voltaire, auquel il rend visite le 18 mars 1756; [76] il est censeur lors de l'affaire de *La Guerre littéraire* en 1759. [77] Voltaire a pris connaissance de ces *Remarques*. Il répond dans 65v, dans une addition à l'article «Ame» et dans des notes ajoutées aux articles «Liberté» et «Luxe». Avait-il identifié l'auteur qu'il traite de «pauvre d'esprit», de «méchant, mais qui de bonne foi ne peut être dangereux»?

Ces *Remarques* se présentent comme «une réfutation pleine et complète de cette œuvre infructueuse de ténèbres». [78] En réalité, certains articles ont été omis: «Apis», «Beau», «Convulsions», «Critique», «Egalité», «Etats», «Fables», «Fausseté des vertus humaines», «Fin», «Lois», «Lois civiles», «Patrie», «Tyrannie». Rosset feint de ne point connaître l'auteur du *Dictionnaire philosophique*, [79] ce qui lui permet de le traiter de sophiste, coupable d'obscénités et d'impiétés, mais aussi d'absurdités. [80]

Cette réfutation se recommande par ses qualités de sérieux et de brièveté, ces «coups secs et vifs» déjà évoqués. Rosset a soin d'indiquer les pages qu'il réfute, de renvoyer à des ouvrages savants pour éclairer son lecteur, [81] de signaler les erreurs de référence, de lectures, des ignorances historiques. [82] Il avoue que la double généalogie du Christ soulève de «petites difficultés», mais affirme que le passage de Josèphe n'est pas interpolé. Il admet que Moïse n'a point enseigné l'immortalité de l'âme parce que la religion juive n'était qu'une «religion préparatoire», l'Eternel ayant réservé d'autres lumières pour les temps évangéliques. Il n'ose assurer que le Pentateuque soit de Moïse, mais rappelle que la tradition le veut. [83] Ses observations peuvent témoigner d'une certaine ouverture, mais il se fâche lorsque Voltaire accuse les Juifs d'avoir été anthropophages: «Ne serait-on pas en droit de dire: pourquoi l'auteur du *Dictionnaire philosophique* ne serait-il pas aussi anthropophage? Ce serait la seule chose qui manque à cet écrivain pour rendre complet son éloge». [84] Il accepte l'idée qu'on enferme le fanatique qui, prétendant obéir à Dieu, va vous égorger, mais préconise d'«étouffer la bête atroce» qui dit aimer mieux obéir aux hommes qu'à Dieu. [85]

Le «Catéchisme du curé» trouve grâce devant ce huguenot, car «il serait à souhaiter, pour l'Eglise romaine, que tous messieurs ses curés ressemblassent à celui-ci: elle s'en trouverait bien et les peuples aussi». Il précise qu'il n'a point à défendre «les prétendus successeurs de saint Pierre», croit que la puissance du pape est fondée sur un jeu de mots, mais dont le Christ n'est pas responsable. Aux catholiques est dévolu le soin de répondre à l'article «Idole». [86] Ils n'y manqueront pas.

Le bénédictin Louis-Mayeul Chaudon (1737-1807) ne sera point bref. Annoncé dès juillet 1765, [87] son *Dictionnaire anti-philosophique, pour servir de commentaire et de correctif au Dictionnaire philosophique et aux autres livres, qui ont paru de nos jours contre le christianisme: ouvrage dans lequel on donne en abrégé les preuves de la religion, et la réponse aux objections de ses adversaires, avec la notice des principaux auteurs qui l'ont attaquée et l'apologie des grands hommes qui l'ont défendue,* paraît en 1767 (Avignon, in-8°, xx-451p.) et comprend 114 articles. Plusieurs fois réédité, il atteint 137 articles en 1774.

Début décembre 1767, Voltaire l'a reçu, et l'attribue à «trois jésuites nommés Patouillet, Nonnotte et Ceruti», trois «misérables dont la fureur est toujours couverte du masque de la religion». [88] Son exemplaire porte de nombreuses traces de lecture; douze d'entre elles concernent des articles qui répondent directement au *Dictionnaire philosophique.* [89]

Voltaire se moque du titre de l'ouvrage de Chaudon, mais n'en sous-estime pas l'importance: une attaque visant la philosophie tout entière qui comprend «des morceaux qui ne sont pas sans éloquence», «l'éloquence des paroles, car pour celle de la raison il y a longtemps qu'elle est bannie de tous les livres de ce caractère» (D14562).

L'édition de 1767 s'ouvre sur une préface vengeresse suivie de la reproduction de «l'Arrest du Parlement qui condamne le Dictionnaire philosophique portatif; et les Lettres écrites de la Montagne, par J.-J. Rousseau, première et seconde partie, à être lacérés et brûlés par l'Exécuteur de la Haute-justice». Elle se termine par un «Supplément» reproduisant plusieurs arrêts du Parlement contre différents ouvrages (de l'*Encyclopédie* à l'*Emile*), l'arrêt contre les jeunes criminels d'Abbeville, et des documents concernant les procès de Servet et de Vanini.

«On a mis l'erreur en dictionnaire, il est nécessaire d'y mettre la vérité», proclame Chaudon qui dénonce le *Dictionnaire philosophique*, ce livre qui «brise tous les liens qui attachent à la vertu». «C'est un autel élevé au libertinage et une école ouverte au matérialisme» par un bel esprit désigné par les initiales de M. de V. Sa plume «téméraire et féconde» a été inspirée par le «démon de l'esprit et de l'irréligion». Puis il rêve de conversion, imagine les derniers moments de Voltaire qui se repent d'avoir adoré l'or et s'adresse à Dieu dans sa détresse. Chaudon se défend d'être animé par ce «zèle amer qui ne parle que de feu et de gibet», mais estime que les magistrats ont le droit de réprimer l'impiété.[90]

Même s'il consacre un article à l'*Encyclopédie*, attaque d'autres esprits forts,[91] évoque d'autres philosophes,[92] fait l'apologie des écrivains chrétiens,[93] la cible de Chaudon, qui ne s'interdit pas des incursions dans différentes œuvres de Voltaire,[94] reste le *Dictionnaire philosophique*. Ses articles sont accompagnés d'un sous-titre à valeur de résumé: «Ame. Examen de cet article»; «Tout est bien. Réfutation de ce système»; «Apocalypse. Apologie de ce saint livre»; «Egalité. La religion seule nous éclaire sur l'inégalité des conditions»; «Genèse. Réflexions sur cet article»; «Persécution. Doit-on punir les impies dogmatisants». Des intitulés qui reprennent ceux de Voltaire n'ont que peu à voir avec les textes auxquels ils sont censés répondre. Ce sont des professions de foi qui tendent à constituer un abrégé de la doctrine chrétienne:

«Evangile», «Foi», «Messie», «Religion», «Résurrection». D'autres réfutent le *Dictionnaire philosophique* sur des points de détail. Aux ironies voltairiennes sur les «péchés splendides» des païens, Chaudon répond par l'article «Païens. Du salut des païens» (1767, p.251):

> Il y aura dans ce monde des honneurs et de la fumée pour les philosophes, comme il y en a eu pour les païens qu'ils veulent sauver; mais la gloire éternelle n'est que pour les disciples de Jésus-Christ, et pour ceux qui ont porté la croix avec lui.

Les articles «Apollone de Tyane», «Croix de Constantin», «Jésus, fils de Panderas», «Mer Rouge», sont des répliques indirectes à des articles du *Dictionnaire philosophique*.

Parfois Chaudon discute pied à pied les remarques de Voltaire,[95] le plus souvent il préfère des réfutations fragmentaires. La prudence, le souci de ne point faire de publicité, commandent le silence: «il serait superflu et peut-être dangereux de relever toutes ses indécences», de le suivre dans «tous ses écarts», de répondre à ses «turlupinades».[96] Prétendant travailler pour le commun des lecteurs, il évite les discussions érudites sur des «matières épineuses». Il multiplie les renvois pour stimuler l'attention, marquer les liaisons. Pour étayer ses affirmations, ressenties comme des rappels à l'ordre, il allègue des autorités. A ceux qui auraient quelques doutes sur l'emplacement du paradis terrestre, il est recommandé de lire dom Calmet et Huet. L'article «Manichéisme» du *Dictionnaire des hérésies* de Pluquet répond à bien des questions. L'*Examen du fatalisme* du même Pluquet réfute victorieusement les fatalistes.[97]

En matière de critique biblique, Chaudon s'efforce de justifier littéralement les textes, comme dans cette argumentation en faveur de la beauté de Sara à l'âge de soixante-cinq ans:

> 1. Par comparaison aux Egyptiennes, dont le teint était livide et basané.
> 2. Parce que réellement elle était à la fleur de son âge, car elle vécut cent-vingt-sept ans.
> 3. Elle s'était d'autant mieux conservée, que jusque-là elle n'avait point eu d'enfant.
> 4. Enfin pourquoi ne dirions-nous pas que par une providence particulière, elle avait conservé la fleur de sa jeunesse et tous les

agréments de sa beauté, afin que cela même fournît à la foi d'Abraham un nouvel exercice?[98]

Même démarche dans l'article «Ciel» où il s'agit de réserver la possibilité d'un «espace supérieur à toutes les planètes où l'Etre des êtres reçoit les hommages des justes». En revanche, les épisodes scabreux d'Ezéchiel sont expliqués fort honnêtement:

> Le Seigneur ajoute: j'ai passé, j'ai vu que le temps des amants était venu; mais au lieu de dire, *je t'ai couverte, je me suis étendu sur ton ignominie*, comme l'auteur l'a traduit en blasphémant, il y a dans le texte, *j'ai étendu un voile sur toi*.[99]

Chaudon veut ignorer que Ruth demandant à Booz de l'épouser se sert de l'expression: «étendez votre manteau sur moi».[100] Les meurtres d'Agag, d'Anane, d'Adonias[101] sont justes, puisque Dieu le voulait; la fille de Jephté n'a pas été égorgée, mais vouée au célibat. Le recours à l'argument d'autorité est fréquent: Dieu s'est réservé la connaissance de ses secrets; l'homme doit se soumettre, adorer les mystères, lire l'Ecriture avec un esprit soumis, ne parler des faiblesses des papes qu'avec circonspection.[102] Il n'est de salut que dans le giron de la seule Eglise romaine.

Chaudon représente un catholicisme agressif, peu enclin à l'esprit d'examen, méprisant à l'égard des peuples qui croupissent dans l'idolâtrie, c'est-à-dire les zélateurs d'autres religions, prompt à attaquer les protestants,[103] décidé à assimiler athées et libertins. Aussi ne fait-il point de quartier. Il affûte parfois des pointes: si tous les chrétiens ont un ange gardien, l'auteur du *Dictionnaire philosophique* n'a pas été guidé par son bon ange; la métempsycose est une idée folle, mais «si les âmes ne passent pas d'un corps dans un autre, les vices et les travers semblent y passer, puisque les philosophes de nos jours ont l'impiété de Diagoras, l'impudence cynique de Diogène».[104] Le plus souvent, il menace. Chaudon utilise, chaque fois qu'il le peut, les contradictions dans le clan philosophique et cite à maintes reprises J.-J. Rousseau et Montesquieu. Ecrivant dans l'optique d'une alliance indestructible du trône et de l'autel, Chaudon traite les philosophes de rebelles, de séditieux et les désigne à la vindicte publique.[105] Il dénonce la contradiction singulière qui a fait condamner de jeunes libertins (il s'agit de l'affaire La Barre) alors que les auteurs qui les ont séduits jouissent de la liberté de répandre leurs poisons. Il s'interroge sur les moyens de sévir. Les philosophes pourraient être les héros bafoués d'une fête des fous: on les donnerait en spectacle au peuple, «sur la monture de Balaam, avec leurs écrits au dos et un savoyard au devant de leur coursier, qui annoncerait leur gloire avec un cornet à bouquin». Cette imagination n'est point anodine: les juifs condamnés par l'Inquisition portaient un san-benito, La Barre, la corde au cou, avait porté au dos une pancarte: «Impie, blasphémateur, sacrilège exécrable». Si les philosophes n'acceptent point de se taire ou de vivre en hypocrites, il reste la solution de les enfermer à jamais. [106] Plus de gibet, mais la prison à perpétuité.

Voltaire réagira violemment à cette «rapsodie *Antiphilosophique*» qu'il faudrait intituler «*Antihumaine, Antichrétienne*». Ainsi le chapitre 43 du *Pyrrhonisme de l'histoire* (1768) va-t-il fustiger ce «fou», qui appartient à un «genre d'hommes funestes au genre humain», à cette «espèce bâtarde [...] nourrie dans les disputes de l'école, qui rendent l'esprit faux, et qui gonflent le cœur d'orgueil» (M.xxvii.297-99):

> Le monstre crie sans cesse: Dieu! Dieu! Dieu! Excrément de la nature humaine, dans la bouche de qui le nom de Dieu devient un sacrilège; vous, qui ne l'attestez que pour l'offenser, et qui vous rendez plus coupable encore par vos calomnies que ridicule par vos absurdités; vous, le mépris et l'horreur de tous les hommes raisonnables, vous prononcez le nom de Dieu dans tous vos libelles, comme des soldats qui s'enfuient en criant *Vive le roi!*

Voltaire relève les attaques contre les philosophes de ce Garasse du dix-huitième siècle. Malgré ses invectives contre ces «bouches infectées qui se disent sacrées», Voltaire ne fera pas taire ses adversaires. Peut-être suscita-t-il quelque émulation dans le clan ennemi?

L'apologétique chrétienne n'en a jamais fini avec le *Dictionnaire philosophique*. Les réfutations se succèdent, se répètent, comme s'il fallait créer un effet de masse. Alors que l'ouvrage de Chaudon remporte du succès, [107] l'abbé Laurent François (1698-1782) entre en lice. Auteur en 1764 d'un *Examen du Catéchisme de l'honnête homme*, il publie en 1770 des *Observations sur la Philosophie de l'histoire et le Dictionnaire philosophique avec des réponses à plusieurs difficultés*. Le tome premier est consacré à *La Philosophie de l'histoire* parce que «la religion juive sert de préparation à la chrétienne», le tome second au *Dictionnaire philosophique* parce que la plupart de ses articles ne sont qu'une répétition des arguments développés dans l'ouvrage historique (i.1-2). L'abbé François bouleverse donc la chronologie. Le tome ii est beaucoup plus court que le tome i. Il comprend 72 réfutations qui répondent aux 73 articles de l'édition de 1764, l'abbé François ayant traité en un seul article «Lois» et «Lois civiles». A maintes reprises, il renvoie aux chapitres du tome premier qui traitent des mêmes thèmes.[108] Ses réfutations, parfois réduites à quelques lignes, sont claires et formulent les préceptes d'un catéchisme du bon chrétien auquel l'érudition théologique serait étrangère. C'est évidemment de la part de l'abbé François un parti pris pédagogique. Il ne manque ni de subtilité pour justifier le mensonge d'Abraham, ni de fermeté dans son exposé du «système du péché originel», seul capable de concilier la puissance et la liberté de Dieu avec la liberté de l'homme.[109]

Voltaire ne laissera pas sans réponse les critiques de l'abbé François. Dans les *Questions sur l'Encyclopédie* (1771), l'article «Ignorance» se compose de six ignorances, chacun de ces paragraphes relevant des erreurs de l'ouvrage de l'abbé François, Voltaire s'attachant en priorité à son tome i.

Ces réfutations suivies du *Dictionnaire philosophique* présentent l'avantage d'offrir des réponses à chaque article de Voltaire. Elles n'évitent point les redites et mettent souvent sur le même plan des points essentiels et ceux qui ne le sont pas. Pour y remédier d'autres réfutations, avec des fortunes diverses, n'adoptent pas le genre du commentaire suivi, mais imposent d'autres points de vue.

Réfutations inscrites dans d'autres problématiques

Il faut d'abord faire place au premier traducteur anglais du *Dictionnaire philosophique* qui, pour des raisons évidentes, marque sa désapprobation dans des notes concernant des passages inacceptables.

Ainsi paraît en 1765 à Londres la première édition annotée du

Dictionnaire philosophique.[110] Les notes, au nombre de 56, sont tantôt réduites à des références,[111] tantôt développées.[112] Elles portent sur 34 articles.[113] Conscient des critiques que son entreprise va éveiller, ce traducteur explique que la vraie religion ne craint nullement la confrontation:

> She is ever ready to hear what her adversaries have to oppose; and calmly endeavours to refute their errors. This is a maxim agreeable to sound sense, and the contrary doctrine is calculated only for the meridian of the Inquisition.

Il suffit de répondre aux passages erronés d'un auteur qui n'est pas un théologien, mais un poète, un historien, un philosophe déployant dans maints articles «not only his wit and humour, but likewise a great fund of erudition».[114] Pour une fois, Voltaire n'est point considéré comme l'Ennemi.

Son traducteur-annotateur anglais fait preuve d'une réelle liberté d'esprit. Il entend distinguer ce qui est répréhensible de ce qui peut être accepté. Il admet que Voltaire soit choqué par le mensonge d'Abraham. La réponse du Père des croyants est ambiguë, mais Voltaire a tort d'occulter la mission d'Abraham.[115] Se moquer des subtilités incompréhensibles sur la grâce n'est point condamnable, mais un chrétien doit croire en la grâce, comme il doit être persuadé que nous irons au ciel, même si la détermination de ce lieu n'a guère d'intérêt.[116] Au nombre des concessions, on relève que le Pentateuque a peut-être été altéré et que le châtiment d'Anane paraît trop sévère.[117] En revanche, ce traducteur dénonce la mauvaise foi de Voltaire dans l'article «Christianisme», explique la double généalogie du Christ en faisant valoir que l'une est celle de Marie, l'autre, celle de Joseph,[118] se scandalise de l'exploitation voltairienne du livre d'Ezéchiel,[119] reconnaît en Voltaire l'un de ces déistes avec lesquels il est impossible de discuter et qui est «too carnally minded» pour appréhender le sens mystique du Cantique des cantiques.[120]

Il signale des emprunts anglais de Voltaire,[121] lui oppose l'ouvrage de Samuel Clarke, *A demonstration of the being and attributes of God*.[122] Se référant à sa Bible protestante, il décèle des erreurs peut-être imputables aux traductions françaises des Bibles catholiques.[123]

Celui qui dans son « Advertisement » estime que l'article « Tolérance » expose une excellente doctrine, est-il un naïf ou un trompeur lorsqu'il déclare que Voltaire dans «Résurrection» veut surtout faire montre d'érudition et non affaiblir la croyance en ce dogme?[124] Faute de sonder ses intentions, disons que cette ingénuité ou cette rouerie sont à l'origine de la première traduction commentée destinée au public anglais.

En France, le *Portatif* reste le point de mire des apologistes, même lorsqu'ils entendent ne point se limiter à cette œuvre diabolique. En 1769, paraissent deux réfutations de poids, bien qu'elles ne s'annoncent point comme telles, celle de Bergier, intégrée à son *Apologie de la religion chrétienne*, et celle de Guénée, les *Lettres de quelques juifs portugais et allemands à M. de Voltaire*. Voltaire ne semble point avoir lu la première, absente de sa bibliothèque; il possède deux éditions de la seconde, l'une de 1769 (BV1566), l'autre en trois tomes de 1776 (BV1567) qu'il annote et à laquelle il répondra.

Persuadé que l'on peut de nouveau traiter des difficultés déjà relevées par d'autres réfutations et espérant «les résoudre d'une manière plus convaincante»,[125] l'abbé Bergier intervient à visage découvert. Répondre au *Portatif* est un terrain d'émulation pour ces bons pères, l'occasion sans doute de proclamer leur foi, de déjouer les pièges du Malin, mais aussi d'assurer leur notoriété. L'*Apologie de la religion chrétienne* vaudra à Bergier un bref élogieux de Clément XIII, et en 1769, l'archevêque de Paris, monseigneur de Beaumont, lui offrira un canonicat. Ces distinctions reconnaissaient ses talents de controversiste. Il l'était par vocation. On a conservé les cahiers où il prenait des notes sur des philosophes, comme Bayle, et esquissait des réfutations. Dès qu'il aura obtenu une pension, il se démettra de sa charge pour se consacrer à des ouvrages théologiques car il était «peu porté, il l'avoue, aux prières prolongées».[126] La pensée apologétique de l'abbé Bergier qui paraît aimantée par d'autres ouvrages, et d'abord par ceux de Jean-Jacques Rousseau, se développe en fait en marge du *Dictionnaire philosophique* et contre lui. Dans son *Apologie de la religion chrétienne*, il réfute au fil des chapitres plusieurs articles du *Dictionnaire philosophique*, puis il ajoute à cet ouvrage dirigé contre

Le Christianisme dévoilé, une «Suite ou réfutation des principaux articles du Dictionnaire philosophique». Il reprend, légèrement modifiés, des articles publiés dans le *Journal helvétique*, sans indiquer qu'ils avaient paru dans un périodique. Cette «Suite» comprend les réfutations de 16 articles,[127] et par un système de renvois Bergier précise que d'autres articles sont réfutés dans l'*Apologie*.[128] Il n'a point repris des articles jugés sans intérêt[129] et conclut dédaigneusement: «La plupart des articles du *Dictionnaire philosophique*, ou ne renferment rien d'important, ou sont une répétition de ce qui a été dit dans les précédents. Il serait inutile de grossir davantage ce volume pour y répondre».[130] En réalité, le *Dictionnaire philosophique* le préoccupe sans cesse, puisqu'il a ajouté d'autres textes,[131] intégrés dans une *Apologie* où la réfutation du *Portatif* perd en partie son statut d'œuvre à part entière, mais où elle se taille une place importante.

Parfois anti-augustinien, hésitant par exemple à damner les enfants morts sans baptême, le théologien Bergier a combattu âprement pour sa foi, dénonçant les contradictions, erreurs, absurdités et sophismes puérils du *Portatif*,[132] sans s'abaisser à des attaques personnelles. Il appréciera en connaisseur l'ouvrage d'un polémiste, celui de Guénée:

> Voltaire est vigoureusement étrillé dans la nouvelle édition des *Lettres de quelques juifs* par l'abbé Guénée; si ce vieux satyre était capable de vergogne, il n'oserait de sa vie reprendre la plume.[133]

Les *Lettres de quelques juifs portugais et allemands, à M. de Voltaire avec des réflexions critiques et un petit commentaire extrait d'un plus grand* se présentent comme une réfutation des «inadvertances et des méprises, des contradictions et des inconséquences, des assertions fausses, des imputations calomnieuses» concernant les Juifs dans les œuvres de Voltaire.[134] Dans cet ouvrage en quatre parties, alternent des lettres et des extraits regroupés dans un «Petit commentaire». La première cible est l'essai intitulé *Des Juifs*, paru dans le tome v de la *Collection complète des œuvres de M. de Voltaire* auquel Isaac Pinto, juif portugais, avait répondu par des *Réflexions critiques sur le premier chapitre du tome VIIe des œuvres de M. de Voltaire* (1762).[135] Le *Traité sur la tolérance* paraît être l'objet principal des *Lettres* de Guénée,[136] mais la place du *Dictionnaire philosophique* n'est pas négligeable. Cité incidemment dans le tome I, il est réfuté dans des lettres et surtout dans le «Petit commentaire» des tomes II et III.[137] Voltaire a reconnu les mérites de son adversaire (D20458):

> Le secrétaire juif nommé Guénée n'est pas sans esprit et sans connaissances, mais il est malin comme un singe, il mord jusqu'au sang en fesant semblant de baiser la main. Il sera mordu de même.

Programme accompli en 1776 avec *Un chrétien contre six juifs*.

C'est la manière, non la matière, qui distingue Antoine Guénée. Ce chanoine d'Amiens (1717-1803), sous-précepteur du comte d'Artois, deviendra membre de l'Académie des inscriptions et belles-lettres. Dans ses *Lettres de quelques juifs* qui l'ont rendu célèbre, il privilégie une approche thématique et confronte les textes. Pour réfuter l'accusation d'anthropophagie portée par Voltaire contre les Juifs, Guénée procède à un montage de citations extraites du *Portatif* et des additions à l'*Essai sur les mœurs*. Un préambule ironique et une conclusion sarcastique encadrent ce développement. Le premier point examine l'hypothèse, le second, la menace de Moïse (Deutéronome xxviii.53-57), le troisième, la promesse d'Ezéchiel (xxxix.20). Guénée épingle un procès d'intention: «pourquoi les Juifs n'auraient-ils point été anthropophages?», avait écrit Voltaire; Guénée réplique: «ce pourquoi non est, en vérité, convaincant, démonstratif! on ne peut tenir contre des raisonnements de cette force!» (ii.44). Comme Bergier ou Rosset, il dénonce l'interprétation qu'il prétend fausse de la promesse d'Ezéchiel et s'efforce de prouver que Voltaire est un faussaire. Il ergote à propos de la menace de Moïse: «Si on menaçait un cannibale de lui faire manger de la chair humaine, on le ferait rire. On ne menace les gens de leur faire manger que ce qu'ils détestent». Ce texte pugnace ne se perd point en discussions, mais cherche le point faible. L'ironie fouaille. L'introduction loue Voltaire de son «esprit impartial», de ses «lumières supérieures» qui lui ont fait faire une découverte «curieuse, singulière, intéressante, qui [lui] appartient tout entière». La conclusion s'indigne qu'un «philosophe ennemi des préjugés» ait déshonoré ses ouvrages par des «calomnies si grossières et des citations si fausses» (ii.34, 54). Piqué au vif, le chrétien de l'opuscule de Voltaire, *Un chrétien contre six juifs*, répondra (M.xxix.531-32):

> Dites-moi, je vous prie: de ce que César menaça nos pères, les magistrats de la ville de Vannes, de les faire pendre, en concluriez-vous qu'ils ne furent pas pendus, sous prétexte qu'ils n'aimaient pas à l'être? On ne vous a point dit que les mères juives mangeassent leurs enfants de gaîté de cœur; on vous a dit qu'elles en ont mangé quelquefois: la chose est avérée. Pourquoi, vous et moi, nous mangeons-nous le blanc des yeux pour des aventures si antiques?

Traditionnellement non répertoriées parmi les réfutations du *Dictionnaire philosophique*, les *Lettres de quelques juifs* méritent de l'être, parce qu'elles touchent quelques points sensibles.[138] Guénée met au jour des «gasconnades d'érudition»: «le moment vient où le masque tombe et une petite humiliation bien méritée succède à un vain triomphe». Il collectionne les bévues linguistiques de Voltaire, ainsi celle de l'article «Idole»:

> Nous aurions bonne grâce, en effet, de vous dire qu'il fallait mettre Eidolon et non pas Eidolos, qu'Eidolos n'est pas grec [...] Vous savez tout cela mieux que nous, Monsieur, et il y a mille à parier contre un que vous aviez écrit correctement. Il est vrai qu'il est un peu fâcheux que ces petites fautes se trouvent dans toutes les éditions de vos ouvrages, même dans celle qui s'exécute sous vos yeux. Mais ces typographes sont si négligents.[139]

Guénée n'a point le triomphe modeste. Il donne des leçons, parfois non sans mauvaise foi. Il reproche à Voltaire d'avoir écrit que la fille de Jephté allait «pleurer le malheur de mourir vierge», alors qu'il faut dire qu'elle devait «pleurer sa virginité», ayant été consacrée au Seigneur, car il est impossible que Jephté ait fait un «vœu barbare auquel la nature répugnait, que la raison condamnait». Les subtilités d'un casuiste s'efforcent d'atténuer l'horreur du meurtre d'Agag: «Et il [Samuel] le coupa en morceaux devant le Seigneur à Galgala» (I Samuel xv.33). Guénée n'est pas à court d'hypothèses: peut-être fut-il mis en pièces, non par Samuel, mais sur son ordre? Quant à Osée auquel le Seigneur commande de prendre une femme de fornication, le prophète, en l'épousant, «la retirait du désordre: il n'y a là ni adultère, ni débauche».[140]

Ces *Lettres* furent bien accueillies par la critique. Bergier est plus savant, plus solide; Guénée, plus polémiste, a plu, malgré certaines de ses faiblesses. [141] La réponse de Voltaire contribua à son succès. [142]

Avec ses rééditions successives et augmentées de nouveaux articles, le *Dictionnaire philosophique* n'en finit pas de susciter des vocations de redresseurs de torts. En 1770, le jésuite Aimé-Henri Paulian (1722-1802) fait paraître son *Dictionnaire philosopho-théologique portatif* où il se propose d'accorder «la véritable philosophie avec la saine théologie». [143] Dans sa longue préface, Paulian est surtout animé par le souci de présenter un mode d'emploi de son ouvrage pour lequel il préconise des lectures successives. Se refusant à attribuer le *Dictionnaire philosophique* à qui que ce soit, puisque cet ouvrage n'est point signé, il se propose de démontrer que ce «recueil alphabétique n'est qu'un amas informe de faussetés, d'impiétés, de blasphèmes, d'obscénités», et souligne l'importance de ses articles «Philosophe» et «Philosophie». [144]

En effet, l'article «Philosophe» est composé d'une série d'accusations contre Bayle, Spinoza, Helvétius, l'abbé de Prades, Rousseau et se termine par la condamnation du *Dictionnaire philosophique*. L'article «Philosophie» établit la liste des ouvrages condamnables, énumère tous les chefs d'accusation que l'on peut porter contre ces ouvrages «aussi offensants pour la Majesté divine, que nuisibles au bien des empires et des sociétés» pour conclure (p.259):

> Toutes ces qualifications réunies ensemble, ne conviennent que trop au *Dictionnaire philosophique*, puisqu'il ne paraît avoir été composé que pour renfermer dans un même volume tout ce qu'il y a de plus répréhensible dans les ouvrages de nos prétendus philosophes. [145]

Manifestement, la polémique n'intéresse pas en premier lieu Paulian qui désire surtout présenter le corps de doctrine de l'Eglise. Voltaire dans son *Fragment d'une lettre sur les dictionnaires satiriques* (1773) n'épargnera guère ce «roquet de Paulian», signalant ses erreurs aux articles «Religion» et «Genèse», s'indignant des outrages que ce «fanatique de collège» prodigue aux laïques, se moquant de ses discours sur la grâce suffisante (M.xxix.1-4).

Auteur des *Erreurs de Voltaire*, Claude-François Nonnotte (1712-1793) fait paraître en 1772 un *Dictionnaire philosophique de la religion, où l'on établit tous les points de la religion, attaqués par les incrédules, et où l'on répond à toutes leurs objections*, en quatre tomes (s.l. 1772; BV2578). Comprenant 46 articles dont 31 ont des intitulés communs avec le *Dictionnaire philosophique*,[146] l'ouvrage de Nonnotte se divise en parties didactiques et parties polémiques. Il veut d'abord affermir son lecteur sur tous les points fondamentaux de la religion, puis le prémunir contre toutes les absurdités, extravagances et fureurs dans lesquelles donnent ceux qui l'attaquent (i.11). Il combat l'*Encyclopédie*, *Le Christianisme dévoilé*, *Le Militaire philosophe*, l'*Emile*,[147] mais surtout «l'homme du dictionnaire» (i.22, 66, 75, 101), le «lubrique» (i.121), le «Docteur» (i.321). Les articles de Nonnotte qui doivent être regardés «comme autant de petits traités philosophiques» sont construits suivant un plan-type: la première partie expose la saine doctrine, la seconde réfute les erreurs. Cette dernière est souvent très développée: l'article «Christianisme» traite en 42 pages des caractères du christianisme et en 80 pages des «mensonges, calomnies et absurdités» avancés dans l'article «Recherches historiques sur le christianisme».

Nonnotte met en œuvre une méthode d'exposition marquée par la scolastique, aligne et classe les arguments. Cette armature logique n'est pas sans failles, ainsi de ce syllogisme (ii.103-104):

> On doit regarder comme évidemment divins, c'est-à-dire, comme dictés par l'Esprit de Dieu, des livres qui annoncent des vérités qu'aucunes lumières naturelles ne pouvaient découvrir et que Dieu seul pouvait connaître et manifester. Or les livres saints annoncent des vérités qu'aucunes lumières naturelles ne pouvaient découvrir, et que Dieu seul pouvait connaître et manifester. Donc les livres saints sont évidemment des livres divins, c'est-à-dire, inspirés et dictés par l'Esprit de Dieu.

La première proposition a la force de l'évidence, selon lui; la seconde est victorieusement prouvée par les prophéties, donc la troisième est irréfutable. On ne lui accordera que la logique de la foi.

Esprit tatillon, il lui arrive d'attacher trop d'importance aux détails, au détriment de l'essentiel. Lorsque Voltaire affirme qu'il y eut vingt-ncuf schismes sanglants pour le trône de saint Pierre, Nonnotte remarque qu'il y eut trente-cinq antipapes, ce qui n'est point la meilleure manière de corriger les «calomnies» du *Dictionnaire philosophique*, même s'il dispute sur la notion de «schisme» (i.260-61). Il pratique un commentaire parfois paraphrastique, parfois critique, cherche et trouve les «erreurs de Voltaire». Ainsi est-il souvent pertinent dans sa réfutation de l'article «Circoncision».[148] En revanche, il adopte le ton d'un justicier impitoyable: si pour empêcher les philosophes de parler et d'écrire, il fallait leur arracher la langue et leur couper la main, «serait-ce assez pour l'auteur de tant d'infamies et de blasphèmes» («Ezéchiel», ii.225). Voltaire, qui a beaucoup ferraillé avec Nonnotte,[149] fait une allusion dédaigneuse à ce *Dictionnaire* auquel son ennemi travaille, dans ses *Honnêtetés littéraires* (M.xxvi.152). Le *Commentaire historique* relèvera une de ses bévues. On ne peut douter des miracles s'ils ont été suivis «de quelques établissements fameux, consacrés par quelques monuments authentiques et toujours subsistants ou s'ils ont donné lieu à quelque grande solemnité instituée pour en perpétuer la mémoire» (iii.62). Ainsi les processions de Dijon et de Dole prouvent assurément qu'une hostie, percée de coups de canif, a répandu du sang à Dijon et qu'une autre hostie à Dole s'éleva au-dessus des flammes lorsque l'autel fut embrasé. Voltaire se gausse de ces deux miracles et rappelle que le peuple a prétendu dans plus de soixante villes d'Europe que les juifs donnèrent des coups de couteau à des hosties qui répandirent le sang (M.i.122).

Malgré son désir de rivaliser avec les techniques de vulgarisation du *Portatif* en adoptant par exemple la forme dialoguée,[150] cette réfutation reste pesante, mêlant à des remarques justes un certain nombre de pléonasmes ou de tautologies.

Par l'ampleur des réactions qu'il suscita, le *Dictionnaire philosophique* paraît être un point de passage obligé de l'apologétique du siècle des Lumières. Ressenti comme un condensé de toutes les impiétés des philosophes, il est le point de mire de tous ceux qui voulurent défendre la religion. Des milliers de pages furent écrites, comprenant des exposés du dogme et des réfutations de la moindre allégation voltairienne, [151] ces dernières pratiquant, toutes proportions gardées, un commentaire littéral à la manière de dom Calmet. Leur exégèse biblique s'appuie souvent sur ce dernier. En un temps où la lecture de la Bible reste en France le privilège d'une minorité, [152] des ecclésiastiques indignés par les blasphèmes de Voltaire ouvrent un contre-feu d'importance. Ils défendent fermement le sens littéral de maints épisodes bibliques [153] ou proposent, quand trop de difficultés s'élèvent, des interprétations par les «types». Ils ne sont pas sans succomber à bien des «délires figuristes», [154] mais bon nombre de textes sont savants. Ils privilégient une démarche intellectualiste, font appel tout autant que Voltaire au vraisemblable, [155] manifestant un manque de sens historique. Ils en appellent à la raison, ils entendent prouver, démontrer au lieu de proclamer leur foi.

Ils se situent, pour l'essentiel, et avec des tempéraments divers sur la ligne d'un catholicisme défensif, arc-bouté sur la tradition, fort de ses certitudes, refusant tout esprit d'examen. Le moindre doute concernant l'authenticité ou la datation des livres du Pentateuque leur paraît inacceptable, comme si la prise en compte d'une recherche historique allait détruire la Bible tout entière. Aucune concession, aucun compromis, et parfois non sans ridicule. Ce ne sont point pourtant des esprits obscurantistes qui ont lu le *Dictionnaire philosophique*, [156] ils peuvent faire preuve de connaissances réelles, de capacités d'analyse et de raisonnement, mais ce sont des esprits bloqués, prêts à contraindre qui n'est point décidé à se soumettre. Les catholiques, sur ce point, manifestent une bonne conscience imperturbable. Ils approuvent les mesures coercitives, ils en appellent au pouvoir, comme s'ils ne croyaient ni en leur capacité de persuasion, ni dans les vertus de la prière, ni dans la force de la vérité. Ils espèrent tout au plus une conversion du pécheur à l'article de la mort, comme si leur triomphe devait s'appuyer sur la peur.

Cette crispation est particulièrement sensible dans leurs réponses aux articles «Fanatisme» et «Tolérance». Pour attaquer le premier, ils se croient peu ou prou obligés de proposer une défense et illustration du fanatisme. Ils rappellent avec jubilation que, selon Jean-Jacques Rousseau:

Le fanatisme, quoique sanguinaire et cruel, est pourtant une passion grande et forte, qui élève le cœur de l'homme, qui lui fait
mépriser la mort, qui lui donne un ressort prodigieux et qu'il ne
faut que mieux diriger pour en tirer les plus sublimes vertus; au lieu
que l'irréligion, et en général l'esprit raisonneur et philosophique
attache à la vie, effémine, avilit les âmes, concentre toutes les
passions dans la bassesse de l'intérêt particulier, dans l'abjection
du *moi* humain, et sape ainsi à petit bruit les vrais fondements de
toute société. [157]

Mais Chaudon qui cite Rousseau, omet de reproduire la phrase
qui précède cette déclaration dans *Emile*: «Bayle a très bien prouvé
que le fanatisme est plus pernicieux que l'athéisme, et cela est
incontestable». D'où la protestation horrifiée de Voltaire dénonçant Chaudon:

Croirait-on bien que cet énergumène, à l'article *Fanatisme*, fait
l'éloge de cette fureur diabolique? Il semble qu'il ait trempé sa
plume dans l'encrier de Ravaillac. Du moins Néron ne fit point
l'éloge du parricide; Alexandre vi ne vanta point l'empoisonne-
ment et l'assassinat. Les plus grands fanatiques déguisaient leurs
fureurs sous le nom d'un saint enthousiasme, d'un divin zèle; enfin
nous avons *confitentem fanaticum*. [158]

Pour ce qui est de l'article «Tolérance», ces apologistes restent
persuadés que le prince, oint du Seigneur et serviteur de l'orthodoxie, doit mettre le bras séculier à la disposition de l'Eglise. [159]
Bergier, comme le remarque B. Plongeron, a posé «la triple
équation qui va paralyser ‹la théologie politique› pendant près de
cent cinquante ans: *démocratie = révolution = athéisme*». [160] Nonnotte prétend que la tolérance «ne peut avoir pour objet que les
choses qu'on puisse regarder comme indifférentes» et il affirme
que l'intolérance de l'Eglise catholique est «le caractère le plus
brillant de la sainteté de l'Eglise, la plus forte preuve de sa divinité,
le plus digne objet de notre respect, de notre vénération, de notre
amour pour elle, et que c'est par là principalement qu'elle peut
être le mieux reconnue pour la vraie épouse de Jésus-Christ». [161]
Ces apologistes campent sur leurs positions comme à l'intérieur
d'une forteresse assiégée, ils ne veulent voir dans la tolérance que
de l'indifférence en matière religieuse. [162] Attachés à leur position

dominante dans le royaume de France, ils sont prêts à dénoncer la tolérance comme une hérésie.

On mesure le fossé qui sépare ces adeptes de l'interprétation augustinienne du *compelle intrare* et les tenants de la philosophie, tout particulièrement l'impertinent patriarche de Ferney. La lecture du *Dictionnaire philosophique* fut un traumatisme pour les consciences catholiques du dix-huitième siècle, qui s'exprimèrent parfois avec la plus extrême brutalité. Pour Larcher, Voltaire est une « bête féroce ». [163] Bergier, qui écrit un *Traité sur la Rédemption*, s'autorise dans sa correspondance des remarques fort peu charitables :

> Pendant mon séjour à Paris, Voltaire a crevé comme il devait naturellement le faire avec le sombre désespoir d'un réprouvé ; selon le curé de Saint-Sulpice, il était déjà damné quinze jours avant sa mort. [164]

Si les réfutations de ce « dictionnaire diabolique » furent l'occasion d'un remarquable dialogue de sourds, le *Portatif* doit s'apprécier sur ce fond de tensions, d'incompréhensions, dans l'atmosphère d'une bataille où tous les coups semblaient permis.

Notes du chapitre 1

1. F. Furet, «La ‹librairie› du royaume de France au XVIIIᵉ siècle», *Livre et société dans la France du XVIIIᵉ siècle* (Paris, La Haye 1965-1970), i.3-32; P. Rétat, «L'âge des dictionnaires», *Histoire de l'édition française* (Paris 1984), ii.186-94.

2. H. Lacombe de Prezel et Malfilâtre, *Dictionnaire d'anecdotes, de traits singuliers et caractéristiques* (Paris 1766); J.-Fr. Dreux Du Radier, *Dictionnaire d'amour* (La Haye 1741); Briand, *Dictionnaire des aliments, vins et liqueurs* (Paris 1750).

3. B. Quemada, *Les Dictionnaires du français moderne, 1539-1863* (Paris 1967), p.567 ss. On peut consulter aussi la liste de Barbier, *Dictionnaire des ouvrages anonymes* (Paris 1872-1879), celle de P. M. Conlon, *Le Siècle des Lumières* (Genève 1983-1993), x.111-12, celle de G. Tonelli, *A short-title list of subject dictionaries of the 16th, 17th, 18th centuries* (London 1971).

4. *Dictionnaire de la Bible* (Genève 1730), i.1-2.

5. *Année littéraire* (1758), vi.234.

6. Grimm, *Correspondance littéraire* (Paris 1877-1882), iv.29. Sur le nombre des dictionnaires recensés par la *Correspondance littéraire*, voir U. Kölving et J. Carriat, *Inventaire de la Correspondance littéraire de Grimm et Meister*, Studies 225-227 (1984), iii.86-87.

7. Le nombre des recensions de dictionnaires dans les périodiques est élevé. A titre d'exemple, *L'Année littéraire* de 1758 rend compte de douze dictionnaires.

8. *OH*, p.1140, 1143. Voir les notices consacrées à Arnauld, Boindin et Boursier dans ce dictionnaire d'inspiration janséniste.

9. *OH*, p.1197.

10. *OH*, p.1198.

11. *OH*, p.1137.

12. *OH*, p.1145, 1154, 1160, 1168, 1180.

13. *OH*, p.1158, 1160.

14. *OH*, p.1189, 1181.

15. *OH*, p.1137.

16. *Le Temple du Goût*, éd. E. Carcassonne (Genève 1953), p.92, 139. Sur l'évolution de Voltaire à l'égard de Bayle, des réticences de l'homme de goût à la défense d'une victime du fanatisme, voir P. Rétat, *Le Dictionnaire de Bayle et la lutte philosophique au XVIIIᵉ siècle* (Paris 1971), p.252-63, 359-69.

17. *OH*, p.1168.

18. *Bibliothèque de Voltaire: catalogue des livres* (Moscou, Leningrad 1961). Il dit posséder le *Dictionnaire historique portatif des grands hommes* de Ladvocat

(voir D14283), non répertorié dans BV, mais signalé dans *Voltaire's catalogue of his library at Ferney*, éd. G. R. Havens et N. L. Torrey, Studies 9 (1959), B1595.

19. L. L. Albina, «Voltaire lecteur de l'*Encyclopédie*», *Recherches sur Diderot et sur l'Encyclopédie* 6 (1989), p.119-29.

20. CN, iii.364, 373-79 et 391-92. A noter que Voltaire quand il rédige le *Dictionnaire philosophique* ne dispose que des sept premiers tomes de l'*Encyclopédie*.

21. CN, i.234, signets mis aux articles «Bonciarius», «Bonfinius».

22. Voir *Candide*, ch.25, et *Lettres persanes*, lettres CXXXIII-CXXXVII.

23. «Bayle», *Questions sur l'Encyclopédie* (M.xvii.555).

24. D12113, 1ᵉʳ octobre [1764]. Voir la réponse de d'Alembert (D12135), mais Voltaire ne se rend pas (D12137).

25. Voir sa correspondance avec d'Alembert, *Articles pour l'Encyclopédie*, éd. J. Vercruysse *et al.* (V33, p.5-6), et R. Naves, *Voltaire et l'Encyclopédie* (Paris 1938), p.99-113.

26. Sur *Trévoux*, voir «Ardeur», *Questions sur l'Encyclopédie* (M.xvii.352), et surtout *Le Tombeau de la Sorbonne* dans la mesure où Voltaire a collaboré à cette œuvre (M.xxiv.19-22). Sur Bruzen de La Martinière, voir *Fragments historiques sur l'Inde* (M.xxix.116-17).

27. *Avis à l'auteur du Journal de Gottingue* (1753; M.xxiv.8) et D2234.

28. *Fragment sur l'histoire générale* (1773; M.xxix.279). Voir également *Lettres à S. A. Mgr le prince de **** (M.xxvi.493), *Il faut prendre un parti* (M.xxviii.527).

29. Cité dans le commentaire de D4990, n.3.

30. Voir D5050, à Frédéric II. Fait-il allusion au futur *Dictionnaire philosophique* ou à l'*Encyclopédie*?

31. Mai/juin 1754 (D5832). Il a envoyé un article «Littérature».

32. V33, p.6. Il a écrit «Esprit» (D5860). Sur la datation de ces articles, voir V33.

33. 13 février 1756 (D6731).

34. Voir la réponse de Diderot, 14 juin 1758 (D7756).

35. Il procède par envois groupés: le 13 novembre 1756: «Froid», «Galant», «Garant» (D7055); le 29 novembre, «Grand, grandeur», «Grave, gravité», «Généreux», «Genre de style», «Gens de lettres», «Gloire, glorieux», «Goût», «Grâce», «Gazette» (D7067). En 1758, il envoie «Habile», «Hautain», «Hauteur», «Hémistiche», «Heureux» (D7550). D'Alembert en accuse réception dans D7573.

36. D9135. Sur l'élection de Diderot, voir ses lettres à Duclos (D8996, D9088).

37. Condorcet, *Vie de Voltaire* (M.i.277). Voir ce plan dans M.xxxi.161; voir aussi l'analyse de R. Pomeau, *On a voulu l'enterrer* (Oxford 1994), p.315-16.

38. *Le Temple du Goût*, éd. Carcassonne, p.139, propos répété dans D2034 et fondé sur une lettre de Bayle.

39. *Le Temple du Goût*, p.105.

40. Sur les abrégés de Bayle, voir Rétat, *Le Dictionnaire de Bayle*, p.304 ss.

41. Il était question, au début du séjour de Voltaire en Prusse, de faire un abrégé de Bayle (D4910). Lorsque paraîtra l'*Extrait du Dictionnaire historique et critique de Bayle* (Berlin 1765; BV293), préfacé par Frédéric ii, Voltaire laisse percer ses réticences; voir Ch. Mervaud, *Voltaire et Frédéric II: une dramaturgie des Lumières, 1736-1778*, Studies 234 (1985), p.368-70. Sur l'abrégé de Le Bret, voir H. T. Mason, «Voltaire and Le Bret's digest of Bayle», *Studies* 20 (1962), p.217-21.

42. Voir P. Rétat, «Le *Dictionnaire philosophique* de Voltaire: concept et discours du dictionnaire», *Revue d'histoire littéraire de la France* 81 (1981), p.894.

43. Alletz, 1758; Echard, 1759; Lacombe, J., 1759; Paulian, 1760; Vandermonde, 1759. Les trois autres dictionnaires portatifs en sa possession ont paru après 1764: Paulian, 1770 (BV2671); Chaudon, 1766 (BV730); Macquer, 1766 (BV2248).

44. Alletz, *Dictionnaire portatif des conciles* (Paris 1764), p.xxxv.

45. Voir Quemada, *Les Dictionnaires du français moderne*, p.261, en ce qui concerne les abrégés dans le domaine lexicographique.

46. Calmet, *Dictionnaire de la Bible*, préface. P. Rétat cite la préface du *Dictionnaire portatif des cas de conscience* de F. Morénas (1759) qui fait valoir la même argumentation («Le *Dictionnaire philosophique* de Voltaire», p.895).

47. A d'Alembert, à propos de l'*Encyclopédie*, 5 avril [1766] (D13235).

48. Voir par exemple une page de Bayle.

49. On notera que le *Dictionnaire philosophique* de Chicaneau de Neuvillé parut à Londres en 1751 avec une impression pleine page en 381 pages in-8°. Sa réédition en 1756 à Lyon, bien que fort augmentée, est en 276 pages in-8°, car imprimée en double colonne. L'usage varie donc suivant des impératifs commerciaux.

50. Dans la préface de la première édition de son *Dictionnaire*, Bayle dont le dessein premier était de corriger les erreurs du Moreri explique pourquoi il a divisé ses articles en deux parties. L'une est purement historique, l'autre est «un mélange de preuves et de discussions» où il fait entrer «la censure de plusieurs fautes et quelquefois même une tirade de réflexions philosophiques» (p.ii).

51. Rétat, «Le *Dictionnaire philosophique* de Voltaire», p.894.

52. Quemada signale un *Dictionnaire philosophique portatif* (Lyon 1756) sous la rubrique «anonyme». S'agit-il de l'ouvrage de Chicaneau de Neuvillé?

53. Il peut en avoir lu un compte rendu.

54. Rétat, «L'âge des dictionnaires», ii.191.

55. Avertissement, p.i-iii de l'édition de Londres 1751, intitulée *Diction-naire philosophique*.

56. Didier-Pierre Chicaneau de Neuvillé (1720-1780), avocat au Parlement de Paris, membre de l'Académie des jeux floraux, ne doit pas être jugé sur ce seul livre. Il est l'auteur de plusieurs ouvrages: *L'Abeille du Parnasse* (1752), *L'Oracle de Cythère* (1752), *Considérations sur les ouvrages d'esprit* (1758), *Esprit de Saint-Réal* (1768).

57. On pourrait citer encore un *Dictionnaire portatif de chirurgie* (1761) de P. Sue, et un *Dictionnaire portatif de l'ingénieur et de l'artilleur* (1755) de Belidor, qui ont des visées professionnelles.

58. Voir la liste des ouvrages que Voltaire emprunte à Berlin dans M. Fontius, *Voltaire in Berlin: zur Geschichte der bei G. C. Walther veröffentlichten Werke Voltaires* (Berlin 1966), p.95-102.

59. «Question sur les dictionnaires», *Table alphabétique*, i.26. Ce jugement est cité dans la recension de *L'Année littéraire* (1758), vi.235-36. Après avoir enregistré la vogue des dictionnaires, salué l'*Encyclopédie*, remarqué que les dictionnaires occupent une grande place dans les bibliothèques des particuliers, l'abbé Bellet écrit une dissertation sur le thème: les dictionnaires se multiplient-ils aujourd'hui pour le progrès ou pour la ruine des lettres? (p.3).

60. *Encyclopédie*, iv.958-70. D'Alembert distingue les dictionnaires de langue, les dictionnaires historiques, enfin les dictionnaires encyclopédiques dont la nouveauté est dans la liaison des articles.

61. L'abbé Bellet affirme que la composition d'un dictionnaire ne demande qu'une portion limitée d'esprit. Ce ne peut être la production du génie (p.5).

62. Article «Encyclopédie», par Diderot, v.644.

Notes du chapitre 2

1. Expression qui se trouve dans D5051 (octobre/novembre 1752). La margrave de Bayreuth parle d'un «dictionnaire de raison»(voir ci-dessous, p.17).

2. Côme Alexandre Collini, *Mon séjour auprès de Voltaire et lettres inédites que m'écrivit cet homme célèbre jusqu'à la dernière année de sa vie* (Paris 1807). L'indication sur ces «anecdotes et particularités» se trouve sur la page de titre.

3. D5057. Ce texte est peut-être celui qui était resté dans les papiers de Voltaire (M.xvii.40-44).

4. Voir M.xvii.58-60.

5. Frédéric est à Potsdam du 20 au 30 septembre 1752 («*Tageskalender* Friedrichs des Grossen vom 1. Juni 1740 bis 31. März 1763», éd. H. Droysen, *Forschungen zur brandenburgischen und preussischen Geschichte* 29, 1916, p.131). Le roi est revenu d'une tournée en Silésie.

6. 12 juin [1752], la margrave de Bayreuth à Voltaire (D4910). Elle demande à Voltaire de lui procurer cet ouvrage que son frère voulait faire écrire. Le roi publiera un *Extrait* du dictionnaire de Bayle en 1765.

7. U. van Runset, «H. S. Formey and the *Encyclopédie réduite*», *The Encyclopédie and the age of revolution* (Boston 1992), p.64.

8. 20 juillet [1751], à Mme Du Deffand (D4525).

9. *OH*, p.1220.

10. «MM de Prades et Yvon, dont nous avons déjà parlé avec l'éloge qu'ils méritent, ont fourni plusieurs mémoires relatifs à l'*histoire de la philosophie* et quelques-uns sur la *religion*» (*Encyclopédie*, i.xliv).

11. D5008. Frédéric reprendra cette expression lorsqu'il s'efforcera d'attirer d'Alembert en Prusse en septembre 1752; voir sa lettre à Darget, *Œuvres*, éd. J. D. E. Preuss (Berlin 1846-1857), xx.38.

12. D'après Fontius, *Voltaire in Berlin*, p.92, elle comprend 2288 volumes.

13. D5009. Il avait déjà demandé un Bayle le 25 août (D4994).

14. D5023. Demande réitérée quelques jours plus tard (D5027, D5030).

15. Voir D5052, D5054, D5056, D5074 de Frédéric; D5053, D5055, D5057, D5073 de Voltaire. Ces textes ont été regroupés dans la correspondance et restent difficiles à dater.

16. D5056: «si vous continuez du train dont vous allez, le dictionnaire sera fait en peu de temps».

17. D5054. Voir également D5074 sur la revendication royale du bon sens.

18. Le 2 ou le 3 novembre, Frédéric rend visite à Berlin à Maupertuis; le

7, le roi fait imprimer sa *Lettre d'un académicien de Berlin à un académicien de Paris*. Voir R. Pomeau et Ch. Mervaud, *De la Cour au jardin, Voltaire en son temps* 3 (Oxford 1991), p.111.

19. Voir ci-dessus, n.15.

20. Expression qui revient par deux fois (D5053, D5057).

21. *Briefwechsel Friedrichs des Grossen mit Voltaire*, éd. R. Koser et H. Droysen, Publikationen aus den königlichen preussischen Staatsarchiven 82 (Leipzig 1909), p.377*n*.

22. Il analyse avec finesse la manière de Voltaire dans l'article « Baptême » (D5056).

23. Il est particulièrement sévère pour « Julien » (D5074), peut-être parce que sa mauvaise humeur à l'égard de Voltaire ne fait que grandir, peut-être parce que, appelé le « Julien » du dix-huitième siècle, il pense avoir son mot à dire sur la question (Ch. Mervaud, « Julien l'Apostat dans la correspondance de Voltaire et de Frédéric II », *Revue d'histoire littéraire de la France* 76, 1976, p.724-43).

24. *Briefwechsel Friedrichs des Grossen mit Voltaire*, p.377*n*.

25. Voltaire sans doute s'est mis au travail avec plus d'ardeur dès le 29 septembre 1752, comme l'indique Collini, mais peut-être avait-il déjà jeté quelques idées sur le papier début septembre, avant d'en parler au roi.

26. D5088, entre le milieu de décembre et le 24 décembre 1752, d'après A. Magnan, *Dossier Voltaire en Prusse (1750-1753)*, Studies 244 (1986), p.234-35.

27. En envoyant « Athée », Voltaire précise : « j'ay choisi ce petit morceau parmy les autres comme un des plus ortodoxes » (D5053).

28. 27 novembre 1752 : Voltaire signe un engagement sous contrainte (D5085) ; 29 novembre : saisie de l'*Akakia* à Potsdam ; 24 décembre : l'*Akakia* est lacéré et brûlé sur les places publiques de Berlin ; 1er janvier 1753, Voltaire remet sa démission au roi et demande son congé.

29. Voir D5056, déjà citée. Frédéric fait allusion à l'interdiction pour Voltaire d'aller à Rome, car le roi savait que l'écrivain avait caressé ce projet. Il ne serait plus question non plus de rentrer en France.

30. Voir Mervaud, *Voltaire et Frédéric II*, p.182-84.

31. D5114, Berlin, 18 décembre 1752. Ce texte très soigné fut sans doute réécrit. Voltaire l'avait-il ébauché dans ses lettres réelles à Mme Denis ? C'est tout le problème que pose la *Paméla*.

32. 17 septembre 1759 (D8484) ; 13 octobre 1759 (D8533) ; 28 octobre 1759 (D8559) ; 3 décembre 1759 (D8630) ; 8 février 1760 (D8751) ; 18 février 1760 (D8764).

33. Il conseille à Mme Du Deffand de lire l'Ancien Testament et surtout Ezéchiel (D8484), mais la vieille dame refuse (1er octobre ; D8518). Voir aussi D8510 : il transmet à Mme d'Epinay les compliments d'Oolla et d'Ooliba.

34. D8482. Mme d'Epinay est venue se faire soigner à Genève.

35. 1ᵉʳ octobre 1759 (D8516). Voltaire avait rédigé un texte sur l'antiquité du dogme de l'immortalité de l'âme paru dans la *Correspondance littéraire* du 15 juillet 1759 (U. Kölving et J. Carriat, *Inventaire de la Correspondance littéraire de Grimm et Meister*, Studies 225-227, 1984, 59:126). La lettre à d'Argence développe l'argumentation de l'article «Ame».

36. Le 18 mai 1759, Frédéric a usé de ce mot de code pour la première fois : «vous caresserez encore l'*infâme* d'une main, et l'égratignerez de l'autre» (D8304).

37. C'est ainsi que s'exprime le chevalier de La Touche le 4 janvier 1753 (D5137) quand il fait part du renvoi, en date du 1ᵉʳ janvier, de la clef de chambellan et de l'ordre pour le mérite que Voltaire a adressés à Frédéric ii avec une lettre de démission.

38. Ce fut un sujet de discussions entre Voltaire et Frédéric, mais le roi ne céda jamais sur cette question (voir Mervaud, *Voltaire et Frédéric II*, p.229, 232).

39. 15 mai [1760], à Hénault (D8909).

40. 18 décembre 1759 (D8663).

41. 27 avril 1760, à d'Argental (D8880).

42. 17 septembre 1759, à Mme Du Deffand (D8484).

43. 8 juin 1759 (D8341).

44. 15 octobre [1759], à d'Alembert (D8536).

45. Expression de R. Pomeau, *La Religion de Voltaire* (Paris 1969), p.350.

46. Voltaire a réclamé ses articles (D7585, D7639, et la réponse de Diderot, D7641). Le malentendu fut vite dissipé, Voltaire renvoie ses articles revus et corrigés avec de nouvelles contributions par l'intermédiaire du comte d'Argental vers le 7 juin 1758 (D7751). Sur la réponse de Diderot à la proposition de Voltaire d'écrire de nouveaux articles, voir D7756. Les derniers articles de Voltaire paraîtront dans le tome viii en 1765.

47. 8 janvier 1758, à d'Alembert (D7564).

48. 4 mai [1759], à d'Alembert (D8286).

49. Diderot, *Correspondance*, éd. G. Roth et J. Varloot (Paris 1955-1970), ii.153.

50. Grimm arrive vers la mi-février et repart le 3 octobre (D8116, commentaire).

51. Diderot, *Correspondance*, ii.173.

52. R. Pomeau, «Histoire d'une œuvre de Voltaire : le *Dictionnaire philosophique portatif*», *L'Information littéraire* 2 (1955), p.46.

53. 21 mars [1759], à Elie Bertrand (D8202).

54. Cité par R. Naves, *Voltaire et l'Encyclopédie*, p.89.

55. Voir ch.5.

56. On penserait alors à «Apocalypse» puisqu'il a désiré consulter le manuscrit d'Abauzit en 1757-1758. On pourrait y joindre «Certain» puisqu'il

a réagi à l'article de l'*Encyclopédie*, «Bien» et «Chaîne des événements» puisqu'il reprend une argumentation exposée dans des textes antérieurs.

57. «Voltaire and Cramer?», *Le Siècle de Voltaire*, éd. Ch. Mervaud et S. Menant (Oxford 1987), i.149-83. L'argumentation concernant le *Dictionnaire philosophique* se trouve aux pages 156-61 : lettre de Grasset, anecdote rapportée par les *Mémoires secrets*, lettres de Voltaire, comparaison d'ornements, soit un faisceau de preuves montrant que Cramer ne fut pas l'éditeur de la première édition du *Dictionnaire philosophique*.

58. 12 août 1763, à Haller (D11357).

59. 7 ou 8 mai [1761] (D9771).

60. Mme Du Deffand réclame le «recueil de [ses] idées» (16 avril 1760; D8859). Un premier envoi eut lieu le 25 avril (D8873). Nouvelle demande le 5 septembre (D9197), puis le 20 (D9248). Le 10 octobre, Voltaire a promis des «fariboles philosophiques» (D9297), puis des «insolences» (d'après D9374). Il envoie vers le 9 décembre 1760, deux textes, l'un «philosophique et moral», l'autre sur son «ami Ezéchiel» (D9452).

61. D10790. François-André-Adrien Pluquet, *Mémoires pour servir à l'histoire des égarements de l'esprit humain par rapport à la religion chrétienne, ou dictionnaire des hérésies, des erreurs et des schismes* (Paris 1762; BV2770).

62. On se reportera à l'annotation de chaque article dans DP, V 35-36.

63. D'après D8858, 16 avril 1760, à G. Keate.

64. D9132. Il s'adresse plusieurs fois à Thiriot (D8967, D8991, D9009, D9044).

65. Dès 1752, il pensait que le Pentateuque n'était point de Moïse (D5061).

66. Voir V 35-36, «Enfer», n.18.

67. Pour «Salomon», voir D8856; sur Pierre, voir V 35-36, «Pierre», n.1 ; en novembre 1760, il demande à J. Vernes «le galimatias d'Atanase» et le prend à témoin : «Que dites vous de cet autre évêque qui pria le bon dieu de faire mourir Arius lorsqu'il allait à l'église, et qui fut exaucé» (D9385). L'article «Christianisme» relate la mort d'Arius à la suite des prières de saint Macaire.

68. 15 janvier 1761, à Mme Du Deffand (D9542).

69. 22 juillet [1761], à Hénault (D9910); 18 août 1761, Mme Du Deffand (D9955).

70. 11 octobre 1761, à Damilaville et Thiriot (D10070).

71. 28 décembre 1761, à Bernis (D10234).

72. D'après D10078. Il demande quel est son auteur (D10322).

73. D10284, D10285, D10287.

74. D'après D10376, 17 mars 1762, de Sébastien Dupont.

75. D'Alembert lui avait recommandé la lecture de ce qui avait trait à la transsubstantiation (2 octobre [1762]; D10740). Voltaire réclame cet ouvrage dès le 10 octobre (D10755) et le lit rapidement (D10790). En janvier 1763, il ironise sur les capucins qui font des dieux mangés par les rats (D10897).

Il ne fera paraître son article «Transsubstantiation» qu'après le drame de 1766, l'affaire La Barre.

76. 28 novembre 1762, à Damilaville (D10813).

77. 30 novembre [1762], à Damilaville (D10816).

78. 26 décembre 1762 (D10860). Peut-être s'en servira-t-il pour l'article «Conciles», paru en 1767.

79. A Damilaville (D10860). On a vu qu'il envoyait l'article «Moïse».

80. Il se moque du culte de dulie en janvier 1763 (D10927). Ce thème est traité dans l'article «Conciles».

81. D11225, D11229, D11235. «Idole», seul de tous les articles encyclopédiques de Voltaire, eut les honneurs du *Portatif*.

82. F. Caussy, 'Voltaire et ses curés', *Revue de Paris*, 15 juillet 1909, p.254-65.

83. Février 1762 (D10313); 4 juin 1763 (D11252).

84. Téotime promet de n'excommunier ni les sauterelles, ni les sorciers, ni les comédiens.

85. Voir D10626, D11172, D11306.

86. *Emile*, éd. C. Wirz et P. Burgelin, *Œuvres complètes* (Paris 1959-), iv.565-635.

87. Des éléments sur la genèse du *Dictionnaire philosophique* ont été rassemblés par W. H. Trapnell, *Voltaire and his portable dictionary*, Analecta romanica 32 (Frankfurt 1972), p.8-31. Contrairement à Trapnell, nous n'affirmons pas que Voltaire a repris ses articles ébauchés en 1752. En fonction de la mise au point déjà citée de Brown et Kölving sur la première édition du *Dictionnaire philosophique*, nous situons la remise du manuscrit plus tôt, en juillet 1763.

88. Voir *L'Ecossaise*, éd. C. Duckworth (V 50). Sur les rapports entre Voltaire et Palissot, on se reportera à l'analyse de Naves, *Voltaire et l'Encyclopédie*, p.70-86.

89. A d'Alembert (D9006).

90. A d'Alembert (D9743).

91. 11 mai 1761, à Helvétius (D9777). Même idée, autrement formulée, dans une lettre à d'Alembert (D9771).

92. On a brûlé sur le même bûcher un jésuite, le R. P. Malagrida, deux autres religieux, deux musulmans et trente-sept juifs. Pombal avait impliqué les jésuites dans l'attentat contre le roi du Portugal.

93. 26 janvier [1762], à Damilaville (D10284).

94. 25 mars [1762], à Fyot de La Marche (D10387).

95. 24 janvier 1763, à Damilaville (D10943).

96. 29 juin 1763, aux d'Argental (D11283).

97. Vers le 15 mai 1763, à Helvétius (D11208).

98. 9 juillet 1764, à Damilaville (D11978); 16 juillet 1764, à d'Alembert (D11987).

99. 7 septembre [1764], à d'Alembert (D12073).

100. A d'Alembert (D12090).

101. D12084: d'Argental est chargé de lui dire ou lui faire dire un mot et surtout de le persuader que Voltaire n'est point l'auteur de ce dictionnaire.

102. D12079, à Michel Lullin de Châteauvieux. Le procureur ignore le titre de l'ouvrage, ou il se trompe en le citant.

103. La condamnation de l'athéisme est affaiblie par les doutes jetés sur les dogmes de la résurrection et de la spiritualité de l'âme. Il dénonce particulièrement les articles «Destin», «Liberté», «Chaîne des événements». Ces questions «curieuses» pourraient étouffer chez les hommes le remords qu'il faut, au contraire, aiguiser.

104. La critique des miracles est inacceptable.

105. Tronchin dénonce l'artifice qui consiste à donner un tour ironique au sens figuré que les interprètes donnent aux passages difficiles de l'Ecriture.

106. Chirol doit être «censuré», Eve Lequin condamnée à huit jours de prison dont quatre en chambre close qu'elle subira après son accouchement, et G. Grasset, censuré sur sa négligence; on lui enjoindra de veiller à l'avenir sur ce qui entre et sort de sa librairie et de se conformer aux règlements de la Librairie «à peine d'être cassé irrémissiblement».

107. A d'Alembert (D12137), et à d'Argental (D12155).

108. Lorsque le «mazarinier Coger» en 1767 écrira que le *Portatif* a excité chez Sa Majesté «l'indignation la plus grande» (V63A, p.212-13), Voltaire n'entendra point plaisanterie. Il répond à cette accusation («Brouillon d'une réponse à Coger», V63A, p.227-28), se plaint de l'impudence de Coger (D14310), met en avant le témoignage du président Hénault (D14333, D14342).

109. 20 octobre 1764 (D12155); voir aussi D12245.

110. 19 septembre 1764, à Damilaville (D12091).

111. D12113, D12114, D12115. Le 16 novembre, il a curieusement vieilli (D12194).

112. D.app.253, que nous analyserons ci-dessous, ch.3, à propos des emprunts du *Dictionnaire philosophique*.

113. Voir par exemple une lettre à la comtesse d'Argental: 'S'il y a quelques articles de moi, comme Amitié, Amour, Anthropophages, Caractère, la Chine, Fraude, Gloire, Guerre, Lois, Luxe, Vertu, je ne dois répondre en aucune façon des autres' (c. 5 novembre 1764; D12180).

114. 20 octobre 1764 (D12159): «l'éditeur a mis dans l'ouvrage une demi-douzaine de morceaux que j'avais destinés autrefois au dictionnaire encyclopédique, comme *Amour, Amour-propre, Amour socratique, Amitié, Gloire*, etc». D'après D.app.253, l'article «Guerre» fait également partie de ce groupe.

115. 20 octobre 1764, à d'Argental (D12155). Dans D12180, il précise que l'ouvrage a été imprimé «pour tirer de la misère une famille entière». Voir

aussi D17653, cité dans Brown et Kölving, « Voltaire and Cramer ? », p.160. Les fautes sont énumérées dans le mémorandum.

116. Trapnell, *Voltaire and his portable dictionary*, p.51, d'après J.-P. Belin, *Le Commerce des livres prohibés à Paris de 1750 à 1789* (New York 1913), p.42.

117. Explication donnée par le baron de Montpéroux, envoyé français, au duc de Praslin (D12106, D12140). Le 15 octobre, Montpéroux a informé Lullin que Praslin a approuvé le verdict rendu à Genève contre le *Dictionnaire philosophique* (D12079, note). Voltaire dément que le ministre de France ait remercié le Conseil (D12164).

118. D'après D12254, version sans doute romancée d'une démarche plus circonspecte.

119. Sur les difficultés pour se procurer des exemplaires, voir D12102, D12189. Alexandre Du Peyrou trouve cependant un exemplaire à Genève qu'il envoie à J.-J. Rousseau le 20 octobre (Leigh 3587).

120. 30 janvier 1765 (D12364).

121. 19 octobre [1764], à d'Alembert (D12149).

122. D12129. Mme Du Deffand, mécontente de ne pas l'avoir reçu, aurait dit, selon d'Alembert, que c'était « un chiffon posthume de Fontenelle, parce que l'auteur en parlant de l'amour, dit [...] que c'est *l'étoffe de la nature que l'imagination a brodée* » (4 octobre [1764]; D12123).

123. « Le consistoire des prêtres pédants sociniens, l'a déféré aux magistrats. Alors les libraires en ont fait venir beaucoup » (D12099); « ces hérétiques les ont tous fait enlever avec avidité » (D12102).

124. Voir D12568, D12937. Le 27 mai, Voltaire se plaint qu'un livre anglais lui ait volé « la substance de plus de vingt chapitres du dictionaire philosophique » et ait recopié dans d'autres chapitres, mot à mot, des phrases entières qui sont de lui (D12618).

125. Belin, *Le Commerce des livres prohibés*, p.51.

126. Voir D12114 et D12149. Il est question d'une édition de Rouen évoquée par Grasset : le colporteur qui leur aurait vendu des exemplaires du *Dictionnaire philosophique*, leur aurait dit qu'il y avait une réimpression à Rouen (D.app.249).

127. Selon la suggestion de d'Argental; voir D12114 et D12118.

128. D12118 (3 octobre [1764]), qui met en scène Des Buttes, évoque une édition qui ferait gagner de l'argent à frère Marin. Dans D12127, 7 octobre [1764], Voltaire s'inquiète de savoir si Marc-Michel Rey a bien reçu le paquet.

129. D12238. On ne connaît point d'édition portant cet intitulé. Que Voltaire ait réclamé un tel sous-titre paraît probable. Faut-il mettre cette fausse nouvelle en relation avec D12220, billet dans lequel Voltaire se plaint d'un titre qui aurait été substitué à celui dont il avait parlé ?

130. Voir J. Vercruysse, « Voltaire et Marc Michel Rey », *Studies* 58 (1967), p.1718.

131. A Th. Tronchin (D12221), Damilaville (D12352), d'Argental (D12391), Richelieu (D12456).

132. 30 janvier 1765 (D12364).

133. D12276, commentaire; D12301 et D.app.257.

134. *Arrêt de la Cour du Parlement* (Paris 1765), p.1-4. Cet arrêt du Parlement est reproduit dans Chaudon, *Dictionnaire anti-philosophique*, p.xv-xx.

135. C'est Moultou qui lui procure une traduction latine du livre d'Hénoch (D11609) et les actes de Thècle (D12279). Comme il sait bien qu'il n'est pas «le premier Théologien de ce monde», Voltaire a recours à lui (D10988). Il l'interroge sur l'étymologie de Babel (D12278).

136. Voltaire, auquel Moultou a prêté Van Dale et Hyde, le remercie de «passages singuliers» (D12087).

137. *Dictionnaire anti-philosophique*, p.124-25.

138. Voir les ajouts à «Ame» et «Luxe».

139. Voir en particulier «Christianisme».

140. Arrêt du Parlement de Paris, reproduit par Chaudon, p.429.

141. Ch. Mervaud, «Voltaire et le *Cri du sang innocent*: l'affaire La Barre dans sa correspondance», *L'Infini* 25 (1989), p.135-45. Le mandement de l'évêque d'Amiens, Louis-Charles Machault, du 9 avril 1781 qui interdisait de souscrire à l'édition de Kehl, rappelle que le *Dictionnaire philosophique* avait été pris pour «corps de doctrine» par les impies, que Voltaire était la cause «du libertinage effronté et de l'abâtardissement en tout genre de quantité de jeunes gens» (Condorcet, *Almanach anti-superstitieux et autres textes*, éd. A.-M. Chouillet, P. Crépel, H. Duranton, Paris, Saint-Etienne 1992, p.168).

142. D13727, D13762, D13766; cette dernière lettre indique la liste des livres achetés par Mme Lejeune.

143. «Il est arrivé, il est arrivé, le ballot Briasson! On relie jour et nuit. Je grille d'impatience» (4 février 1766; D13156).

144. Il propose à J. Lacombe de faire «un recueil de chapitres par ordre alphabétique» puisés dans les mélanges et les deux tomes du *Dictionnaire philosophique* (5 avril 1766, D13237; 5 mai, D13285). Il promet des additions à ces chapitres (D13385, D13406). L'idée est abandonnée en avril 1767 (D14146).

145. Voir la réponse et les critiques de Frédéric, 3 novembre 1766 (D13649). Le roi suggère de rendre justice à La Bléterie.

146. Voir D15650 et le commentaire de cette lettre.

147. Il y a deux additions, l'une à l'article «Job», l'autre à «Du juste et de l'injuste».

148. D15788, D15789 [juillet/août 1769].

Notes du chapitre 3

1. Voir « Babel », « Corps », « David », « Job », « Résurrection ». Voltaire n'épargne pas non plus l'érudition rabbinique (voir « Adam », « Ange », « Résurrection »).

2. Ed. Carcassonne, p.113-14.

3. *OH*, p.1000.

4. D5029. Voltaire cite des vers de Quinault pour justifier son refus auprès de son ami d'Argental.

5. 31 décembre 1764 (D12277).

6. D12115. Saint Ambroise est cité dans « Miracles », Tatien dans « Idée ». Voltaire vient d'écrire « Idée » parue dans 65v, d'où la référence à Tatien, dont il possédait le *Discours aux Grecs* dans le même volume que les œuvres de saint Justin (BV1768).

7. *Dictionnaire philosophique*, éd. Florenne (Paris 1962), p.ii.

8. Voir ci-dessous, ch.7.

9. Montaigne, *Essais*, i.xxvi.

10. L'index et les annotations de V 35-36 peuvent être considérés comme un point de départ de recherches qui restent à faire.

11. A l'inverse du plagiat qui, tel le geai de la fable, s'approprie les plumes du paon. Sur la citation, on se reportera à l'ouvrage d'A. Compagnon, *La Seconde main, ou le travail de la citation* (Paris 1979), auquel nous nous référerons à plusieurs reprises.

12. M.xvii.501 : mise au point polémique et non méthodologique au premier chef, Voltaire répondant à la critique de *La Philosophie de l'histoire*.

13. M.xix.190. Le sens premier de citation était juridique. On trouve son sens moderne dans Richelet, Furetière, *Trévoux* et l'*Encyclopédie* ; *Trésor de la langue française* le date de 1671.

14. En 1761 paraît une *Encyclopédie de pensées, de maximes et de réflexions sur toutes sortes de sujets* par P.-A. Alletz (Quemada, *Les Dictionnaires du français moderne*, p.584).

15. Article « Citation » de J. Faiguet de Villeneuve, *Encyclopédie*, iii.482.

16. Quand il s'agit de textes allégués dans une démonstration, Voltaire insiste sur la véracité du texte.

17. Dans « Amour », Voltaire cite le comte de Rochester sans autre précision. Sa citation est d'ailleurs approximative.

18. Dans « Ciel des anciens », Voltaire cite le *Cartesius Mosaïzans*. Cet ouvrage est de Johan Amerpoel.

19. Ces précisions sont peut-être dues au fait qu'il a l'ouvrage sous la

main, ainsi du *Traité contre Celse* d'Origène (BV2618); voir «Christianisme», «Religion».

20. Voir par exemple l'annotation de «Baptême», «Christianisme» dans V 35-36.

21. Pour les Actes des apôtres, voir «Christianisme», «Métamorphose», «Papisme», «Paul». On note des citations nombreuses du Lévitique et du Deutéronome («Ame», «Jephté», «Songes»).

22. Saint Augustin («Christianisme», «Genèse», «Miracles», «Idole»); Lactance («Tout est bien», «Christianisme», «Ciel des anciens»); Origène («Christianisme», «Religion»); saint Chrysostome («Ciel des anciens», «Messie», «Miracles»).

23. Voir l'annotation de l'article «Etats» dans V 35-36.

24. Horace («Bien», «Caractère», «Catéchisme du Japonais», «Ezéchiel», «Idole», «Luxe»); Ovide («Amour nommé socratique», «Ciel des anciens», «Genèse», «Idole», «Superstition»); Virgile est cité dans «Amour» et «Enfer», Lucrèce dans «Amour» et «Superstition».

25. «Critique» énumère un certain nombre de textes. Voltaire cite Th. de Bèze dans «Amour nommé socratique», d'Aubigné dans «Ciel des anciens», Bertaut dans «Fanatisme», Molière dans «Fausseté des vertus humaines» et «Religion». Il cite Rochester dans «Amour», Shaftesbury et Pope dans «Tout est bien». Le Coran est cité dans «Gloire», Confucius dans «Catéchisme chinois» et «Philosophe».

26. *Trévoux*, art. «Citation» (i.146).

27. Pour mesurer le degré d'inattention ou d'étourderie de Voltaire, on pourrait, à partir des erreurs que les annotations des articles ont détectées, déterminer la fréquence et la répartition de ces inadvertances et noter les ouvrages qui en ont fait l'objet.

28. C'est une des horreurs de *Candide*, ch.3.

29. Voir également la lettre de Julien où Voltaire dénature le sens d'une réflexion de l'évêque Titus («Julien»).

30. *Sous l'invocation de saint Jérôme* (Paris 1946), p.217-18.

31. «Je mets entre guillemets comme pour mettre, non tant en évidence, qu'en accusation – c'est un suspect» (P. Valéry, *Cahiers*, cité par Compagnon, *La Seconde main*, p.47).

32. J. Laurent, «La stratégie de la forme», *Poétique* 7 (1976), p.278.

33. Dans son *Dictionnaire des synonymes*, Condillac s'est efforcé de cerner les domaines respectifs de la citation et de l'allégation: «On cite un passage qu'on indique; un écrivain où une chose se trouve. Mais *alléguer*, c'est *citer* une loi en autorité. *Alléguer* des raisons, des prétextes, c'est les avancer pour s'excuser» (Condillac, *Œuvres philosophiques*, Paris 1951, iii.38, cité par Compagnon, *La Seconde main*, p.282-83). Voltaire allègue des passages, en s'appuyant sur eux pour prouver qu'il a raison. Ce sens, que le Robert dit vieilli, est indiqué par Furetière, *Trévoux* et l'*Encyclopédie*.

34. Voltaire commentera ce passage à l'article «Apocryphes», *Questions sur l'Encyclopédie* (M.xvii.301).

35. Rabelais, *Quart livre*, ch.55, 56. Cet épisode, saturé de références et d'allégories, se prête à des interprétations sans fin, qui n'entrent point dans notre propos. Il réfléchit sur le pouvoir du signe et c'est en ce sens que nous y faisons allusion.

36. *Essais*, iii.13, addition de 1588.

37. «Apis», «Beau», «Délits locaux», «Egalité», «Fraude», «Méchant», «Théiste», «Tyrannie».

38. On trouve des souvenirs de lecture sur les fêtes en Flandre («Délits locaux»), sur l'histoire de l'Egypte («Apis»), des réminiscences d'ouvrages esthétiques («Beau»), des réponses indirectes à d'autres ouvrages («Egalité»).

39. Voir V 35, p.281-82.

40. «Apocalypse» est attribué à Abauzit et «Messie» à Polier de Bottens dans D12137, D12138, D12159, D12166, D12192, D12221; «Enfer» vient de Warburton d'après D12137; «Baptême» est traduit «mot pour mot» de Middleton d'après D12159; le conte du miracle de Gervais et le savetier de la ville d'Hippone dans «Miracles» sont empruntés à Middleton (D12192); une partie de «Christianisme» vient d'Abauzit (D12192). Dans le «Brouillon d'une réponse à Coger», Voltaire reprend certaines de ces attributions et ajoute que «Liberté n'est qu'une traduction de Colins» (V 63A, p.228).

41. Ces indications sont extraites de la «Préface» de 65v. Voir N. L. Torrey, *Voltaire and the English deists* (New Haven 1930) et C. M. Crist, *The Dictionnaire philosophique portatif and the early French deists* (New York 1934).

42. *Analyse de la religion chrétienne* (s.l. [1766]; BV1141); également publiée par Voltaire dans le *Recueil nécessaire* (Leipzig 1765 [Genève 1766]).

43. *OH*, p.1160.

44. Les annotations des articles «Apocalypse» et «Messie» dans V 35-36 mettent en lumière la manière voltairienne d'allègement des textes qui n'est pas sans rappeler le traitement sans ménagement auquel fut soumis l'*Anti-Machiavel* de Frédéric II. L'annotation de «Genèse» démontre que les déclarations de Voltaire doivent être vérifiées avec précision.

45. Ce sont les articles «Adam», «Antitrinitaires», «Conciles», «Evangile», «Foi» I, «Job», «Judée», «Julien», «Péché originel», «Transsubstantiation». Les quatre additions sont réparties ainsi, une à l'article «Abraham», trois à l'article «Baptême».

46. «Conciles» par Abauzit le cadet; «Evangile» par l'abbé de Tilladet; «Judée» par le baron de Broukana; «Julien» tiré de M. Boulanger; l'addition d'«Abraham» par Fréret, l'«Addition importante» et l'«Autre addition» de «Baptême» par M. Boulanger et par l'abbé Nicaise; la troisième addition est tirée de l'*Encyclopédie*.

47. Voir l'étude très minutieuse de F. Bessire, «Voltaire lecteur de dom Calmet», *Studies* 284 (1991), p.139-77.

48. Il possède les *Antiquités judaïques* et l'*Histoire des Juifs depuis Jésus-Christ* de Basnage (BV281, 282); la *Bibliothèque des auteurs ecclésiastiques*, la *Nouvelle bibliothèque des auteurs ecclésiastiques*, la *Table universelle des auteurs ecclésiastiques* de Dupin (BV1159, 1167, 1168); le *Codex apocryphus Novi Testamenti* de Fabricius (BV1284); l'*Histoire ecclésiastique* de l'abbé Fleury (BV1350); *Spicilegium SS. Patrum, ut et haereticorum* de Grabe (BV1509).

49. Voir ci-dessus, ch.1.

50. Il a le *Commentaire littéral* (BV613), le *Dictionnaire de la Bible* (BV615), les *Dissertations qui peuvent servir de prolégomènes de l'Ecriture sainte* et les *Nouvelles dissertations* (BV616, 617).

51. *Mischna sive totius Hebraeorum juris, rituum, antiquitatum ... systema* (BV2469).

52. *Traité d'Origène contre Celse* (BV2618); *Œuvres* de Philon (BV2727); *Antiquités judaïques* de Flavius Josèphe (BV1743).

53. Il a les *Confessions* (BV217), *La Cité de Dieu* (BV218), les *Lettres de saint Augustin, traduites en français*, de l'édition de Saint-Maur (BV219), les *Sermons* (BV220, 221); voir CN, i.172-77.

54. BV925, 926 (CN, ii.846-49).

55. BV927 (CN, ii.850-51).

56. Eusèbe de Césarée, BV1248-1251 (CN, iii.439-51); Jérôme, BV1635, et ses *Lettres*, BV1636 (CN, iv.386-94); Justin, BV1768 (CN, iv.638-42); Lactance, BV1836; Tertullien, BV3264; Thomas d'Aquin, BV3292.

57. Voir ci-dessus, p.25. Mais on ne trouve pas trace de tous ses emprunts. Ainsi il paraît avoir consulté Labbe pour une anecdote relative au concile de Nicée (voir «Conciles»). I. O. Wade a attiré l'attention sur les emprunts de Voltaire à la Bibliothèque du roi et sur ceux qu'il effectua, par l'intermédiaire de Cramer, à la Bibliothèque de Genève ou auprès de bibliothèques privées («The search for a new Voltaire», *Transactions of the American philosophical society* n.s. 48, 1958, p.69-70).

58. Cette liste n'est nullement limitative.

59. R. Pomeau, «La documentation de Voltaire dans le *Dictionnaire philosophique*», *Quaderni francesi* 1 (1970), p.398.

60. Ce prêtre marseillais avait été brûlé comme sorcier en 1611.

61. Tous ces ouvrages se trouvent dans sa bibliothèque: P. Lucas, BV2216-2218; Astruc, BV201; Pluche, BV2765.

62. Ce mépris suscitera les plus vives protestations dans les réfutations du *Dictionnaire philosophique*.

63. Sur les omissions et interprétations tendancieuses des jésuites, voir V. Pinot, *La Chine et la formation de l'esprit philosophique en France, 1640-1740* (Paris 1932), et R. Etiemble, *L'Europe chinoise* (Paris 1989).

64. Voir les articles «Arius», «Christianisme», «Conciles».

65. Pomeau, «La documentation de Voltaire», p.401.

66. La répartition des notes par livre et par chapitre, les choix de Voltaire (irrationalité, mœurs cruelles ou immorales, histoire et religion des Hébreux) ont été étudiés par Bessire, 'Voltaire, lecteur de dom Calmet', p.172-77.

67. Voir par exemple ses annotations sur la Bible en marge des ouvrages de Calmet, celles entre autres sur Deutéronome xxiii.13-14 (CN, ii.28). Par comparaison, les confitures d'Ezéchiel paraissent une plaisanterie de bonne compagnie!

68. La formule de l'autorité royale: «car tel est notre bon plaisir», se voit transformée dans un édit divin en «car telle est notre justice» («Dogmes»). Les clefs de saint Pierre deviennent un passe-partout («Pierre»).

69. Sur les Juifs de l'Ancien Testament, on note la récurrence des mêmes textes et des mêmes commentaires.

70. J. Laurent s'intéresse aux pratiques intertextuelles du vingtième siècle et aux projets les plus radicaux dans ce domaine («La stratégie de la forme», p.281).

71. Voir les annotations des articles «Egalité», «Maître», «Lois», «Tyrannie» dans V 35-36.

72. *Essais*, i.26. Montaigne cherche son moi, Voltaire traque les erreurs des autres.

73. On notera qu'il introduit son texte par la phrase: «j'ai lu dans des Anecdotes»; l'expression ne caractérise nullement *The Irish rebellion* qui n'est point un recueil de petites histoires, mais une énumération de crimes. Elle annonce en revanche très bien le texte de Voltaire.

74. *Sous l'invocation de saint Jérôme*, p.215.

75. Compagnon, *La Seconde main*, p.202.

76. *Encyclopédie*, iii.483.

77. Compagnon, p.161.

78. A la duchesse de Saxe-Gotha, à propos de son séjour auprès de Calmet (D5968).

79. 16 avril [1754] (D5779).

80. 11 juillet [1762] (D10580).

Notes du chapitre 4

1. A titre d'exemple le *Dictionnaire philosophique portatif* de Chicaneau de Neuvillé, auquel on se réfère à cause de la conformité du titre, comporte 417 articles dans son édition de 1751, plus des additions composées en fin de volume au nombre de 31. En 1756, il comprend 462 articles.

2. Les dictionnaires sont en général précédés d'une déclaration d'intention : que l'on songe au plaidoyer qui ouvre la première édition du *Dictionnaire historique et critique* de Bayle ou au manifeste méthodologique qu'est le « Discours préliminaire » de l'*Encyclopédie*.

3. *Dictionnaire philosophique*, éd. Y. Florenne (Paris 1962), p.1.

4. Cette inégalité dans la répartition, patente dès l'édition de 1764, n'a guère été corrigée par la suite. Voltaire a complété la représentation de l'alphabet par les lettres N dans 65 (« Nécessaire ») et O dans 65v (« Orgueil »).

5. « Abraham », « Adam », « Apis », « Arius », « David », « Ezéchiel », « Jephté », « Job », « Joseph », « Julien », « Moïse », « Paul », « Pierre », « Salomon ».

6. « Abraham », « Adam », « Arius », « David », « Job ».

7. S. Auroux, *La Sémiotique des encyclopédistes* (Paris 1979), p.322.

8. Question qu'il n'ignore pas, puisqu'il a participé au *Dictionnaire de l'Académie*.

9. « Encyclopédie », article rédigé par Diderot (v.635-48).

10. « Discours préliminaire », i.1.

11. Article « Encyclopédie », v.642 (CN, iii.389).

12. CN, iii.389 ; les mots « cette manière » sont soulignés par Voltaire.

13. Voir H.-W. Schneiders, « Le prétendu système des renvois dans l'*Encyclopédie* », *L'Encyclopédie et Diderot*, éd. E. Mass et P. Knabe (Köln 1985), p.247-60 ; B. Ludewig, « L'utilisation des renvois dans la lecture de l'*Encyclopédie* », et A. Becq, « Continu et discontinu dans l'écriture encyclopédique », dans *L'Encyclopédie et ses lecteurs* (Paris 1987), p.35-36 et 17-34.

14. E. Labrousse, *Pierre Bayle, du pays de Foix à la cité d'Erasme* (La Haye 1963), p.238 et n.12 ; J. Proust, *Diderot et l'Encyclopédie* (Paris 1962), p.261-62.

15. Les contemporains de l'*Encyclopédie* ont établi une relation directe entre ces deux ouvrages ; voir les témoignages cités par Rétat, *Le Dictionnaire de Bayle et la lutte philosophique au XVIIIe siècle*, p.399. Voltaire a lu la condamnation de l'*Encyclopédie* par Joly de Fleury qui insiste sur la liaison entre Bayle et l'*Encyclopédie* (D8880, D9005, D9492). Voltaire commettait-il ce contresens sur Bayle ?

16. A propos de la tour de Babel, il écrit : « moi qui ne l'ai point vue, je

n'en parlerai pas plus que d'Adam mon grand père, avec qui je n'ai point eu l'honneur de converser». Or l'article «Adam» est construit sur trois déclarations: «je n'en parlerai point», «je n'en dirai mot», «je ne dis mot».

17. On serait étonné que Voltaire n'ait point remarqué les renvois de l'article «Anthropophages» de l'*Encyclopédie*: «Eucharistie», «Communion», «Autel». Mais les renvois ont parfois été établis de manière bien négligente, comme le montre Schneiders, «Le prétendu système des renvois». Si une ruse qu'on avoue cesse de l'être, on remarquera que Voltaire n'en dit mot, contrairement à Diderot qui avait exposé ce stratagème dans l'article «Encyclopédie».

18. «Encyclopédie» (v.642).

19. Voir les articles «Elégance», «Eloquence», «Esprit», «Faste», «Fausseté», «Faveur», «Favori», «Force», «Grand, grandeur», «Hautain», «Heureux», «Idole» (V 33). Les renvois se raréfient dans les articles parus dans le tome VII, lettres G-H. Les renvois qui sont intégrés au texte sont-ils de Voltaire?

20. V 33, p.187. Publié dans le tome VIII de l'*Encyclopédie* en 1765, cet article renvoie à plusieurs articles de Jaucourt.

21. R. Darnton, «L'arbre de la connaissance: la stratégie épistémologique de l'*Encyclopédie*», *Le Grand massacre des chats* (Paris 1984), p.218-44 et p.324, n.5, sur les projets d'organisation des arts et des sciences.

22. Voir les annotations de plusieurs articles dans V 35-36, par exemple «Abbé».

23. *Dictionnaire philosophique*, éd. Florenne, p.1: «petit fourre-tout à idées».

24. L'index de V 35-36 permettra aux lecteurs d'établir bien d'autres corrélations.

25. Nous empruntons l'expression à R. Pomeau, *Voltaire par lui-même* (Paris 1962), p.64.

26. Voir «Baptême», «Julien».

27. Voir «David», «Philosophe», «Persécution».

28. Voir «Paul», «Résurrection», «Tolérance».

29. Les occurrences sont trop nombreuses pour qu'on en dresse la liste.

30. «Ame», «Anthropophages», «Jephté».

31. Ces variantes ne démontrent pas seulement la désinvolture de Voltaire quant à l'exactitude des faits. Il ne paraît pas soupçonner que des versions différentes pourraient nuire à la crédibilité de ses propos.

32. J.-M. Moureaux, «Ordre et désordre dans le *Dictionnaire philosophique*», *Dix-huitième siècle* 12 (1980), p.394.

33. Pomeau, «Histoire d'une œuvre: le *Dictionnaire philosophique portatif*», p.44. Comme l'a remarqué J.-M. Moureaux («Ordre et désordre», p.382), cette expression caractérise bien la manière de Voltaire.

34. Voltaire a-t-il cherché un effet en faisant suivre «Ezéchiel» qui ridiculise les fables juives par «Fables» qui fait l'éloge des fables grecques?

184   *Le Dictionnaire philosophique de Voltaire*

35. 71 articles sur 118, compte fait par Moureaux, «Ordre et désordre», p.383.

36. Nos critères modernes sont assez différents de ceux du dix-huitième siècle. Dans l'*Encyclopédie*, après une entrée générale «Ivoire», une subdivision est indiquée, «Ivoire fossile». Après l'article «Japon», vient l'article «Japonais» qui est en réalité un article sur la philosophie des Japonais.

37. Voir P. M. Conlon, *Le Siècle des Lumières*, viii.87, 95, 131. On relève trois dictionnaires raisonnés dans l'*Inventaire de la Correspondance littéraire de Grimm et Meister*, douze dans l'article de Quemada.

38. Voltaire adopte un ordre numérique pour son article «Religion», qui n'est pas, sans doute, sans signification. R. Barthes rappelle à juste titre que toute activité taxinomique a un sens, qu'«il n'y a pas de plans ni naturels, ni rationnels, mais seulement des plans ‹culturels›» («Littérature et discontinu», *Essais critiques*, Paris 1964, p.179).

39. L. Lafuma, *Le Manuscrit des Pensées de Pascal 1662* (Paris 1962), 308/793; dans l'édition de Port-Royal que possédait Voltaire, PR xxii.

40. J. Mesnard, «Le thème des trois ordres dans l'organisation des *Pensées*», *La Culture du XVIIe siècle* (Paris 1992), p.463.

41. Sur l'importance de la mystique, sur l'alliance de la dialectique et de la mystique dans la pensée pascalienne, voir J. Mesnard, *Les Pensées de Pascal* (Paris 1976), p.321-30.

42. Sur le dialogue entre Voltaire et Pascal, voir la mise au point de J. Mesnard, «Voltaire et Pascal», *La Culture du XVIIe siècle* (Paris 1992), p.589-99, qui met en évidence les incompréhensions, mais aussi les affrontements qui témoignent de la part de Voltaire d'une grande pénétration.

43. Des premières remarques publiées en 1734 aux notes pour l'édition des *Pensées* donnée par Condorcet en 1776 et qui parurent en 1778, Pascal n'a cessé de hanter Voltaire.

44. Mesnard, «Voltaire et Pascal», p.392.

45. P. Rétat remarque justement que dans l'*Encyclopédie*, Diderot poursuit ses recherches sur l'interprétation de la nature («Le *Dictionnaire philosophique* de Voltaire», p.894).

46. Prospectus de l'*Encyclopédie*, 1750.

47. 27 octobre [1760], à Helvétius (D9354).

48. 15 septembre [1763], à Helvétius (D11418).

49. 15 janvier [1765], à d'Alembert (D12322).

50. 4 juin [1767], à d'Alembert (D14211).

51. 7 février [1761], à d'Argental (D9614).

52. *Traité de la connaissance de Dieu*, i.vii.

53. Voltaire écrira un dialogue de la raison humaine et de la sagesse divine dans lequel la raison est fille de la sagesse de Dieu (*Fragments historiques sur l'Inde*; M.xxix.181-84).

54. Pour une analyse systématique et très fouillée de la critique religieuse

dans le *Dictionnaire philosophique*, on se reportera à l'article déjà cité de J.-M. Moureaux.

55. On relève dans ce texte ces points dans l'argumentation : «n'est-il pas bien naturel»; «il est encore très naturel».

56. On notera ces variations voltairiennes sur les *Pensées* de Pascal (éd. Lafuma, 678/358 et 103/298).

57. On ne pense pas pour autant que «la romanolâtrie l'aveugle» (éd. Florenne, p.xi). Les éloges de la Chine et de Rome sont destinés à fustiger les chrétiens.

58. *Histoire de l'antisémitisme*; 3 : *De Voltaire à Wagner* (Paris 1968), p.107, 105, 103.

59. Pour démontrer que «les Juifs sont les ennemis naturels du genre humain», H. Labroue procède à une manipulation des textes regroupés sous trois rubriques : (1) caractères physiques des Juifs; (2) leurs stigmates intellectuels; (3) les tares morales du peuple saint.

60. R. Desné, «Voltaire était-il antisémite?», *La Pensée* 203 (1979), p.70-81, repris de l'article «Voltaire et les Juifs. Antijudaïsme et antisémitisme. A propos du *Dictionnaire philosophique*», dans *Pour une histoire qualitative : études offertes à Sven Stelling-Michaud* (Genève 1975), p.131-45.

61. A. Hertzberg, *The French Enlightenment and the Jews* (New York, London 1968) et deux réponses à cet ouvrage : P. Aubery, «Voltaire and antisemitism : a reply to Hertzberg», *Studies* 217 (1983), p.177-82, et B. E. Schwarzbach, «The Jews and the Enlightenment anew», *Diderot studies* 16 (1973), p.361-74. Voir également J. Katz, «Le judaïsme et les Juifs vus par Voltaire», *Dispersion et unité* 18 (1978), p.135-49; M.-F. Nef, «Le récit voltairien : tolérance et résignation», dans *Voltaire, Rousseau et la tolérance* (Amsterdam, Lille 1980), p.113-30; P. Pluchon, *Nègres et Juifs au XVIIIᵉ siècle : le racisme au siècle des Lumières* (Paris 1984), p.69-71 et 274-75.

62. Cité par Poliakov, *Histoire de l'antisémitisme*, p.117. Sur Zalkind Hourwitz, voir F. Malino, «Zalkind Hourwitz, juif polonais», *Dix-huitième siècle* 13 (1981), p.79-89. Hourwitz reconnaît le rôle qu'a joué Voltaire dans le progrès des Lumières qui a permis aux juifs de jouir d'un «peu de repos».

63. Un rabbin lit Ezéchiel («Ezéchiel»), les Juifs refusent le Christ («Messie»).

64. D10579 (*c.* 10 juillet 1762). Isaac Pinto avait rencontré Voltaire en Hollande et se disait grand admirateur de ses œuvres.

65. 21 juillet 1762 (D10600).

66. De larges extraits du texte d'Isaac Pinto sont reproduits dans les *Lettres de quelques juifs* de Guénée. Nos citations renvoient à i.17 et 23. L. Poliakov commente ainsi les distinctions de Pinto : «la problématique de l'émancipation veut qu'on trouve toujours plus juif que soi» (*Histoire de l'antisémitisme*, p.19).

67. *Traité sur la tolérance*, ch.22, «De la tolérance universelle» (M.xxv.104).

68. B. E. Schwarzbach a montré que, pour se défendre d'avoir encouragé les persécuteurs des juifs, Voltaire, dans *Un chrétien contre six juifs*, a exposé une «Lockean theory of national non-identity» (*Voltaire's Old Testament criticism*, Genève 1971, p.163). Voltaire rappelle que tous les peuples ont été barbares. Donc il ne peut rejaillir «aucun opprobre sur leurs descendants» d'aberrations commises par leurs ancêtres (M.xxix.516, sur les sorcières, et p.514, sur les velus du Lévitique).

69. Guénée, *Lettres de quelques juifs*, i.25.

70. Il importe de souligner la mesquinerie et la faiblesse d'un argument de l'abbé Guénée, pieusement répété par bien des commentateurs, suivant lequel les déboires financiers de Voltaire seraient à l'origine de sa hargne contre les Juifs. Voltaire a répondu très clairement sur ce point: «Comptez, messieurs, que j'ai essuyé des banqueroutes plus considérables de bons chrétiens sans crier. Je ne suis fâché contre aucun juif portugais, je les estime tous; je ne suis en colère que contre Phinée, fils d'Eléazar, qui, voyant le beau prince Zamri couché tout nu dans sa tente avec la belle princesse Cosbi, toute nue aussi, attendu qu'ils n'avaient pas de chemise, les enfila tous deux avec son poignard par les parties sacrées» (*Un chrétien contre six juifs*; M.xxix.558). On peut discuter de l'interprétation de cet épisode biblique, mais la déclaration de Voltaire est à prendre en considération.

71. On se reportera sur ce point à des études importantes: Schwarzbach, *Voltaire's Old Testament criticism*; D. Lévy, *Voltaire et son exégèse du Pentateuque: critique et polémique*, Studies 130 (1975); M.-H. Cotoni, *L'Exégèse du Nouveau Testament dans la philosophie française du dix-huitième siècle*, Studies 220 (1984); «Voltaire, Rousseau, Diderot», dans *Le Siècle des Lumières et la Bible* (Paris 1986), p.779-88; et «Présence de la Bible dans la correspondance de Voltaire», *Studies* 319 (1994), p.357-98.

72. J. Roger, *Les Sciences de la vie dans la pensée française du XVIIIe siècle* (Paris 1971), p.774.

73. «Catéchisme chinois», affirmation de Cu-Su.

74. Paulian, *Dictionnaire philosopho-théologique portatif* (Nîmes 1770), p.iv-vi.

75. Nonnotte, *Dictionnaire philosophique de la religion* (Paris 1775), p.i-xi.

76. Auroux, *La Sémiotique des encyclopédistes*, p.323.

77. Rétat, «Le *Dictionnaire philosophique* de Voltaire», p.899.

Notes du chapitre 5

1. Sur le classement, les problèmes soulevés et les partis adoptés par les œuvres complètes, voir J. Vercruysse, «Les œuvres alphabétiques de Voltaire», *Revue de l'Université de Bruxelles* n.s. 22 (1969-1970), p.89-98, et la «Préface générale» de J. Vercruysse aux *Œuvres alphabétiques*, V 33, p.xi-xxix.

2. L'édition de Kehl compte 585 articles; celle de Beuchot, 628; celle de Moland, 566.

3. On se reportera à la bibliographie de V 33, p.13-30.

4. Les *Lettres philosophiques* peuvent se lire comme de courts essais; la lettre xxv est fragmentée en pensées détachées. Les *Conseils à un journaliste* (1739) se présentent sous la forme de petits discours sur l'histoire, la philosophie, d'anecdotes littéraires (M.xxii.241-66). Les *Questions de Zapata* (1766) accentuent cette tendance.

5. Comparons à titre d'exemple la longueur des chapitres du *Traité de métaphysique* (1734), du *Traité sur la tolérance* (1762) et ceux du *Philosophe ignorant* (1766).

6. «Histoire d'une œuvre de Voltaire: le *Dictionnaire philosophique portatif*», p.14.

7. Réponse de l'auteur à un fanatique qui le condamne.

8. *Eléments de la philosophie de Newton* (V 15, p.236).

9. Pomeau, «Histoire d'une œuvre», p.14.

10. M.xxii.63-68. Ce texte parut en 1742.

11. Amsterdam, Ledet ou Desbordes.

12. M.xix.267-70. D'un point de vue formel, il ne dépare pas les œuvres alphabétiques, mais la nouvelle édition des *Œuvres complètes* le range justement dans le tome 18 (*Provisional table of contents for the Complete works of Voltaire*, éd. U. Kölving, Oxford 1983, p.11).

13. Genève, Bousquet [Paris], 1742, v.208-10; M.xx.505-507. Classé dans le tome 28 de V.

14. *Du suicide*, 1729 (M.xviii.92-95). Classé dans le tome 5 de V.

15. I. O. Wade, «The search for a new Voltaire», p.82-83.

16. Voir ci-dessus, p.15.

17. D5054. Voir l'annotation de l'article «Athée» dans V 35.

18. *Voltaire and his portable dictionary*, p.6.

19. On note dans les articles insérés par les éditeurs de Kehl des articles «Abraham» (M.xvii.40-44), «Ame» (M.xvii.130-32), «Baptême» (M.xvii.544-46) et «Moïse» (M.xx.102-108).

20. Il écrit à d'Argental: «je compile à présent» (D5029). Il va donner

libre cours à sa fantaisie dans d'autres ouvrages: il écrit alors la *Diatribe du docteur Akakia*.

21. Voir les exceptions dans V 33.

22. De l'envoi de «Littérature» (D5824-D5829) à celui du texte final d'«Histoire» (D7756).

23. Voir D5832 et les notes de ces deux articles dans V 33, p.37 et 41.

24. «Fécond», «Feu», «Figuré», «Fleuri». Les articles «Elégance» et «Eloquence» sont suivis de la mention «Belles-lettres».

25. «Faible», «Fantaisie», «Faste», «Finesse».

26. «Fausseté», «Faveur», «Fierté», «Fornication».

27. Rubrique «Histoire et morale» pour «Favori, favorite»; «Grammaire et morale» pour «Félicité»; «Grammaire et littérature» pour «Fermeté» et pour «Force»; «Histoire et morale» pour «Franchise». On note aussi ces variations: «Philosophie et belles-lettres» pour «Esprit»; «Politique et grammaire» pour «Faction».

28. Voir D5860 (il a écrit «Esprit») et D6655 (il envoie «Faveur», «Figuré», «Fleuri», «Force», «Fornication», «Franchise»).

29. «Favori, favorite» et «Franchise». Mais il glisse quelques petits historiques dans «Faction», «Faste», «Fornication».

30. Voir par exemple «Esprit».

31. Voir la distinction entre l'erreur et la fausseté («Fausseté»), celle entre la félicité, le bonheur, le plaisir («Félicité»), la finesse et la subtilité («Finesse»).

32. Articles «Fierté» et «Finesse».

33. Naves, *Voltaire et l'Encyclopédie*, p.118-19.

34. Article «Force».

35. Pour illustrer l'expression «entreprendre au-delà de ses forces», Voltaire écrit: «le travail de l'*Encyclopédie* est au-dessus des forces de ceux qui se sont déchaînés contre ce livre» (V 33, p.89). On note quelques attaques contre le *Dictionnaire de Trévoux*: articles «Esprit», «Fantaisie», «Force», «Fornication».

36. Voir «Faste»: «Le faste est l'étalage des dépenses que le luxe coûte», ou «Feu»: «on n'a point de génie sans feu, mais on peut avoir du feu sans génie» (V 33, p.68, 78).

37. Naves, *Voltaire et l'Encyclopédie*, p.122-26.

38. Il écrit à Briasson pour lui demander de rechercher des documents à la Bibliothèque du roi (13 février [1756]; D6731).

39. «Français» (D6770); «Froid», «Galant», «Garant» (D7055); premier envoi d'«Histoire» (D7018); «Gazette», «Grand, grandeur», «Grave, gravité», «Généreux», «Genre de style», «Gens de lettres», «Gloire, glorieux», «Goût», «Grâce» (D7067).

40. Voir V 33, p.117 («Genre de style»), et D7093.

41. «Galant» est un texte rapide, «Genre de style» et «Goût» sont élaborés.

42. Cet article oppose le «grammairien» des temps anciens au philosophe du dix-huitième siècle.

43. Voir «Galant», «Gloire, glorieux», «Grand, grandeur».

44. Surtout dans «Français», qui comprend des remarques sur les caractères des peuples, sur l'influence du climat, sur le génie de la langue. Voir aussi «Garant» (V33, p.111-12).

45. Il a donné des étymologies dans «Faction», «Faste», «Faveur», «Fornication», «Galant», «Garant».

46. D7550. Voir la réponse de d'Alembert, D7573.

47. V33, p.179. A signaler que Voltaire veut ainsi flatter Diderot. Les remarques des articles «Habile» et «Hautain» paraîtront dans le tome VIII de l'*Encyclopédie* et dans les *Nouveaux mélanges* de 1765.

48. Articles commençant par les lettres H et I.

49. «Faction», «Faste», «Faveur», «Fornication», «Galant», «Garant», «Heureux». Il indique l'évolution des significations dans «Fantaisie» et «Faste».

50. «Fausseté», «Félicité», «Fermeté», «Finesse», «Gloire, glorieux».

51. «Esprit», «Facile», «Faible», «Fécond», «Franchise», «Grâce».

52. V33, articles pour le *Dictionnaire de l'Académie* dont l'annotation permet de mesurer les dettes de Voltaire.

53. La question sera étudiée plus loin. Etymologies, définitions, évolution du sens des mots, traductions en plusieurs langues font partie des jeux de Voltaire avec l'instrument-dictionnaire. On ne veut pas dire pour autant que les articles d'allure lexicale du *Dictionnaire philosophique* furent primitivement destinés à l'*Encyclopédie*.

54. V33, p.152, 157. Voir aussi D7550.

55. Voir les réflexions sur bonheur et condition sociale, bonheur et tempérament.

56. Citons le dernier paragraphe: «Des âmes de boue, des fanatiques absurdes, préviennent tous les jours les puissants, les ignorants, contre les philosophes; si *malheureusement* on les écoutait, nous retomberions dans la barbarie dont les seuls philosophes nous ont tirés» (V33, p.163).

57. Par exemple celle sur les Grands d'Espagne dans l'article «Grand».

58. A propos du remords: «c'est sur quoi le lecteur peut encore penser beaucoup» (V33, p.163).

59. «Imagination», «Heureux» (V33, p.206, 160-61).

60. Il s'est proposé pour «Histoire» dans D6619, pour «Idole» dans D7098, pour «Imagination» dans D7067.

61. Compte rendu de V33 par F. Moureau, *Recherches sur Diderot et sur l'Encyclopédie* 4 (1988), p.171.

62. D6655 et l'article «Certitude».

63. Certaines de ses contributions ont été réécrites («Littérature») ou rejetées («Historiographie», «Honneur»). Certains intitulés qui lui étaient proposés ne lui convenaient pas: «Formaliste» (D6655), «Généalogie», «Guerres littéraires», «Littérature grecque» (D6619, D7067 et V 33, p.11).

64. 18 février [1760], à Mme Du Deffand (D8764). Elle admire Montaigne (D8559).

65. C'est après Montaigne et sur son exemple que ce mot désigne un genre littéraire et philosophique.

66. Voir A. Tournon, *Montaigne* (Paris 1989), p.74-82.

67. «C'est ici purement l'essai de mes facultés naturelles» (Montaigne, *Essais*, ii.x, éd. A. Micha, Paris 1969, p.78); «mon jugement [...] duquel ce sont ici les essais» (ii.xvii, p.316).

68. Voltaire comme Montesquieu, Diderot, Helvétius, le baron d'Holbach, Rousseau, a droit à un article dans le *Dictionnaire des philosophes*, sous la direction de D. Huismans (Paris 1984).

69. *Dictionnaire philosophique*, éd. Florenne, p.ii; voir aussi J. Cazeneuve, «La philosophie de Voltaire d'après le *Dictionnaire philosophique*», *Synthèses* 181-182 (juin-juillet 1961), p.14-31.

70. M. L. Perkins, «Theme and form in Voltaire's alphabetical works», *Studies* 120 (1974), p.17-24 sur le *Dictionnaire philosophique*. L'auteur souligne à juste titre l'importance de la section religion, suivie par celle qui traite de questions philosophiques et psychologiques.

71. V 82, p.709. Les éditeurs de Kehl font de cette note la quatrième section de l'article «Somnambules» (M.xx.435). La lettre du 20 juin 1764, signée John Dreamer, est reproduite dans les mélanges (M.xxv.192-95).

72. Voir l'annotation de cet article dans V 35.

73. Voltaire aime commencer ses articles par des historiques condensés: voir «Divinité de Jésus» et «Péché originel» qui rappellent l'opinion des sociniens, «Tout est bien», «Chaîne des événements», «Enfer».

74. Voir Rétat, «Le *Dictionnaire philosophique* de Voltaire», p.898*n*.

75. Cette manière de Voltaire est à l'opposé de celle de l'*Encyclopédie*. Voir les remarques de R. Naves sur les articles écrits par Diderot. Les uns adoptent «la manière inspirée», les autres se veulent d'abord complets (Naves, *Voltaire et l'Encyclopédie*, p.140).

76. Voir «Le *Dictionnaire philosophique* de Voltaire», *passim*.

77. Pomeau, *La Religion de Voltaire*, p.416 ss.

78. Sur la laïcisation des Lumières, sur le passage du singulier au pluriel, voir R. Mortier, «Lumière et Lumières: histoire d'une image et d'une idée au xviie et au xviiie siècles», *Clartés et ombres du siècle des Lumières* (Genève 1969), p.13-59.

79. Rétat, «Le *Dictionnaire philosophique* de Voltaire», p.900.

80. *Les Formes brèves de la prose et le discours discontinu (XVI-XVIIe siècles)*,

publiées par J. Lafond (Paris 1984). Voir aussi sa bibliographie, *Moralistes du XVIIe siècle* (Paris 1992), p.1271-78.

81. *Moralistes du XVIIe siècle*, p.xxix.

82. 16 octobre 1765, à Mme Du Deffand (D12939).

83. «Amour», «Amour nommé socratique», «Amour-propre» se substituant chez Voltaire à «Amour de Dieu – du prochain – de nos ennemis» chez nos auteurs pieux et conformistes (Rétat, «Le *Dictionnaire philosophique* de Voltaire», p.896).

84. Voir les articles «Abbé», «Ange», «Baptême», «Caractère», «Enthousiasme», «Idole», «Messie», «Pierre», «Philosophe».

85. Voir pour «Idole», V 33, p.187, n.2.

86. Dans «Ange», après avoir rappelé l'étymologie grecque: «envoyé», Voltaire énumère les Péris des Perses, les Malakim des Hébreux, les Daimonoi des Grecs afin de montrer, par la voie du comparatisme, que tous les peuples ont imaginé des êtres intermédiaires entre les hommes et la divinité. Voir aussi le rapprochement Bram/Abraham et le rapprochement avec Brama («Abraham», ajout de 1765).

87. «Tyrannie» est construit à partir de la définition; il en est de même de «Vertu».

88. Article qui peut être lu comme la suite des chapitres du *Siècle de Louis XIV* et de l'*Essai sur les mœurs* consacrés à la Chine.

89. Moreri, iii.623-636, énumération des rubriques traitées.

90. *Encyclopédie*, ii.341-348; Voltaire n'a pas annoté cet article.

91. *Encyclopédie*, ix.86-87; article non annoté par Voltaire.

92. *Dictionnaire de la Bible*, i.24-26.

93. i.7-80, voir la remarque G sur les révélations de Bourignon et la justification de Bayle. Bayle parle des préadamites à l'article «La Pereire».

94. Voir l'annotation de l'article «Adam».

95. L'article de Bayle fit scandale. Ce qui était réserve chez Bayle, justifiée par des considérations sur «l'alternative des passions et de la grâce», «fatalité attachée à notre nature depuis le péché d'Adam» et à laquelle David n'échappa point, devient chez Voltaire condamnation sans explication.

96. Même s'il n'est point aisé de définir la notion de facétie chez Voltaire ni d'en dresser une liste (voir D. Guiragossian, *Voltaire's facéties*, Genève 1963, et *Facéties*, éd. J. Macary, Paris 1973), on rappellera qu'en 1760 est paru à Genève chez Cramer un recueil de textes anonymes intitulé *Recueil des facéties parisiennes pour les six premiers mois de l'année 1760* qui reproduisait des textes de Voltaire.

97. «Catéchisme chinois», «Catéchisme du curé», «Catéchisme du Japonais», «Dieu», «Fraude», «Liberté» en 1764; «Catéchisme du jardinier», «Liberté de penser», «Nécessaire» en 1765; «Papisme» en 1767.

98. Lorsqu'il fait paraître le *Dictionnaire philosophique*, Voltaire est l'auteur

d'une douzaine de dialogues (voir *Provisional table of contents for the Complete works of Voltaire*).

99. Pour la première partie du siècle, voir D. J. Adams, *Bibliographie d'ouvrages français en forme de dialogue, 1700-1750*, Studies 293 (1992). On souhaiterait que l'enquête soit poursuivie pour la seconde moitié du siècle.

100. Le *Catéchisme de l'honnête homme* de 1763 n'est pas entré dans le *Dictionnaire philosophique*. Voir Moureaux, «Ordre et désordre», p.384-85.

101. Dans maintes facéties, Voltaire attire l'attention par ces longs sous-titres burlesques : *Relation de la maladie, de la confession, de la mort, et de l'apparition du jésuite Berthier avec la relation du voyage de Frère Garassise, et ce qui s'ensuit, en attendant ce qui s'ensuivra; Canonisation de saint Cucufin, Frère d'Ascoli, par le pape Clément XIII, et son apparition au Sieur Aveline, bourgeois de Troyes, mise en lumière par le Sieur Aveline lui-même; Instruction du gardien des capucins de Raguse à frère Pediculoso partant pour la Terre Sainte*.

102. «Le dialogue philosophique, genre impossible?: l'opinion des siècles classiques», dans *Le Dialogue genre littéraire*, Cahiers de l'Association interna-tionale des études françaises 24 (mai 1972), p.43-58, et «Le dialogue d'idées au XVIIIe siècle», *Histoire littéraire de la France*, v, *1715-1794*, p.259-90. Voir aussi l'édition de La Hontan, *Dialogues avec un sauvage* (Paris 1973). On se reportera à la bibliographie de D. J. Adams pour les études consacrées au dialogue.

103. Voir l'introduction de J. Benda à l'édition des *Dialogues philosophiques* (Paris 1966), p.I-XVIII; U. van Runset, *Ironie und Philosophie bei Voltaire unter besonderer Berücksichtigung der «Dialogues et entretiens philosophiques»* (Genève 1974); Y. Jenny, *Rhetoric in Voltaire's dialogs*, thèse, Duke University, 1968 (*Dissertation abstracts international* 29, 1968-1969, p.1227A-1228A); R. Mortier, «Pour une poétique du dialogue: essai de théorie d'un genre», *Literary theory and criticism: Festschrift presented to René Wellek in honor of his eightieth birthday*, éd. J.-P. Strelka (Bern 1984), i.457-74; J. Pedersen, «Le dialogue du classicisme aux Lumières: réflexions sur l'évolution d'un genre», *Studia neophilologica* 51 (1979), p.305-13.

104. «Dieu», «Liberté de penser», «Fraude», «Papisme».

105. Schéma classique qui est celui des *Dialogues avec un sauvage* de La Hontan que Voltaire possédait (BV1876). Deux personnages réduits à des initiales s'affrontent dans «Liberté», ils campent sur des positions claires.

106. «Catéchisme du Japonais» joue délibérément des anagrammes et réduit les querelles religieuses à des querelles de cuisine. Voir aussi des traits caricaturaux dans «Papisme».

107. Voir «Nécessaire», «Fraude», «Catéchisme chinois».

108. Kou demande dès sa première intervention ce que veut dire «adorer le Chang-ti»; la dernière réplique assure qu'il est inspiré par le Chang-ti.

109. Introduction par R. Pomeau, *Dictionnaire philosophique* (Paris 1964), p.11, et introduction par Y. Florenne, édition citée, p.11.

110. Il fait référence à Plutarque dans «Superstition» 1.

111. Texte de Nietzsche, cité par M. Blanchot, *L'Entretien infini* (Paris 1969), p.228.

112. Voltaire remanie son texte lorsqu'il n'en est plus satisfait: voir l'annotation de «Salomon» dans V 35-36.

113. «Athée» II, «Foi» II, «Lois» II, «Résurrection» II, «Superstition» II.

114. «Ezéchiel», ajout de 65v; «Guerre», ajout de 65v; «Religion» VIII, ajout de 65v; «Abraham», ajout de 67.

115. «Abraham», ajout de 65v; «Chine», «Fables», «Sensation».

116. «Amour nommé socratique» (cette note de 1769 prend la forme d'un petit article), «Luxe», «Moïse».

117. Ph. Lacoue-Labarthe et J.-L. Nancy, *L'Absolu littéraire* (Paris 1978), p.67.

118. *Voltaire* (Paris 1906), p.149.

Notes du chapitre 6

1. Chaudon, *Dictionnaire anti-philosophique* (Avignon 1767), p.vi.
2. 7 septembre [1764], à d'Alembert (D12073).
3. 9 janvier 1763, à Moultou (D10897).
4. On ne dispose que d'un manuscrit, du «Catéchisme du jardinier» (A. Brown, «Calendar of Voltaire manuscripts other than correspondence», *Studies* 77, 1970, p.19-20).
5. Dans les carnets, on lit: «L'amour-propre est comme cette partie qu'il faut cacher et dont il faut se servir, qui est agréable, nécessaire et dangereuse» (V 82, p.518). Dans «Amour-propre», cette ébauche est devenue: «il [l'amour-propre] ressemble à l'instrument de la perpétuité de l'espèce; il nous est nécessaire, il nous est cher, il nous fait plaisir, et il faut le cacher».
6. Voir V 35, p.284.
7. *L'Art de la prose* (Paris 1908) et *Voltaire* (Paris 1906).
8. *Studies* 44 (1966); voir aussi J.-M. Moureaux, «Voltaire: l'écrivain», *Revue d'histoire littéraire de la France* 79 (1979), p.339-40; P. Gay, *The Party of humanity: essays in the French Enlightenment* (London 1964), p.47-96.
9. Nous nous référerons souvent aux analyses de J. Monty, reprises selon d'autres perspectives.
10. Voir V 35, p.284.
11. 26 décembre 1762, à Damilaville (D10860).
12. 29 décembre 1762, à la marquise de Florian (D10863).
13. Monty, *Etude sur le style polémique de Voltaire*, p.138-39.
14. J. Monty remarque que le *Dictionnaire philosophique* contient peu d'archaïsmes (p.24). Pour la propagande voltairienne, les maux engendrés par ces folies ne sont pas périmés.
15. Voir les lettres sur les quakers qui les identifient à des singularités vestimentaires, même si leur piété et leur morale sont reconnues.
16. Voir son chapitre 3 qui met à juste titre l'accent sur l'importance de l'image chez Voltaire. Pour tout relevé systématique des procédés du style polémique de Voltaire, il convient de se reporter à cet ouvrage.
17. Monty, *Etude sur le style polémique de Voltaire*, p.115.
18. «Le bestiaire du *Dictionnaire philosophique portatif*», *Revue d'histoire littéraire de la France* 81 (1981), p.367-90.
19. R. Granderoute indique que Voltaire «développe le motif de la puissance sexuelle de ces deux bêtes phalliques» (le cheval et le taureau). Dans le même article, les pigeons symbolisent, de manière convenue, la tendresse.
20. *Le Siècle de Louis XIV*, ch.25 (*OH*, p.889).

21. Voltaire cite la répartie d'un homme violent à François 1ᵉʳ («Caractère»), celle de l'empereur Frédéric ii sur la Judée («Judée»).

22. «Fable», *Questions sur l'Encyclopédie* (M.xix.66).

23. La distinction entre fables des imposteurs et fables des philosophes est dans *L'Ingénu*, ch.14; les fables des «anciens peuples ingénieux» sont évoquées dans l'ajout de 65v à l'article «Fables».

24. Monty, *Etude sur le style polémique de Voltaire*, p.33.

25. «L'esprit de Voltaire», *Studies* 24 (1963), p.139-54.

26. *Etude sur le style polémique de Voltaire*, p.169.

27. Ainsi du jugement sur les Romains, admirés quand ils furent des pillards, décriés quand ils jouirent de leurs biens: «quand ils cultivèrent tous les arts [...] ils cessèrent alors, dit-on, d'être sages et gens de bien» («Luxe»).

28. Ces effets que signale J. Monty sont largement exploités dans les facéties.

29. Le nombre des occurrences de «petit» (45), «petite» (21), «petits» (21), «petites» (22), «grand» (96), «grande» (46), «grands» (31), «grandes» (9) est significatif.

30. Voir comment Voltaire abrège Abauzit dans l'article «Apocalypse».

31. Lanson, *Voltaire*, p.155.

32. Ellipses du nom, du verbe, «il y a» sous-entendu, «voilà» représentant le verbe, autant de traits relevés par J. Monty, *Etude sur le style polémique de Voltaire*, p.145-46. On se reportera aussi à son chapitre sur la phrase dans le *Dictionnaire philosophique*.

33. Cf. l'importance du personnage du lecteur dans *Jacques le Fataliste*.

34. J. Dagen, «La marche de l'histoire suivant Voltaire», *Romanische Forschungen* 70 (1958), p.241-66.

35. A. Maurois, «Le style de Voltaire», *Europe* (mai-juin 1959), p.5.

36. *Le Taureau blanc*, éd. R. Pomeau (Paris 1956), p.51-52.

37. Voir l'importance des animaux carnassiers signalée par R. Granderoute, «Le bestiaire», p.372. Les moutons dévorent d'autres espèces («Lois» ii).

38. Plaisanteries sur les différentes sectes comparées à des cuisines («Catéchisme du Japonais»), démonstration suivant laquelle nous sommes tous anthropophages («Résurrection» ii), intérêt pour le cannibalisme réel («Anthropophages»), et sacré, celui de la «manducation supérieure» («Religion» iii).

39. Scatologie et sexualité, cette veine se retrouvera dans les derniers contes (par exemple *Les Oreilles du comte de Chesterfield*).

40. Sur les animaux sacrés, voir Granderoute, «Le bestiaire», p.386-89.

41. 14 mars 1764, à d'Argence (D11769).

42. On sait qu'il a perdu ses dents depuis longtemps, mais la censure n'a pas réussi à lui rogner les griffes.

Notes du chapitre 7

1. 29 août 1764 (D12065). Il réclame un exemplaire du *Dictionnaire philosophique*.

2. D12329, commentaire. L'exemplaire de Frédéric II conservé à Potsdam, dans la Bibliothèque du Nouveau Palais (S 510), ne comporte point de traces de lecture particulières. Voir l'article de François Moureau, «Voltaire, Frédéric et *Le Siècle de Louis XIV* ou les lectures du Prince», *Bulletin du bibliophile* (1994), p.56-80.

3. Sur ses compliments à J.-J. Rousseau, voir D11682, commentaire. Ses sentiments de piété sont réels, comme en témoigne sa correspondance avec Bergier (N. S. Bergier, *Œuvres complètes*, éd. Migne, Paris 1855, viii.1566-87). Mais il avoue à Tissot auquel il adresse copie de sa lettre ses arrière-pensées: «J'ai regardé comme un outrage l'avidité que me suppose M. de Voltaire, et je saisis cette occasion de lui déclarer mes sentiments» (voir D12126, commentaire).

4. Voltaire espère que le prince lui accorde «liberté de conscience», puis lui parle affaires, ce qui est une manière de lui rappeler la situation (D12191).

5. D12516. D'Autrey a attaqué Diderot dans son *Pyrrhonien raisonnable, ou méthode nouvelle proposée aux incrédules* (La Haye 1765).

6. D12498, jugement porté avant qu'il n'ait reçu les objections sur le *Dictionnaire philosophique*.

7. 6 septembre 1765 (D12871). Il est question des goûts de Voltaire en matière de cuisine, par exemple du pain cuit au four et non dans un privé et des figues offertes en dessert, seulement pendant la saison. On reconnaît les allusions à Ezéchiel et à l'épisode du figuier séché de l'Evangile.

8. 4 novembre 1764 (Leigh 3620). Du Peyrou lui a envoyé un exemplaire du *Dictionnaire philosophique* le 20 octobre (Leigh 3587): il blâme l'auteur, mais sans condamner l'ouvrage.

9. Cité dans D12112, commentaire, lettre du 30 septembre 1764.

10. Lettre du 17 août, citée dans D12053, commentaire, et lettre du 17 septembre 1764, citée dans D12090, commentaire. Sur les relations de Bonnet et Voltaire, voir J. Marx, *Charles Bonnet contre les Lumières (1738-1850)*, Studies 156-157 (1976), p.514-33.

11. Les recherches dirigées par H.-J. Lüsebrink dans les périodiques allemands étudieront la réception allemande du *Dictionnaire philosophique*.

12. Grimm, *Correspondance littéraire* (Paris 1877-1882), vi.65, avec pour seule indication «septembre». Pour la date précise, voir U. Kölving et J. Carriat, *Inventaire de la Correspondance littéraire de Grimm et Meister*, Studies 225-227 (1984), 64:188.

13. Kölving et Carriat, 64:208 et 64:224.

14. *Correspondance littéraire*, vi.186, 252.

15. *Correspondance littéraire*, vi.410; Kölving et Carriat, 65:328.

16. *Année littéraire* (1764), viii.65-68.

17. xv.502. La traduction de Fréron est, dans l'ensemble, correcte. On remarque néanmoins un «oubli». Le rédacteur anglais écrivait: «an equal quantity of mirth and pleasantry, sometimes droll, often insipid and always ill applied». Fréron traduit: «une égale quantité de plaisanteries, souvent plates, et toujours mal appliquées».

18. *The Gentleman's magazine* (1765), xxxv.41. On notera l'orthographe de Ferney et l'erreur de date. Ce texte est, semble-t-il, oublié.

19. *Annual register* (1765), viii.60-61.

20. *Critical review* (décembre 1764), xviii.467-71.

21. *The Gentleman's magazine* (1765), xxxv.469-72. Le journaliste a traduit les titres de 72 articles de la première édition qui en comprenait 73 (il a omis «Certain»).

22. *The Monthly review* (juillet-décembre 1764), xxxi.503-15. (Ce compte rendu paraît dans un appendice et une note indique qu'il sera publié le 1er février, avec la livraison de janvier 1765.) Kenrick est l'un des collaborateurs les plus assidus de ce périodique. Dans la recension d'une traduction du *Dictionnaire philosophique*, dont nous parlerons plus loin, le journaliste signe K-n-K (*The Monthly review*, 1765, xxxiii.278) et renvoie à ce texte.

23. Le titre français des articles est suivi par la traduction anglaise. Après la mort de Voltaire, Kenrick fera paraître une édition de ses *Miscellanies*. Cette traduction fait place à des bagatelles «of a nature repugnant to religious orthodoxy and moral delicacy», mais sauvées au nom de l'esprit et du style (voir A.-M. Rousseau, *L'Angleterre et Voltaire*, Studies 145-147, 1976, p.662).

24. *The Monthly review* (1764), xxxi.508n.

25. *The Monthly review* (1765), xxxii.240, cité dans D12141, commentaire.

26. Il en existe des exemplaires avec la véritable adresse de S. Bladon, selon Rousseau, *L'Angleterre et Voltaire*, p.995, n° 78.

27. Aux reproches de platitude et de lourdeur s'ajoute une leçon de traduction; voir *The Monthly review* (1765), xxxiii.276-85, livraison d'octobre.

28. *The Philosophical dictionary*, p.220.

29. *The Monthly review* (1765), xxxiii.278-85.

30. On ne trouve pas cette réfutation dans les *Œuvres* de Vernet, ce qui nous a été confirmé par Graham Gargett.

31. Sur ce périodique, publié à Neuchâtel, voir la notice de J.-D. Candaux, *Dictionnaire des journaux*, éd. J. Sgard (Paris, Oxford 1991), i.682-83. Le relevé des pages de ces réfutations peut donner une idée de la place accordée à chacune d'elles dans les livraisons du *Journal helvétique*: janvier 1765: «Abraham», p.40-52; février: «Ame», p.115-28; mars: «Amitié», «Amour», «Amour socratique», «Amour-propre», p.227-30, «Ange»,

p.230-40; avril: «Anthropophages», p.355-64, «Apis», p.364-68; juin: «Apocalypse», p.559-76, «Athée, athéisme», p.577-600; juillet: «Baptême», p.3-13, «Beau, beauté», p.13-15, «Bêtes», p.15-22; août: «Bien», p.135-40, «Tout est bien», p.140-48, «Bornes de l'esprit humain», p.148-51; septembre: «Caractère», p.227-30, «Certain, certitude», p.230-42; octobre: «Chaîne des événements», p.339-51, «Chaîne des êtres créés», p.351-57, «Ciel des anciens», p.357-71; novembre: «Circoncision», p.451-72; janvier 1766: «Corps», p.3-11, «De la Chine», p.11-22; février, mars: «Catéchisme chinois», p.105-35, 211-26; avril, mai, juin, juillet, août: «Christianisme», p.323-43, 457-71, 547-68, 3-26, 115-29; juillet 1767: «Destin», p.3-16, «Dieu», p.16-21; août: «Egalité», p.115-21, «Enfer», p.121-35; septembre: «Etats, gouvernements», p.248-55, «Ezéchiel», p.255-61; octobre: «Fables», p.358-60, «Fanatisme», p.361-70, «Fausseté des vertus humaines», p.370-71, «Foi», p.371-77; novembre: «Fraude», p.478-82, «Genèse», p.482-95; décembre: «Genèse», p.590-606.

32. Sur Bergier, voir *Un théologien au siècle des Lumières: l'abbé Bergier; correspondance avec l'abbé Trouillet, 1770-1790*, éd. A. Jobert (Lyon 1987), p.15-29.

33. Dans *La Certitude des preuves du christianisme* (Paris 1767; BV3590), Bergier se propose dans un chapitre intitulé «Diverses réflexions sur l'Ancien et le Nouveau Testament», de réfuter des objections du *Dictionnaire philosophique*, de la *Philosophie de l'histoire*, des mélanges de philosophie, des *Lettres sur les miracles* (p.123). Cependant, les réponses de Bergier ne font nommément allusion qu'au *Précis de l'Ecclésiaste* et au *Précis du Cantique des cantiques*. Voltaire répond par ses *Conseils raisonnables à M. Bergier pour la défense du christianisme* en 1768 (M.xxvii.35-53).

34. Migne précise: «Déjà nous avions édité à la suite de l'*Apologie de la religion chrétienne*, t.VIII, col. 617 sq., l'opuscule intitulé *Réfutation des principaux articles du Dictionnaire philosophique* quand nous avons connu par des lettres de Bergier qu'il avait publié dans le *Journal helvétique* de Neufchâtel, une série d'articles sur le même sujet. Nous nous sommes empressés de faire copier à Fribourg cette réfutation du Dictionnaire de Voltaire. Nous avons reconnu qu'elle était à peu près identique avec celle publiée par nous à la suite de l'*Apologie de la religion chrétienne*. Cependant les articles que nous donnons ici, sont nouveaux et nous ne devons pas en priver le public. Mais nous regrettons souverainement qu'ils nous soient parvenus trop tard pour les réunir à la Réfutation du même Dictionnaire déjà éditée» (Bergier, *Œuvres complètes*, Paris 1855, i.646, n.10). Migne reprend les articles parus dans le *Journal helvétique*, mais absents de la *Suite*, à l'exception des textes suivants: «Abraham», «Baptême», «Beau», «Circoncision», «Foi», «Genèse». L'article de A. J. Bingham, «The earliest criticism of Voltaire's *Dictionnaire philosophique*», *Studies* 47 (1966), p.15-37, est fondé sur le corpus établi par Migne.

35. Sur l'*Apologie*, voir p.155-56 et n.130-31 du ch.7.

36. «Ciel des anciens», p.371; «Ame», p.117.

37. «Tout est bien» est, selon lui, une compilation de Bayle.

38. «Ciel des anciens», p.371; «Circoncision», p.472; «Christianisme», p.4, 26.

39. «Ame», p.122. L'accusation est manifestement fausse.

40. Ces accusations se trouvent dans: «Circoncision», p.455 ss.; «Baptême», p.9; «Apocalypse», p.562; «Anthropophages», p.362; «Christianisme», p.26.

41. «Abraham», p.42; «Ciel des anciens», p.365; «Apis», p.365; «Chaîne des événements», p.342-43.

42. «Catéchisme chinois», p.114.

43. «Tout est bien», p.147.

44. «Bornes de l'esprit humain», p.148-51.

45. «Chaîne des êtres créés», p.353-54.

46. «De la Chine», p.17; «Certain, certitude», p.233; «Christianisme», p.340.

47. «Ange», p.234.

48. «Christianisme», p.469, 563, 124-25.

49. «Apocalypse», p.561; «Christianisme», p.336-38.

50. «Catéchisme chinois», p.213.

51. «Ange», p.231; «Catéchisme chinois», p.226; «Christianisme», p.549.

52. S. Albertan-Coppola, «Bergier contre Voltaire, ou le combat de David contre Goliath», colloque N.-S. Bergier, 1990, p.5, dact. Cette communication qui étudie les articles parus dans l'*Apologie* relève les «contradictions, erreurs, absurdités et sophismes puérils» que Bergier épingle dans le *Dictionnaire philosophique*.

53. «Catéchisme chinois», p.116.

54. S. Albertan-Coppola, p.13, qui met à juste titre l'accent sur l'importance et la solidité de cette apologie, sans doute l'une des meilleures, mais Bergier, à force de vouloir prouver, n'est pas pour autant toujours convaincant.

55. «Christianisme», p.339. On voit mal comment on distinguerait les faux Messies du vrai Messie, s'il suffit de se proclamer né d'une vierge.

56. «Apocalypse», p.565; «Apis», p.368.

57. «Ame», p.117; «Beau», p.14.

58. «Chaîne des événements», p.350; «Catéchisme chinois», p.215.

59. «Catéchisme chinois», p.214-15.

60. «Athée», p.578, 583.

61. Voltaire n'a pas les années 1765-1767 du *Journal helvétique* dans sa bibliothèque.

62. Voir ci-dessus, ch.2.

63. «Bien», f.40.

64. «Anthropophages», f.15; «Fanatisme», f.86; «Bien», f.39.

65. «Jephté», f.120; «Fin», f.91. Dans l'article «Corps» (f.53), il lui reproche son ingratitude à l'égard de Calmet. Il prétend que c'est à l'instigation de Voltaire que Calmet a écrit son livre sur les vampires.

66. «Amour», f.11.

67. «Anthropophages», f.15; «Abraham», f.5.

68. «Ange», f.15.

69. «Matière», f.132; «Ange», f.12; «Certain», f.45.

70. «Guerre», f.98, 101.

71. «Circoncision», f.52; «Gloire», f.96.

72. C'est sous ce nom qu'il figure dans le *Catalogue général des imprimés* de la Bibliothèque nationale.

73. «Premières additions à la bibliographie des écrits français relatifs à Voltaire (1719-1830)», *Studi francesi* 13 (1969), p.481-90.

74. *Journal helvétique* (juillet 1766), p.36.

75. *Journal helvétique* (juillet 1766), p.30; voir Albert de Montet, *Dictionnaire biographique des Genevois et des Vaudois* (Lausanne 1877-1878), ii.401-402.

76. D'après D6806. Voltaire lui a lu son *Poème sur le désastre de Lisbonne*. La conversation a roulé sur le «tout est bien» et Voltaire aurait dit de «belles choses» à la gloire du christianisme.

77. Sur *La Guerre littéraire*, voir Pomeau et Mervaud, *De la Cour au jardin*, p.361-62. Voltaire écrit à Rosset (D8102, D8123), lequel produit ses lettres devant les curateurs (D8178).

78. «Avertissement», p.vi.

79. «L'auteur de ce livre quel qu'il soit» («Abraham», p.1). En cours de rédaction, Rosset intègre dans ses *Remarques* une réfutation de «Genèse» parue dans 65v.

80. «Ame», p.6; «Amour-propre», p.10; «Bien», p.19.

81. Voir les articles «Christianisme», «Enfer», «Genèse», «Jephté».

82. Voir «Apocalypse», p.15; «Baptême», p.17, sur l'origine du baptême; «Ezéchiel», p.62, à propos des pains cuits sous la cendre avec des excréments séchés; «Genèse», p.112, sur l'ignorance de l'hébreu de Voltaire.

83. «Christianisme», p.39; «Religion», p.139, 142; «Moïse», p.124.

84. «Anthropophages», p.13.

85. «Fanatisme», p.71.

86. «Catéchisme du curé», p.39; «Pierre», p.134; «Idole», p.85.

87. Selon Thiriot (3 juillet 1765; D12787). Voltaire aurait-il eu des relations indirectes avec ce bénédictin qui travaillait dans les années 1760 à un *Nouveau dictionnaire historique portatif*? Telle est la version proposée en 1815 par l'éditeur de deux lettres adressées à Voltaire, l'une par un gentilhomme d'Avignon, l'autre par un inconnu (D11464 et D12235). La première fournit des preuves concernant l'anecdote sur l'homme au masque de fer rapportée dans *Le Siècle de Louis XIV*, la seconde défend la thèse de l'authenticité du

Testament du cardinal de Richelieu. Ces deux lettres auraient été inspirées par Chaudon.

88. D14562. Voltaire a mis un signet dans la préface, p.VIII, où sont indiqués comme collaborateurs Berthier, Joannet, Gauchat, Le François, Trublet. Sur les emprunts de Chaudon, voir R. E. A. Waller, «Louis-Mayeul Chaudon against the *philosophes*», *Studies* 228 (1984), p.259-65.

89. «Anthropophages» (4), «Athée» (2), «Tout est bien» (1), «Christianisme» (4), «Genèse» (1), «Moïse» (1). Les autres marques de lecture concernent la «Préface», les articles «Abbadie», «La Beaumelle», «Bayle», «Encyclopédie», «Mahomet», «Montesquieu», «Cantique des cantiques», et un document: la Lettre du R. P. Routh; voir CN, ii.605-609.

90. Voltaire a lu de près cette préface (CN, ii.606).

91. Bayle, La Mettrie, Diderot, Helvétius, Prades, Toland. Voir J. Lough, «Chaudon's *Dictionnaire anti-philosophique*», *Voltaire and his world* (Oxford 1985), p.307-22.

92. Descartes et Montesquieu.

93. Abbadie, Houtteville, Bossuet, Pascal, Huet. Son dictionnaire fait office de dictionnaire des hommes célèbres.

94. Il attaque *Candide* dans «Tout est bien», les écrits sur la tolérance dans «Tolérance», *La Philosophie de l'histoire* dans «Moïse» et «Salomon», les *Contes de Guillaume Vadé* dans «Christianisme», *La Pucelle* dans «Liberté de penser», *La Henriade*, les *Annales de l'Empire* dans «Pierre».

95. Voir les articles «Miracles», «Paul», «Pierre».

96. «Abraham», p.7; «Christianisme», p.60; «Grâce», p.127.

97. «Genèse», p.126; «Tout est bien», p.45; «Liberté», p.178.

98. «Abraham», p.18-19 de l'édition de 1774.

99. «Ciel», p.73; «Ezéchiel», p.366, édition de 1774.

100. Ce que Calmet n'ignorait point (voir dans V 35-36, l'annotation d'«Ezéchiel»).

101. Voir les articles «Jephté», «Pierre», «Salomon».

102. «Apocalypse», p.23; «Tout est bien», p.45; «Egalité», p.101; «Ezéchiel», p.367; «Pierre», p.259.

103. Il justifie la révocation de l'édit de Nantes («Tolérance»), attaque les protestants («Genèse»), prétend que les théologiens anglicans ont inspiré les critiques de Voltaire («Martyrs»).

104. «Ange», p.18; «Métempsycose», p.209.

105. «Philosophe», p.255.

106. «Persécution». Voltaire n'a pas annoté cet article. L'a-t-il lu?

107. Si l'on en juge par ses rééditions. Chaudon ajoute les articles «Abbé», «Dieu», «Ezéchiel», «Salomon» qui répondent directement au *Dictionnaire philosophique*.

108. Voir par exemple les articles «Abraham», «Ange», «Apis», «Apocalypse», «Ciel des anciens», «Circoncision».

109. L'abbé François est disert sur le mensonge d'Abraham. Menacé de perdre la vie s'il se dit l'époux de Sara, Abraham use de prudence « sans attendre un miracle de la Providence ». Pour sauver l'honneur de Sara, il s'abandonne à la Providence « comme à l'unique moyen que sa foi lui suggère » (« Abraham », p.4). Sur le péché originel, voir « Tout est bien », p.23, qui met l'accent sur la justice divine.

110. Le sous-titre, déjà cité, indiquait la présence de ces notes (voir p.137-38).

111. Par exemple les notes des articles « Beasts », « Dreams », « Miracles » (n.*l*), « Solomon » (n.*u*).

112. La typographie de « Solomon » ressemble, dans son début, à celle du *Dictionnaire* de Bayle : 2 lignes de texte, le reste de la page est occupé par des notes.

113. « Abraham », « Angel », « Anthropophagy », « The Apocalypse », « Beasts », « Chinese catechism », « Christianity », « Circumcision », « Criticism », « Deluge », « Destiny », « Dreams », « Ezechiel », « Glory », « Grace », « The Heavens », « History of the kings of Juda and the Chronicles », « Idol, idolater, idolatry », « Liberty », « Socratic love », « Madness », « Matter », « Miracles », « Moses », « Peter », « Resurrection », « Sensation », « Solomon », « Soul », « Superstition », « Toleration », « Virtue », « Whatever is, is right », « Wicked, wickedness ».

114. « Advertisement », non paginé.

115. « Abraham », p.5, n.*d*; p.4, n.*c*.

116. « Grace », p.170, n.*y*; p.172, n.*z*.

117. « Moses », p.256, n.*m*; « Peter », p.264, n.*o*.

118. « Christianity », p.81, n.*b*; p.83, n.*h*.

119. « Ezechiel », p.144, n.*t*.

120. « Solomon », p.287-88, n.*t*.

121. Middleton dans « Idol », Locke dans « Liberty », Warburton dans « Resurrection ».

122. Clarke est cité une dizaine de fois (p.41, p.45, p.83, n.*h*, p.133, n.*q*, p.170, n.*y*, p.231, n.*h*, p.248, n.*i*, p.298, n.*x*, p.301, n.*y*, p.326, n.*d*). Il cite également Grotius, Addison, Dupin.

123. Voir « Solomon » pour la traduction des Proverbes xxiii.31 et surtout pour les « peaux » de Salomon, p.293, n.*w*.

124. « Resurrection », p.283, n.*r*.

125. *Apologie*, ii.291. Voltaire ne l'aurait sans doute pas laissée sans réponse. Il avait déjà polémiqué avec Bergier; voir ci-dessus, p.198, n.33.

126. *Un théologien au siècle des Lumières*, p.15, 19, 22.

127. « Ame », « Ange », « Apocalypse », « Athée », « Bêtes », « Bien », « Caractère », « Certain », « Chaîne des événements », « Catéchisme chinois », « Chine », « Christianisme », « Corps », « Dieu », « Egalité », « Enfer ». Les variantes relèvent d'une édition critique de l'abbé Bergier.

128. «Abraham», «Anthropophages», «Baptême», «Ciel des anciens», «Circoncision», «Confession», «Destin», «Ezéchiel», «Fausseté des vertus humaines», «Foi», «Genèse», «Guerre», «Histoire des rois juifs», «Idole», «Jephté», «Liberté», «Martyr», «Miracles», «Moïse», «Paul», «Pierre», «Vertu». Pour toute cette série d'articles, les renvois très précis avec mention du chapitre et du paragraphe, sont indiqués à leur place alphabétique. Après l'article «Abraham», Bergier a expliqué le mode d'emploi de son ouvrage.

129. A partir d'«Ezéchiel», les renvois ne sont plus classés alphabétiquement, mais regroupés (p.562-63). A noter que pour l'article «Inondation», il renvoie à un de ses autres ouvrages, *La Certitude des preuves du christianisme*.

130. Les réfutations des articles «Amitié», «Amour», «Amour nommé socratique», «Amour-propre» ne trouvent point place dans cet ouvrage, ni celle de l'article «Apis». Les textes de Voltaire sont jugés ou trop obscènes ou trop superficiels (p.305, 316). Bergier n'a pas repris, sans explications de sa part, les articles «Beau», «Tout est bien», «Bornes de l'esprit humain», «Chaîne des êtres», «Etats», «Fables», «Fanatisme», «Fraude».

131. Il ajoute des commentaires sur «Confession» parue dans 65v, sur «Guerre», «Histoire des rois juifs», «Idole», «Jephté», «Liberté», «Martyre», «Moïse», «Paul», «Pierre».

132. Déclaration de Bergier dans son *Apologie* qui a servi de cadre à l'article déjà cité de S. Albertan-Coppola, 'Bergier contre Voltaire'.

133. D17547, commentaire: lettre du 9 décembre 1772, après lecture du troisième tome de Guénée. Guénée avait cité avec éloges l'*Apologie* de Bergier (ii.44).

134. «Epître dédicatoire des éditeurs à M. de Voltaire» (1776), i.vii. Nous renverrons à l'édition de 1776, largement annotée par Voltaire (CN, iv.252-54), sans pour autant négliger les notes de l'édition de 1769 (CN, iv.250-52).

135. Pour la correspondance entre Voltaire et Isaac Pinto, voir D10759 et D10600. Guénée a reproduit partiellement l'ouvrage de Pinto dans le premier tome des *Lettres de quelques juifs*.

136. La première partie comprend des «Observations sur une note insérée dans le *Traité sur la tolérance*, contre l'authenticité des livres de Moïse», la seconde sur les deux chapitres du *Traité* qui concernent les Juifs.

137. Dans le tome ii, les articles «Anthropophages» et «Ezéchiel» sont commentés dans les lettres; le «Petit commentaire» traite des articles «Abraham» et «Circoncision». La «Suite du petit commentaire» dans le tome iii s'en prend à l'article «Salomon» et s'achève sur la dénonciation des «petits mensonges» du grand écrivain. Voir ii.41-44, 128 ss., 193-305, 306-66, et iii.313-82. Voltaire a mis de nombreux signets en face de ces critiques.

138. Beuchot ne cite pas l'ouvrage de Guénée dans sa liste des réfutations du *Dictionnaire philosophique* (M.xvii.ix-x). Il ne cite pas non plus Bergier. Dans sa thèse *De Pascal à Chateaubriand: les défenseurs français du christianisme*

204 *Le Dictionnaire philosophique de Voltaire*

de 1670 à 1802 (Paris 1916), A. Monod accorde une place de choix à Guénée (p.435-40).

139. ii.464. Voir le relevé d'autres fautes, ii.397-401. Il croit découvrir que Voltaire a lu Hérodote en traduction latine (ii.338); Voltaire a la traduction de Du Ryer (BV1631). Guénée donne des leçons de thème grec (ii.328-40).

140. Sur «Jephté», ii.72, réponse de Voltaire, M.xxix.533; sur Agag, ii.79-80, réponse de Voltaire, M.xxix.533; sur Osée, ii.139-41, réponse, M.xxix.541.

141. Son argumentation sur la beauté se Sara ne vaut pas mieux que celle de Chaudon.

142. Guénée rapporte les jugements favorables du *Journal de Verdun*, de *L'Année littéraire*, du *Journal des savants*, de la *Monthly review*; il se défend de l'imputation d'avoir été trop amer portée par le *Journal encyclopédique*, cite le *Journal ecclésiastique* qui appelle à plus de sévérité (i.xi-xxv).

143. *Dictionnaire philosopho-théologique portatif, contenant l'accord de la véritable philosophie avec la saine théologie, et la réfutation des faux principes établis dans les écrits de nos philosophes modernes* (Nismes 1770; BV2671). Sur son exemplaire, Voltaire a écrit «soporatif», par «un sot nommé Paulian».

144. Préface, p.ii. Ce dictionnaire comprend 110 articles.

145. Paulian fait allusion à quelques articles du *Dictionnaire philosophique*: «Amour», «Lois civiles», «Vertu».

146. Certains articles sont intitulés différemment: «Déluge» répond à «Inondation»; «Eternité des peines» à «Enfer»; «Création» et «Paradis terrestre» à «Genèse»; «Cantique des cantiques» à «Salomon».

147. Voir les articles «Athée», «Christianisme», «Mystères», «Religion», «Révélation».

148. Voir l'annotation de cet article.

149. Les *Eclaircissements historiques* (M.xxiv.483-520) répondent aux *Erreurs de Voltaire*. Introduit dans le drame de *Socrate* sous le nom de Nonoti (v.364 ss.), Nonnotte est une des cibles des *Honnêtetés littéraires*. En 1768, Voltaire lui adresse la *Lettre d'un avocat de Besançon au nommé Nonotte ex-jésuite* (M.xxvi.569-72).

150. Dialogue entre un juif et un philosophe («Création»), entre un chrétien et un mécréant («Déluge»), entre le fataliste et le sage («Destin»).

151. On regrette la disparité entre le nombre de réfutations protestantes et celle des réfutations catholiques. Nous réservons la possibilité de lacunes dans notre bibliographie.

152. F. Delforge, *La Bible en France et dans la francophonie: histoire, traduction, diffusion* (Paris 1991), p.196. En 1757, le pape Benoît xiv permet les Bibles en langue vulgaire dont la traduction a été approuvée par le Saint-Siège.

153. Sur cette constante, voir J.-R. Armogathe, «Sens littéral et ortho-

doxie», *Le Siècle des Lumières et la Bible*, sous la direction d'Y. Belaval et D. Bourel (Paris 1986), p.431-39.

154. Nous empruntons cette expression à R. Pomeau dans la «Table des matières» de *La Religion de Voltaire* qui traite de ces «délires», p.374-76. La maternité de Sara et la lecture du Cantique des cantiques donnent lieu aux hypothèses les plus comiques.

155. La raison pour laquelle Jephté n'a point immolé sa fille, est que ce sacrifice serait contraire à la raison et à la nature (voir Guénée, ii.72-73).

156. Voir S. Albertan-Coppola, «L'apologétique catholique française à l'âge des Lumières», *Revue de l'histoire des religions* 205 (avril-juin 1988), p.151-80.

157. *Emile*, *Œuvres complètes*, iv.632-33.

158. *Le Pyrrhonisme de l'histoire* (M.xxvii.298).

159. Comme le montre G. Cheymol, «La Bible et la tolérance», *Le Siècle des Lumières et la Bible*, p.659. Cet article analyse aussi les interprétations chrétiennes de la tolérance, fait le point sur la discussion de paraboles dont l'interprétation pose problème.

160. B. Plongeron, *Théologie et politique au siècle des Lumières (1770-1820)* (Genève 1973), p.119.

161. Nonnotte, iv.228, 294.

162. Le problème de la liberté de conscience ne les effleure guère. Ils passent sous silence les textes du Nouveau Testament qui sont interprétés comme favorables à la tolérance.

163. Voir V 64, p.78. Jugement porté à propos du *Dictionnaire philosophique*.

164. *Un théologien au siècle des Lumières: l'abbé Bergier*, p.181. Voir d'autres remarques affligeantes sur Voltaire, p.183 ; sur J.-J. Rousseau, p.184 ; sur la «philosophaille», p.102, 105 ; sur Diderot qui s'est cru son ami, p.340-41.

Tableau synoptique

Nous présentons dans ce tableau la liste des articles parus dans les cinq éditions originales du *Dictionnaire philosophique* publiées sous l'égide de Voltaire. Entre crochets carrés, les titres abrégés des articles tels qu'ils sont cités dans cet ouvrage.

ARTICLES	64	65	65v	67, 67s	69
Préface de l'édition qui a précédée celle-ci immédiatement			I.v-xii	vi-viii	I.5-8
Abbé			I.1-3	1-2	I.9-10
Abraham	1-4	1-4	I.3-8	3-6, 498-500	I.11-16
Adam				500-501	I.16-17
Ame	5-14	4-13	I.8-24	7-17, 529-530	I.17-29
Amitié	14-15	14	I.24-25	17-18	I.29-30
Amour	15-18	15-17	I.26-29	19-21	I.30-33
Amour nommé socratique	18-21	18-21	I.30-35	22-25	I.33-37
Amour-propre	21-22	21-22	I.35-36	26-27	I.37-38
Ange	22-25	23-26	I.37-41	27-30	I.39-42
Anthropophages	26-28	26-29	I.42-46	31-34	I.46-49
Antitrinitaires				501-505	I.42-46
Apis	29-30	29-30	I.46-48	34-35	I.49-51
Apocalypse	30-33	30-33	I.48-52	35-39	I.51-54
Arius				505-509	I.54-58
Athée, athéisme [Athée]	33-43	34-44	I.53-68	39-51, 509-510	I.58-71
Babel				510-512	I.71-72
Baptême	44-46	44-47	I.69-73	51-54, 512-514	I.73-77
Beau, beauté [Beau]	47-48	47-48	I.73-75	54-55	I.78-79
Bêtes	48-51	48-51	I.75-79	56-59	I.79-82

ARTICLES	64	65	65v	67, 67s	69
Bien. Souverain bien [Bien]	51-52	51-53	I.80-82	59-61	I.82-84
Tout est bien	53-60	53-60	I.82-93	61-69	I.84-92
Bornes de l'esprit humain	60-61	60-61	I.93-94	70-71	I.92-93
Caractère	62-64	62-64	I.95-98	71-73	I.93-96
Carême					I.96-98
Catéchisme chinois	91-116	91-115	I.99-135	104-133, 530-531	I.98-127
Catéchisme du curé	123-128	123-128	I.146-153	142-147	I.128-133
Catéchisme du Japonais	116-123	116-123	I.135-145	133-141, 531-532	I.134-141
Catéchisme du jardinier		128-132	I.153-158	148-152	I.142-146
Certain, certitude [Certain]	64-67	64-67	I.158-162	74-76	I.147-149
Chaîne des êtres créés	71-73	71-73	I.168-172	81-84	I.150-152
Chaîne des événements	67-70	67-70	I.162-167	77-81	I.153-156
De la Chine [Chine]	87-91	87-90	I.172-178	99-104, 532	I.157-161
Christianisme	128-153	132-157	I.203-251	153-183, 533-540	I.162-198
Le Ciel des anciens	74-78	74-78	I.179-186	84-90	I.198-203
Circoncision	79-84	79-83	I.186-193	90-95	I.204-209
Conciles				514-520	I.209-215
Confession			I.194-196	562-564	I.215-217
Convulsions	154-155	157-159	I.196-198	183-185	I.217-219
Corps	84-87	84-86	I.199-203	96-99	I.219-222
Crédo					I.222-226
Critique	156-162	159-165	I.251-258	185-191	I.226-233
David				520-524	I.233-236
Des délits locaux [Délits locaux]				524-526	I.237-238
Destin	163-166	165-168	I.259-265	192-196, 540-541	I.239-243
Dieu	166-170	168-172	I.266-272	196-201	I.244-248
Divinité de Jésus				526-527	I.249-250
Dogmes			I.273-277	201-204	I.250-254
Egalité	171-174	173-176	I.278-283	205-209	I.254-258
Enfer	175-178	177-180	I.283-288	209-213	I.258-262

ARTICLES	64	6)	6)v	67, 67s	69
Enthousiasme		180-182	1.289-292	213-215	1.262-264
Esprit faux			1.292-295	568-570	1.264-266
Etats, gouvernements [Etats]	178-183	182-187	1.295-303	216-222	1.267-272
Evangile				227-230	1.273-275
D'Ezéchiel [Ezéchiel]	184-188	187-192	1.303-311	222-227, 541-542	1.275-281
Fables	189-190	192-193	1.312-314	230-231, 543	1.281-283
Fanatisme	190-193	193-195	1.314-318	231-234	1.283-286
Fausseté des vertus humaines	193-194	196-197	1.319-320	235-236	1.286-287
Fin, causes finales [Fin]	194-197	197-200	1.321-325	236-240	1.288-291
Foi			1.329-332	240-241, 245-247	1.291-295
Folie	197-200	200-202	1.325-329	242-244	1.295-298
Fraude	200-205	203-208	1.332-340	247-253	1.298-304
Genèse			II.1-12	254-270	1.304-320
Gloire	206-207	208-210	II.23-25	271-272	1.321-322
Grâce	212-215	215-217	II.25-29	278-282	1.322-325
Guerre	207-212	210-214	II.30-37	273-278, 543	1.326-331
Histoire des rois juifs, et paralipomènes [Histoire des rois juifs]	216-217	218-219	II.38-40	282-284	1.331-333
Idée			II.41-44	284-286	1.333-335
Idole, idolâtre, idolâtrie [Idole]	218-235	219-236	II.45-71	286-307	1.336-355
Inondation	236-238	238-240	II.73-76	308-310	1.357-359
Inquisition					1.359-364
Jephté	235-236	237-238	II.71-73	307-308	1.356-357
Job				310-313	1.364-367, II.194-196
Joseph	238-242	240-243	II.76-81	322-326	1.367-371
Judée				314-315	1.371-373
Julien le philosophe empereur romain [Julien]				316-322	1.373-379
Du juste et de l'injuste [Juste]			II.82-84	326-328	1.379-381
Lettres, gens de lettres, ou lettrés			II.85-88	329-331	II.1-4

ARTICLES	64	65	65v	67, 67s	69
Secte			II.269-275	572-576	II.153-157
Sens commun		342-345	II.275-278	468-471	II.157-159
Sensation	330-332	345-347	II.278-283	471-474, 561-562	II.159-163
Songes	332-334	347-349	II.283-286	474-476	II.163-165
Superstition	335-336	350-351	II.287-294	477-479, 576-580	II.166-171
Théiste			II.295-296	479-480	II.172-173
Théologien			II.297-298	481-482	II.173-174
Tolérance	338-341	352-362	II.301-314	482-488, 490-494	II.176-185
Torture					II.186-189
Transsubstantiation				494-495	II.190-191
Tyrannie	337-338	357-358	II.299-300	488-489	II.174-175
Vertu	342-344	362-364	II.315-318	495-498	II.191-193

La Raison par alphabet (1769), achèvement ou étape

Le 18 février 1760, Voltaire écrit à la marquise du Deffand : « Je suis absorbé dans un compte que je me rends à moi-même par ordre alphabétique, de tout ce que je dois penser sur ce monde-cy et sur l'autre, le tout pour mon usage, et peut-être après ma mort pour l'usage des honnêtes gens » (D8764). Les honnêtes gens n'attendront que jusqu'en 1764. Voltaire lance son *Dictionnaire philosophique portatif* (Londres, 1764), édition imprimée à Genève par Gabriel Grasset.[1] Il conservera cet intitulé dans de nombreuses éditions et rééditions jusqu'en 1767. En 1769, paraît une « sixième édition, revüe, corrigée et augmentée par l'Auteur » avec pour titre *La Raison par alphabet*. Cette édition, en deux volumes, publiée à Genève, sort des presses de Gabriel Cramer ; le tome I, sous-titré « Première Partie », reproduit la « Préface de l'édition qui a précédé celle-ci immédiatement », puis les articles « Abbé - Du juste et de l'injuste » ; le tome II, sous-titré « Seconde Partie », reproduit les articles « Lettres, gens de lettres, lettrés - Vertu », suivis par un dialogue philosophique, l'*A.B.C. Dix-sept dialogues traduits de l'anglais*. Ce sont des entretiens, déjà édités, entre trois personnages désignés par ces trois lettres, A, B, C dont Voltaire a envoyé un exemplaire à son ami, l'avocat Charles Christin le 13 novembre 1768 (D15311). Dès l'année suivante, une septième édition, d'origine hollandaise, de *La Raison par alphabet*, établit une équivalence entre les deux intitulés de cette œuvre, en supprimant l'adjectif *portatif*, *Dictionnaire philosophique ou la Raison par alphabet* (A Londres, 1770). Elle reproduit le texte de Cramer de 1769, sans reprendre l'*A.B.C.* ; on ignore si Voltaire en a eu connaissance.

C'est le texte de 1769 de *La Raison par alphabet* que toutes les éditions modernes reproduisent, en supprimant son intitulé, remplacé par celui de *Dictionnaire philosophique* sous lequel l'ouvrage est connu et répertorié. Les éditeurs justifient ainsi leur choix : cette édition est la plus complète et représente l'état définitif de cette œuvre qui, depuis sa première version en 73 articles en 1764, n'a cessé de s'enrichir.[2] Jusqu'en 1769, l'histoire éditoriale du *Dictionnaire philosophique* est, en effet, marquée par deux faits notables. Le premier consiste dans l'apparition de strates successives : au noyau premier se sont ajoutés des articles nouveaux et des additions aux articles déjà publiés, d'abord en 1765 dans deux éditions différentes, puis en 1767, enfin en 1769. Le second fait est l'abandon *in extremis* du qualificatif « portatif » lorsque, en 1769, apparaît ce nouveau titre *La Raison par alphabet*. L'ouvrage comprend alors 118 articles, cette nouvelle édition ayant ajouté 4 articles : « Carême », « Credo », « Inquisition », « Torture » et des additions aux articles « Ame », « Amour nommé socratique », « Job », « Du juste et de l'injuste » ; l'article « Salomon » est encore remanié. C'est donc le point d'aboutissement d'une entreprise éditoriale, menée depuis 1764, avant que Voltaire n'utilise un certain nombre de ses articles, le plus souvent en les modifiant, dans l'élaboration d'une nouvelle œuvre alphabétique, les *Questions sur l'Encyclopédie*.

L'année 1769 ne marque pas simplement un point final. Le sort, pour le moins singulier, de cette *Raison par alphabet* étonne. Elle connaîtra plusieurs éditions en 1770, 1773, 1776, 1782. Mais elle a aussi été dispersée dans les *Œuvres* de Voltaire, d'abord par Voltaire,[3] ensuite dans la première édition posthume, celle de Kehl. Voltaire en répartit les articles à l'intérieur de ses *Œuvres* ; dans l'édition encadrée de 1775, édition préparée avec sa collaboration, des articles se trouvent dans les *Mélanges de littérature, d'histoire et de philosophie* (t. 36) et dans les *Pièces détachées, attribuées à divers hommes célèbres* (t. 38). Puis les éditeurs de Kehl regroupent, sous le titre fédérateur de *Dictionnaire philosophique*, un ensemble de textes. Comme ils s'en expliquent dans un Avant-propos en tête du tome 37 de leur édition, ils ont « réuni sous le titre de *Dictionnaire philosophique*, les *Questions sur l'Encyclopédie*, le *Dictionnaire philosophique* réimprimé sous le titre *La Raison par alphabet*, un dictionnaire manuscrit intitulé *L'Opinion en alphabet*, les articles de M. de Voltaire insérés dans l'*Encyclopédie*, enfin plusieurs articles destinés pour le *Dictionnaire de l'Académie française*. On y a joint un grand nombre de morceaux peu étendus, qu'il eût été difficile de classer dans quelqu'une des divisions de cette collection »[4]. Ce choix de Kehl a été repris par toutes les éditions du XIXᵉ siècle ; il étendait « à un ensemble disparate une notion et un titre digne des Lumières » ; il faudra attendre les dernières années de ce siècle pour que soit publiée la version de 1764, puis le XXᵉ siècle pour la version de 1769.[5] C'est donc au moment où ce qui fut le *Dictionnaire philosophique portatif* a pris sa forme définitive, alors qu'il a connu un prodigieux succès et que des réfutateurs ont rivalisé pour le combattre,[6] qu'il est détruit, sans pour autant disparaître totalement. Cette œuvre qui a été démembrée, dont les contours ont été effacés pendant des décennies, a ressuscité ; on peut donc lire ce que les contemporains ont lu et ce qui les a fait réagir. De nos jours, la tâche prioritaire de l'édition des *Œuvres complètes* conduite par la Voltaire Foundation à Oxford est d'établir la première édition, depuis le xviiie siècle, des *Questions sur l'Encyclopédie*. Les circonstances de l'étrange destin de *La Raison par alphabet* semblent, à première vue, devoir intéresser surtout l'érudition. En fait, il n'est sans doute pas inutile de cerner l'apport de *La Raison par alphabet*, ce qui permet d'éclairer le dernier état de l'œuvre enfin fixée. Il faut donc se demander si ces ultimes ajouts s'intègrent bien aux articles précédemment publiés, s'ils apportent du neuf, s'ils reflètent de nouveaux contextes, mais aussi s'ils annoncent les *Questions sur l'Encyclopédie*. On s'interrogera aussi sur la ou les significations possibles de ce nouveau titre, séduisant à première vue, mais qui laisse perplexe et dont l'existence a été éphémère, en matière d'éditions, alors qu'il a été repris et commenté sans cesse dans la critique.

On ne sait pratiquement rien des intentions de Voltaire. Tandis que l'œuvre en 1764 est annoncée avec un luxe de démentis qui aiguise l'attention sur cet « ouvrage de Satan » (D11978), sur ce dictionnaire « qui sent le fagot » (D11987), rares sont les occurrences concernant *La Raison par alphabet*. Les indications ou allusions glanées dans la *Correspondance*, fort lacunaires et fort vagues, restent difficiles à dater avec précision. Il s'agit de billets de quelques lignes adressés à Gabriel Cramer. Deux d'entre eux, non datés, mais probablement de l'été 1769, concernent les articles « Inquisition » et « Torture » : dans le premier, Voltaire envoie une « petite addition pour la lettre I » et promet « Torture » « dans deux ou trois jours » (D15788) ; dans le second, il envoie « Torture » et redemande « Inquisition » (D15789). Presque toutes les autres mentions de l'ouvrage peuvent se rapporter à l'*A.B.C.* aussi bien qu'aux articles composant *La Raison par alphabet*. Bien que les deux œuvres aient été réunies, Voltaire, qui a besoin de trois douzaines d'exemplaires d'une édition séparée de son Dialogue, demande que sa pagination ne suive pas celle de *La Raison par alphabet*. Malgré leur réunion, toute provisoire, les deux œuvres conservent donc, pour

leur auteur, leur autonomie, puisqu'il veut envoyer à ses amis l'*A.B.C.*
« comme un petit livre existant par lui-même indépendamment d'un
autre » (D15650). Voltaire obtint-il gain de cause pour les exemplaires
qu'il réclamait ? On l'ignore. Cramer n'accéda pas à cette demande pour
le tirage de l'édition. On en déduit que la publication conjointe des deux
œuvres relève d'abord d'une stratégie commerciale, l'éditeur pouvant
se vanter d'apporter du nouveau et l'auteur ayant une prédilection et
une pratique certaines des *mélanges*.[7] Cette manœuvre publicitaire a
réussi. On apprend, dans une lettre circulaire de Gabriel Cramer aux
libraires, le 12 août 1770, que les deux volumes intitulés *La Raison
par alphabet* sont provisoirement épuisés, signe du succès de l'édition.
Mais un nouveau tirage est retardé : il ne saurait être envisagé, précise
G. Cramer, qu'après la publication de la seconde livraison des *Questions
sur l'Encyclopédie* : « des raisons (tirées du bien de la chose) dont le
détail serait inutile ici, rendent ce délai nécessaire » (D16579). Sans
doute s'agit-il de ne pas concurrencer le nouvel ouvrage alphabétique.
La Raison par alphabet n'est donc plus une priorité. Le bilan de cette
rapide enquête dans la *Correspondance* reste maigre, peut-être parce que
Voltaire préfère s'engager dans une autre entreprise plutôt que de gérer le
succès, d'ailleurs assuré, d'un ouvrage déjà ancien. Faute d'éléments plus
précis et pour ne pas céder à la tentation d'hypothèses gratuites en ce
qui concerne *La Raison par alphabet*, il reste à étudier les additions que
recèle cette édition de 1769.

Les ajouts de l'édition de 1765, puis de l'édition Varberg toujours
en 1765, enfin de l'édition de 1767 étaient beaucoup plus nombreux.[8]
Faut-il interpréter ce nombre réduit d'interventions en 1769 (4 articles,
4 ajouts) comme le signe, non pas d'une désaffection, mais d'une baisse
d'intérêt d'un auteur qui met le point final à une œuvre ? De prime abord,
ces additions reflètent bien les orientations du *Dictionnaire philosophique
portatif.* Trois articles s'inscrivent clairement dans sa problématique
antireligieuse : « Carême », « Credo », « Inquisition ». Voltaire souligne
d'emblée la nouveauté du quatrième, « Torture » : « Quoiqu'il y ait peu
d'articles de jurisprudence dans ces honnêtes réflexions alphabétiques, il
faut pourtant dire un mot de la torture, autrement nommée *question* »
(V 36, p.567). Les quatre ajouts à des articles existants comprennent
une note dans « Amour nommé socratique » (V 35, p.322-23), deux
paragraphes, l'un dans l'article « Ame » (V 35, p.328), l'autre à la fin de

l'article « Du juste et de l'injuste », sur Zoroastre (V 36, p.284), enfin l'équivalent d'une seconde section dans l'article « Job ». Celle-ci, de tournure érudite, expose une longue argumentation sur le livre de Job attribué à un Arabe, suivie de remarques sur les livres de l'Antiquité, de plaisanteries sur dom Calmet et sur la maladie de Job (V 36, p.249-53). Il semble que Gabriel Cramer se soit efforcé, mais en vain, de tempérer l'anticléricalisme de Voltaire. Ce dernier, dans le billet ci-dessus cité où il envoie une addition pour la lettre I et promet « Torture », répond manifestement à une objection de son correspondant dont il cite deux mots, objets d'un débat : « *Prêtre* et *fripon*, se trouvent dans presque tous les articles » (D15788) ; puis, dans un autre billet, il redemande « Inquisition » (D15789) sans que l'on sache ce qu'il entend modifier. Effectivement, le mot *prêtre* au singulier et au pluriel comprend de nombreuses occurrences. Dans l'article « Prêtre », ajouté en 1765 dans l'édition Varberg, le bon prêtre est « le médecin des âmes » qui doit être exclu de toute autorité civile (V 36, p.462). Si le « Catéchisme du curé » le prive du rôle de médiateur sacré, il lui assigne une utilité sociale (V 35, p.475-85). Mais le plus souvent, les membres du clergé trahissent le message de Jésus et sont dénoncés pour leur goût des richesses et du pouvoir, leurs exactions, les scandales de leur conduite. Les ajouts de 1769 s'inscrivent dans cette veine. L'article « Carême » s'achève sur une violente admonestation : « Prêtres idiots et cruels ! à qui ordonnez-vous le carême ? Est-ce aux riches ? Ils se gardent bien de l'observer. Est-ce aux pauvres ? Ils font carême toute l'année… Fous que vous êtes, quand corrigerez-vous vos lois absurdes » (V 35, p.437). L'article « Credo » veut « extirper les moines », car « ce sont des hommes que Circé a changés en pourceaux » (V 35, p.655). « Inquisition » relate une friponnerie d'envergure, commise au nom de l'Eglise et légitimée par elle. Elle concerne l'établissement de l'Inquisition au Portugal : arrivée d'un faux légat du pape, Saavedra, avec un train magnifique, nomination par cet aventurier d'un grand Inquisiteur, mise en œuvre rapide du tribunal qui « avait fait brûler deux cents personnes et recueilli plus de deux cent mille écus » avant que les demandes d'information du roi à la cour pontificale aient reçu de réponse. Enfin, coup de théâtre, alors que la fourberie de Saavedra a été découverte, que ses exactions sont condamnées en Espagne, le pape Paul IV confirme ce qui avait été établi par cet imposteur, rectifiant, commente ironiquement Voltaire, « par la plénitude de sa puissance divine toutes les petites imperfections de la procédure » (V 36, p.236-39). La source de Voltaire est connue. L'épisode est tiré du *Manuel des Inquisiteurs, à l'usage des Inquisitions d'Espagne et de Portugal, ou Abrégé de l'ouvrage intitulé : Directorium inquisitorum, composé vers 1358 par Nicolas Eymeric, grand Inquisiteur dans le Royaume d'Arragon.* On y a joint une courte *Histoire de l'établissement de l'Inquisition dans le Royaume de Portugal, tirée du latin de Louis à Paramo,* Lisbonne [Paris], 1762, par André Morellet.[9] Dans l'exemplaire de sa bibliothèque, Voltaire a laissé deux signets aux pages 176/177 et 182/183 de la relation de Paramo.[10] Il a lu attentivement cet ouvrage de celui qu'il appelle « l'abbé Mords-les » dès sa parution (D10284, D10285, D10287, D10323) et il a pris des notes, comme en témoigne un texte retrouvé par les éditeurs de Kehl et qu'ils ont imprimé comme la section première de cet article.[11]

On l'a fait remarquer, le *Dictionnaire philosophique portatif,* au fil de ses transformations, accentue son « allure de pamphlet antichrétien ».[12] L'apport de 1769 y contribue. La dévalorisation de l'Ecriture est poursuivie. Les articles « Moïse » et « Salomon » contestaient l'attribution de livres saints. L'un fait état des recherches de savants qui, au nom d'impossibilités chronologiques, de contradictions entre les livres, démontraient que Moïse n'était pas l'auteur du Pentateuque ; l'autre récuse la paternité des Proverbes, de l'Ecclésiaste, du Cantique des cantiques. Pour ce dernier, les retouches de 1769 apportent des compléments à l'argumentation (V 36, p.500-17). Dans le droit fil de cette critique, l'addition à l'article « Job » s'attaque au livre de Job en affirmant qu'il est d'un Arabe, et assène des certitudes : « il est évident que ce livre est d'un Arabe », « cette fable ne peut être d'un Juif » (V 36, p.249-53). L'argumentation, réduite à quelques remarques, est fondée sur la conviction que les Juifs n'étaient que des plagiaires, idée illustrée par maints exemples dans le *Dictionnaire philosophique portatif* et de nouveau affirmée dans l'article « Carême » où les Juifs empruntent aux Egyptiens la coutume de jeûner, comme ils l'ont fait d'autres rites, la flagellation et le bouc émissaire (V 35, p.434-37). Aux plaisanteries de l'article « Job » de 1767 sur la mise à l'épreuve par Dieu d'un juste, ont été ajoutées des réflexions savantes. Le ton a changé. La familiarité de l'interpellation « Bonjour, mon ami Job », l'histoire de ce « babillard » affligé d'une femme « impertinente », d'amis tout juste capables de l'exhorter à la patience, sans lui apporter « une goutte de bouillon », font place à des remarques sur les livres de l'Antiquité et à des ironies sur l'exégèse biblique.

Voltaire poursuit ses attaques de l'Ancien Testament, mais c'est au christianisme qu'il réserve ses coups les plus violents dans ces ajouts de 1769. L'article « Credo » le frappe au coeur. Le *Dictionnaire philosophique portatif* consacrait le plus long de ses articles à des « Recherches historiques sur le christianisme » au cours desquelles l'histoire « réduit le christianisme à sa portée véritable de doctrine contingente et mortelle ».[13] Après avoir instruit le procès de Paul, énuméré des Evangiles apocryphes, l'article « Christianisme » s'attaquait à ce « fondement essentiel de la religion chrétienne » qu'est le Credo. Il affirmait qu'il était « incontestablement la créance des apôtres », mais qu'il n'avait pas été écrit par eux, indiquant les jalons de son élaboration (V 35, p.545-88). L'article « Credo » reprend cette argumentation qu'il étoffe et à laquelle il donne un tour polémique proche de celui du chapitre 11 de l'*Examen important de milord Bolingbroke* paru en 1766.[14] Sa nouveauté tient à l'insertion d'un Credo attribué à l'abbé Castel de Saint-Pierre, mort depuis 1743, qui a laissé une œuvre immense comprenant maints projets de réforme et qui passait aux yeux de son siècle pour un doux rêveur. L'abbé de Saint-Pierre avait déjà été en 1767 un prête-nom commode pour des « Pensées détachées » parues à la fin du *Dîner du comte de Boulainvilliers*.[15] Seule la formule finale « Paradis aux bienfaisants » renvoie à son œuvre. Voltaire, qui se moque des « rites de bienfaisance de l'abbé Saint-Pierre d'Utopie » (D1717), l'avait célébré dans le *Septième discours en vers sur l'Homme* :

> Certain législateur, dont la plume féconde
> Fit tant de vains projets pour le bien de ce monde,
> Et qui depuis trente ans écrit pour des ingrats,
> Vient de créer un mot qui manque à Vaugelas.
> Ce mot me plaît [...].[16]

Ce credo déiste prêche l'universalité de la morale, indépendamment de toute révélation, et comme corollaires, la réhabilitation du païen vertueux, la nocivité des disputes théologiques, l'impérieuse nécessité de la tolérance ; il dénonce toute persécution et propose un statut des hommes d'Eglise, supprimant les richesses du haut clergé, autorisant le mariage des prêtres, éradiquant le monachisme. Ainsi se substituerait au credo fabriqué quatre cents ans après les apôtres et comprenant des articles absents des Evangiles, un credo à valeur universelle, garant de la morale et incitant à se rapprocher du message fondamental du Christ : « aimez-vous les uns les autres », en respectant son prochain, en le regardant comme un frère. L'Eglise catholique foule aux pieds l'enseignement de Jésus, le trahit et le pervertit. Il faut donc que la morale prenne le pas sur la sophistique de la théologie, qu'une « religion de l'Etat » se distingue de la « religion théologique », source de « toutes les sottises et de tous les troubles imaginables », « ennemie du genre humain » comme le réclamait la huitième question de l'article « Religion » (V 36, p.487-89). L'article « Carême » poursuit le combat contre l'Eglise catholique. D'un vieux rite religieux, elle a fait une farce et un scandale alors que, paradoxalement, elle paraît animée par une intransigeance dogmatique, mais à géométrie variable. Pendant les jours d'abstinence, elle regarde « comme un crime de manger les animaux terrestres et comme une bonne œuvre de se faire servir des soles et des saumons ». Religion de classe dure aux pauvres, indulgente aux riches ; le registre de cet article va de l'indignation à la plaisanterie alors que sont évoquées la condamnation sans pitié du pauvre qui a mangé pour quatre sous de petit salé et l'évocation des tables des privilégiés en ces temps de pénitence. La remarque à la fois sarcastique et comique : « quelle étrange aversion les évêques ont-ils pour les omelettes », porte l'estocade finale (V 35, p.434-37).

Ces ajouts de 1769 prolongent et enrichissent la thématique du *Dictionnaire philosophique portatif* faisant écho à d'autres articles de critique biblique sur les incohérences, contradictions, invraisemblances du Livre qui ruinent toute croyance en la dictée de l'Esprit Saint. Ils dénoncent une fois encore une histoire de l'Eglise, humaine, trop humaine, marquée par l'enlisement dans des querelles dogmatiques, par la succession des cruautés liée à une intolérance fondamentale et à un principe missionnaire. Or l'apport de 1769, s'il partage la virulence exprimée dans les articles déjà publiés à l'encontre de l'Infâme, laisse percer plus nettement, en particulier avec les articles « Inquisition » et « Torture », dont l'un dénonce le fonctionnement scandaleux de tribunaux ecclésiastiques, l'autre celui, ordinaire, des tribunaux civils, une attention plus aiguë portée aux procédures judiciaires, à l'instruction des procès.

Les questions judiciaires ne sont certes pas absentes du *Dictionnaire philosophique portatif.*[17] Comment pourraient-elles l'être, alors que depuis 1762, Voltaire poursuit sans relâche des erreurs judiciaires et forge sa stature de redresseur de torts. Toutes ces années ont été marquées par les affaires Calas et Sirven, par la tragédie d'Abbeville, par l'activité de Voltaire multipliant les requêtes, mémoires, opuscules en faveur de ces victimes de l'intolérance religieuse et par la publication d'ouvrages majeurs dont le *Traité sur la tolérance* en 1763 et le *Commentaire sur le livre des délits et des peines* en 1766. On ne dira pas que la politique de Voltaire, telle qu'on la perçoit dans le *Dictionnaire philosophique portatif*, se soit désintéressée du pouvoir judiciaire. Le bon prince Kou du « Catéchisme chinois » s'est donné pour règle de vie d'être juste ; il affirme qu'un « prince n'a pas le droit de faire pendre ceux de ses sujets qui n'auront pas pensé comme lui » (V 35, p.461). L'article « Délits locaux », publié en 1767, distingue les délits que toutes les sociétés condamnent de « ce qui n'est criminel que dans l'enceinte de quelques montagnes, ou entre deux rivières », et réclame pour ces derniers plus d'indulgence (V 36, p.10). Commentateur de Beccaria, Voltaire en appelle à établir une échelle des peines en fonction de la gravité du délit. Il a déjà dénoncé la confusion des domaines civil et ecclésiastique, l'emprise de l'Eglise dans les institutions de l'Etat, son intrusion dans la vie des citoyens, en particulier par la place que lui accorde la justice de son temps. L'article « Lois civiles et ecclésiastiques » de 1764 réclamait la séparation des pouvoirs civils et religieux ; Voltaire entend réduire le pouvoir de l'Eglise, promouvoir la prépondérance de l'Etat et dresse, sous forme de catalogue, une liste de réformes (V 36, p.320-23). Dans le droit fil de ces remarques, le plus souvent dispersées, les ajouts de 1769 manifestent une sensibilité très vive aux scandales judiciaires.

Voltaire s'en prend d'abord au fonctionnement scandaleux des tribunaux ecclésiastiques mis en place par l'Inquisition. S'inspirant étroitement de la première partie du *Manuel des Inquisiteurs*, traduit par Morellet, qui résumait l'ouvrage de Nicolas Eymeric, recopiant la patente de saint Dominique, rapportant les élucubrations sur les habits de peau d'Adam et Eve, modèles du *san-benito*, il rappelle les procédures de ce tribunal : « On est emprisonné sur la simple dénonciation des personnes les plus infâmes, un fils peut dénoncer son père, une femme son mari ; on n'est jamais confronté avec ses accusateurs, les biens sont confisqués au profit des juges » (V 36, p.238-39). Aucune garantie pour l'accusé. C'est une machine infernale à fabriquer des coupables, contraire à toutes les lois de l'équité et bafouant la raison. Tel est le modèle emblématique de la justice ecclésiastique. Or la justice civile, au nom de l'alliance du trône et de l'autel, condamne en invoquant des principes religieux qui devraient lui être étrangers, puis se charge de faire exécuter ces verdicts. L'article « Carême » offre une illustration de cette collusion. Il évoque les abus sanglants auxquels conduit le formalisme ridicule de l'Eglise en matière d'interdits alimentaires :

> Croira-t-on que chez les papistes il y ait eu des tribunaux assez imbéciles, assez lâches, assez barbares pour condamner à la mort de pauvres citoyens qui n'avaient commis d'autres crimes que d'avoir mangé du cheval en carême ? Le fait n'est que trop vrai ; j'ai entre les mains un arrêt de cette espèce (V 35, p.437).

Claude Guillon eut la tête tranchée le 28 juillet 1629 pour avoir mangé du cheval un jour maigre. L'exécution eut lieu en Franche-Comté et c'est sans doute Charles Christin, avocat à Saint-Claude, qui a rapporté ce fait à Voltaire. Celui-ci l'a déjà mentionné dans le *Commentaire sur le livre des délits et des peines*.[18] La justice civile est gangrenée par le religieux.

Elle agit dans le cadre d'une législation archaïque. Ainsi une longue note ajoutée à l'article « Amour nommé socratique » permet à Voltaire de faire allusion à l'ingratitude de Desfontaines, mais rappelle le supplice d'Etienne-Benjamin Deschauffours brûlé vif pour sodomie le 24 mai 1726. Non seulement il s'élève contre cette peine, mais rappelle que celle-ci prend sa source dans les *Etablissements de saint Louis*. Comble d'absurdité, cette sanction serait fondée sur une incompréhension d'un texte ancien ; Voltaire prétend que ce texte visait les hérétiques (V 35, p.332-33). Mais c'est au nom du Lévitique que les traités juridiques de l'époque réclament la peine de mort pour l'homosexualité, celle du feu purificateur.[19]

Voltaire avait déjà abordé le problème de la torture avec *André Destouches à Siam* en 1766, puis consacré le chapitre 12 de son *Commentaire sur le livre des délits et des peines* à « la question ».[20] Hanté par les images atroces du supplice du chevalier de La Barre, il a dénoncé en 1768 cet usage appartenant à une jurisprudence barbare dans la *Relation de la mort du chevalier de La Barre* et dans *L'Homme aux quarante écus*.[21] Dans l'article « Torture », l'indignation prend le masque d'une désinvolture sarcastique. Ainsi, dans un rapide historique de la torture, le bourreau prend la succession des voleurs de grand chemin, puis des conquérants sans scrupule et, en conclusion de ces rappels, il est affirmé que faire « souffrir mille morts » « tient je ne sais quoi de la Divinité ». Puis la pratique actuelle est évoquée lors de deux petites scènes, celle de la séance de torture, puis celle du repas du juge contant à sa femme ses «expériences» de la journée. Les explications du commentateur soulignent d'abord l'aberration d'un système où le droit du juge est fondé sur la vénalité des charges.

Elles s'efforcent aussi de cerner son fonctionnement, celui d'une plongée dans l'inhumain : un conseiller de La Tournelle ne peut regarder comme son semblable ce prisonnier « hâve, pâle, défait, les yeux mornes, la barbe longue et sale, couvert de la vermine dont il a été rongé dans un cachot » ; il va donc devenir inhumain dans la mesure où il conteste l'humanité du prévenu ; et la contagion se répand : la femme du juge, d'abord horrifiée, puis qui s'habitue et qui, curieuse, interroge : « Mon petit cœur, n'avez-vous fait donner aujourd'hui la question à personne ? » L'ironie féroce de la citation des *Plaideurs* : « cela fait toujours passer une heure ou deux » explique que le juge « se donne le plaisir » d'appliquer le prévenu « à la grande et à la petite torture ». La force de la protestation de Voltaire s'exprime dans cette illustration de la justice comme fabrique de l'inhumain.

Une œuvre alphabétique est susceptible d'ajouts sans limites. Toute notion de la langue peut susciter un ensemble de réflexions. Au terme de cette première analyse des ajouts de *La Raison par alphabet*, il semble que Voltaire continue à travailler sur sa lancée, à parfaire son combat contre l'Infâme. Encore doit-on remarquer que l'écriture de ces nouveaux articles parus en 1769 tient sans doute à des contingences. Il avait lu, avec enthousiasme, la traduction par l'abbé Morellet du *Manuel des Inquisiteurs* lors de sa publication en 1762 : « Oh le bon livre que le manuel des monstres inquisitoriaux ! » (D10315). Pourquoi faire paraître l'article « Inquisition » seulement en 1769 ? Sans doute à la suite de la visite à Ferney, en mai 1768, du marquis de Mora, gendre du comte d'Aranda, comme le laisse penser le relevé d'expressions similaires dans ce texte et dans sa *Correspondance*. L'article fait l'éloge du ministre espagnol qui venait de restreindre les pouvoirs de l'Inquisition : « Enfin le comte d'Aranda a été béni de l'Europe entière en rognant les griffes et en limant les dents du monstre » ; mêmes images dans ses lettres : « on a coupé les griffes au monstre Inquisition » (D14991) ; « on a arraché les dents de ce monstre et on lui a coupé les griffes » (D14992).[22] D'ailleurs, ce sera à la suite d'un arrêt du comte d'Aranda du 5 février 1770,

dont Voltaire a connaissance le 7 mars (D16206), qu'il écrit l'article
« Aranda », sous-titré « Droits royaux, jurisprudence, Inquisition » paru
dans les *Questions sur l'Encyclopédie* en 1770. Il reprend alors de larges
extraits de l'article « Inquisition » de *La Raison par alphabet*.[23]
Le temps du carême est une donnée incontournable de la vie religieuse
au XVIIIe siècle. Au cours de cette période de pénitence, commémorant
le jeûne que Jésus-Christ observa pendant quarante jours, des sermons
étaient prêchés non seulement les dimanches, mais aussi les jours de la
semaine. Voltaire s'est montré maintes fois irrévérencieux à l'égard de
cette pratique religieuse. Dès 1717, dans une *Lettre de monsieur Arouet
à monseigneur le Grand Prieur*, des petits vers badins plaisantent sur
l'obligation chrétienne du jeûne :

> Tout simplement donc je vous dis
> Que dans ces jours, de Dieu bénis,
> Où tout moine et tout cagot mange
> Harengs saurets et salsifis,
> Ma muse qui toujours se range
> Dans les bons et sages partis,
> Fait avec faisans et perdrix
> Son carême au château Saint-Ange.[24]

Bien des années plus tard, lorsqu'il lit l'*Histoire ecclésiastique* de l'abbé
Fleury, il relève ce qui a trait au jeûne. Dans les tomes 2, 3, 4, 5, 7, 8, 12,
13, 26, 27 de son exemplaire, des notes marginales, vraisemblablement
de la main de son secrétaire Bigex, le signalent.[25] Et Voltaire remarque
dans le chapitre 21 de l'*Essai sur les moeurs* qu'aux VIIIe et IXe siècles
il y avait trois carêmes et quelquefois quatre, comme dans l'Eglise
grecque.[26] S'il ajoute en 1769 un article « Carême », c'est, semble-t-il,
parce qu'il va faire paraître sa *Requête à tous les magistrats du Royaume*
dont la première partie est consacrée aux abus de l'Eglise en matière
d'observance du carême.[27] Voltaire reprendra la question dans l'article
« Carême » des *Questions sur l'Encyclopédie*.[28] Les ajouts, en 1769, d'un
article « Credo », d'une seconde section à l'article « Job » sont à mettre en
relation avec de nouvelles lectures de Voltaire qui donneront lieu aussi à
des développements parallèles dans les articles « Arabes et par occasion du
livre de Job » et « Symbole ou Credo » des *Questions sur l'Encyclopédie*,
l'un paru en 1770, l'autre en 1772.[29] Enfin, l'article « Torture » de *La
Raison par alphabet* ouvre une voie que Voltaire explorera, celle de la
dénonciation de la justice de son temps. Une longue série de textes

traitant de ce thème sera insérée dans les *Questions sur l'Encyclopédie*, entre autres l'article « Criminaliste », l'article « Justice » qui reproduit la *Relation de la mort du chevalier de La Barre*, l'article « Question », l'article « Supplices ».[30]

Cette rapide analyse montre que les ajouts de 1769 de *La Raison par alphabet* à la fois signent la fin du *Dictionnaire philosophique portatif*, donnent une forme définitive à l'aventure éditoriale de ce que nous nommons *Dictionnaire philosophique*, et ouvrent la voie à une autre entreprise alphabétique, celle des *Questions sur l'Encyclopédie*. On en revient donc au problème de la signification de ce nouvel intitulé, en dehors d'une simple question de stratégie éditoriale. Dans l'article « ABC, ou Alphabet » des *Questions sur l'Encyclopédie,* l'alphabet qui est « la porte de toutes les sciences » est devenu « celle de toutes les erreurs » lorsqu'on prétendit en faire une « science des caractères ».[31] Voltaire dénonce des usages magiques ; il est, par ailleurs, conscient de l'irrationalité de l'alphabet. Comment a-t-il pu vouloir faire cohabiter raison et alphabet ? « Rien de plus contestable finalement que le dernier titre choisi par Voltaire en 1769 : comment pourrait-on mettre par alphabet la raison, cette activité constructive de l'esprit qui implique à la fois l'ordre et la vie ? », interroge José-Michel Moureaux, affirmant fortement que l'ordre de la raison n'est pas celui de l'alphabet.[32] La question ne se pose pas seulement pour Voltaire. Le « Discours préliminaire » de l'*Encyclopédie*, comme l'a remarqué Béatrice Didier, la met clairement en lumière : « Il nous reste à montrer comment nous avons tâché de concilier dans notre Dictionnaire l'ordre encyclopédique avec l'ordre alphabétique. Nous avons employé pour cela trois moyens, le système figuré qui est à la tête de l'ouvrage, la science à laquelle chaque article se rapporte, et la manière dont il est traité ».[33] Les renvois indiquent aussi « la liaison des matières ». Aucune explication de la part de Voltaire.

On a remarqué que son entreprise s'inscrivait dans la mode des dictionnaires au XVIIIe siècle.[34] On notera aussi l'intérêt manifesté par Voltaire pour le classement arbitraire de l'alphabet, son goût de la liste ou du catalogage : le « Catalogue des écrivains », les listes des artistes célèbres du *Siècle de Louis XIV* en témoignent.[35] Il a pu en apprécier les avantages : éviter les thématiques contraignantes, éluder des hiérarchies, échapper aux difficultés des classifications : chevauchements entre matières, questions d'ordre chronologique.[36] L'ordre alphabétique non seulement lui est familier, mais les articles de *La Raison par alphabet* tout comme les entrées des Catalogues du *Siècle de Louis XIV* s'inscrivent dans sa pratique beaucoup plus vaste de l'écriture discontinue et de l'écriture fragmentaire. Que Voltaire occupe une place de premier rang dans la littérature par alphabet est incontestable. Pourtant le titre de 1769 qui supprime la référence à un genre, celui du dictionnaire, n'en finit pas d'intriguer alors que dans cette édition, on a ajouté l'*A.B.C.* aux articles « Abbé - Vertu ». Voltaire indique que la raison s'exerce à l'intérieur d'articles rangés suivant l'ordre alphabétique ou par la voix de trois personnages désignés par des initiales. Cette Raison fragmentée renvoie certes à la cohérence d'une pensée ; il s'agit de la découvrir à travers les surprises, les rapprochements que réserve l'ordre alphabétique.[37] Au lecteur de participer à cette quête de la Raison, ce qui se situe dans la ligne de la Préface de l'édition Varberg de 1765 : l'ouvrage « n'exige pas une lecture suivie ; mais à quelque endroit qu'on l'ouvre, on trouve de quoi réfléchir » (V 35, p.284).

Comment parler d'une œuvre mouvante ? Des articles de *La Raison par alphabet*, le plus souvent réécrits, paraîtront dans la nouvelle œuvre alphabétique de Voltaire, les *Questions sur l'Encyclopédie*. Voltaire, de manière voyante, met à mal, avec la succession de ces deux entreprises alphabétiques, le concept d'œuvre supposant un commencement et une fin. On a déjà abordé, dans un autre article, la question de la proximité temporelle et de la parenté structurelle des deux ouvrages.[38] L'enquête se poursuivra alors que paraîtra l'édition critique dans les *Œuvres complètes de Voltaire* à Oxford des *Questions sur l'Encyclopédie* dont le premier tome a paru en 2007 et dont le second est sous presse. Comment distinguer des entreprises si proches à première vue ? Les éditions séparées permettent de retrouver le visage de chaque œuvre à laquelle son indépendance est restituée, ce que Beuchot ne fit pas, afin, dit-il, de ne pas désorienter le lecteur. Pourtant il prétendait que le *Dictionnaire philosophique* et les *Questions sur l'Encyclopédie* « n'ont de commun que la distribution par ordre alphabétique », ce qui reste à vérifier.[39] La prégnance du choix de Kehl était telle que Beuchot continua une tradition dont, par ailleurs, il contestait la validité. Louis Moland se contenta de remarquer que la réunion des deux ouvrages et d'autres encore, « offre un ensemble très homogène, une unité saisissante à l'esprit », ce qui reste également à vérifier.[40] L'esprit des deux œuvres devra être cerné, dans la mesure du possible, dans l'Introduction à l'édition critique des *Questions sur l'Encyclopédie*. On ne prétendra pas ici traiter de cet immense problème. Faute de pouvoir y répondre de manière satisfaisante, on se limitera à mettre en parallèle les titres et Préfaces des deux ouvrages.

Du *Dictionnaire philosophique portatif* à *La Raison par alphabet*, l'intitulé de ces ensembles d'articles s'inscrit sous le signe d'une positivité, celle de la philosophie ou celle de l'exercice de la Raison ; les *Questions sur l'Encyclopédie*, comme leur titre l'indique, supposent la référence à une autre œuvre et des interrogations. Tel est, du moins, l'effet que veut produire Voltaire et qui fausse sans doute le rôle joué par l'*Encyclopédie* dans l'une et l'autre œuvre. La part de l'*Encyclopédie*, dans ces deux ouvrages, nécessite des enquêtes précises. Dans l'édition critique des *Questions sur l'Encyclopédie,* une note liminaire, en tête de l'annotation de chaque article, s'efforce de mettre en lumière le rapport entretenu par le texte avec des entrées de l'*Encyclopédie*. Une synthèse sera possible lorsque auront paru les six tomes des articles annotés. L'édition critique du *Dictionnaire philosophique,* qui date déjà de quatorze ans, a signalé bon nombre de rapprochements entre le portatif et ce grand monument des Lumières qu'est l'*Encyclopédie*. L'article « Antitrinitaires », paru en 1767, est « tiré de l'article "Unitaires" de l'*Encyclopédie* », comme le précise Voltaire (V 35, p.355). Il a fait de même pour une addition, également de 1767, à l'article « Baptême », « Idée des unitaires rigides sur le baptême » (V 35, p.403). Il prend à partie l'auteur de l'article « Certitude », l'abbé de Prades, ainsi que « l'autre auteur qui s'extasie à la fin de cet article », Diderot, dans l'article « Certain, certitude » (V 35, p.512). Voltaire avait réagi vivement à la lecture de cet article (D6655). Mais des références affichées ne rendent pas compte de la part réelle de l'*Encyclopédie*. Raymond Naves, en 1938, dans *Voltaire et l'Encyclopédie*, a établi un historique des rapports de Voltaire avec l'*Encyclopédie*, puis a étudié Voltaire comme encyclopédiste, mais il n'a consacré que deux pages au *Portatif* et trois pages aux *Questions sur l'Encyclopédie*.[41] En 1987, les articles de Voltaire dans l'*Encyclopédie* ont fait l'objet d'une publication annotée.[42] Ses quarante-cinq contributions ont eu valeur d'apprentissage.[43] Même si le *Portatif* dut apparaître, aux yeux des contemporains, « comme un résumé et un concentré de l'*Encyclopédie*, qui tardait à revoir le jour », selon Raymond Naves,[44] même si Voltaire déclare, pour l'article « Idole, Idolâtre, Idolâtrie », qu'il aurait dû paraître d'abord dans l'*Encyclopédie*, où il paraîtra en 1765 dans le tome VIII, il est sûr que l'analyse comparée de l'utilisation de l'*Encyclopédie* dans les œuvres alphabétiques de Voltaire fait partie du chantier ouvert par la publication à Oxford de l'édition critique des *Questions sur l'Encyclopédie* qui sera suivie par celle du fonds de Kehl, nommé *L'Opinion en alphabet*.

Dans ces pages, où l'étude de *La Raison par alphabet*, terminus du *Dictionnaire philosophique portatif*, conduit à évoquer les *Questions sur l'Encyclopédie*, on se limite à l'indication de pistes de recherche que l'édition de la seconde grande œuvre alphabétique de Voltaire va explorer dans les années qui viennent. On complétera les réflexions précédentes par un parallèle entre les textes liminaires de ces deux œuvres.

A partir de l'édition Varberg de 1765, le lecteur du *Dictionnaire philosophique portatif* est gratifié d'un protocole de lecture. Cette Préface présente le *Portatif* comme une œuvre collective, enrichie par l'apport d'extraits des « meilleurs auteurs de l'Europe » dont des pages ont été copiées dans des livres connus et accueillant les contributions de « personnes encore vivantes, parmi lesquelles on compte de savants pasteurs » et signale aussi l'apport d'un « très habile homme favorisé de l'estime d'un grand prince », le marquis d'Argens, pour l'article « Genèse ». Puis Voltaire indique le mode d'emploi de l'ouvrage incitant à une lecture non suivie, mais qui exige une participation active du lecteur (V 35, p.281-85).

Les *Questions sur l'Encyclopédie*, en 1770, s'ouvrent sur une « Introduction » dans laquelle Voltaire expose le dessein de ce nouvel ouvrage. Ancien encyclopédiste, il se doit d'indiquer la raison d'être de ce livre au titre provocant et il lui faut situer son entreprise par rapport à l'*Encyclopédie*. Il reprend la thèse de l'ouvrage collectif, fruit du travail de « quelques gens de lettres », qui répondrait alors à la grande entreprise collective, ayant mobilisé tant de collaborateurs.[45] Il rend un hommage appuyé à l'*Encyclopédie*, ce « monument qui honore la France », flétrit ses persécuteurs, se proclame solidaire du clan philosophique. Il prétend présenter seulement un « essai de quelques articles omis dans le dictionnaire, ou qui peuvent souffrir quelques additions, ou qui ayant été insérés par des mains étrangères, n'ont pas été traités selon les vues des directeurs de cette entreprise immense » ; il met l'accent sur une volonté de dialogue puisque ces articles « ne proposent ici que des questions, et ne demandent que des éclaircissements ». Aussi l'œuvre tout entière se place-t-elle dans un domaine en dehors de la certitude, ce que résume la belle expression des auteurs qui se déclarent « douteurs et non docteurs ».[46] Dans le même esprit, reprenant dans les *Questions sur l'Encyclopédie*, l'article « Certain, certitude » paru dans le *Portatif* en 1764, qu'il enrichit de nouveaux développements, Voltaire ajoute en conclusion ces deux lignes significatives : « Pour nous, qui n'avons entrepris ce petit *Dictionnaire* que pour faire des questions, nous sommes loin d'avoir de la certitude ».[47]

La volonté de distinguer les deux œuvres alphabétiques est, chez Voltaire, évidente. Mais qu'en est-il de la réalisation ? Dans l'état actuel des travaux sur les *Questions sur l'Encyclopédie*, on ne pourrait hasarder que des conjectures. C'est un problème qui peut être posé, mais dont la solution doit être réservée. *La Raison par alphabet* que Cramer édite en 1769, au lieu de marquer simplement le point final de la première entreprise par alphabet de Voltaire, conduit à considérer la seconde.

Ainsi est-on invité à réfléchir sur leur articulation et sur la fascination de Voltaire pour une littérature dont le principe d'exposition est celui de l'ordre alphabétique. Celui-ci lui offre un espace sans limites ni entraves. Là, sa plume en liberté peut se livrer au mélange des genres, à leur éclatement ou à leur fusion.

Notes

1. Voir Andrew Brown et Ulla Kölving, « Voltaire and Cramer », dans *Le Siècle de Voltaire*, Hommage à René Pomeau, éd. Ch. Mervaud et S. Menant, Oxford 1987, p.156-61.

2. Voir les éditions suivantes, *Dictionnaire philosophique*, éd. R. Pomeau, Flammarion, coll. « GF », 1964, p.16 ; *Dictionnaire philosophique*, édité sous la direction de Christiane Mervaud, dans *Œuvres complètes de Voltaire*, t. 35-36, Oxford, The Voltaire Foundation, 1994, ici t. 35, p.266 ; *Dictionnaire philosophique*, éd. Béatrice Didier, Paris, Imprimerie nationale, 1994, p.12 ; *Dictionnaire philosophique*, éd. Alain Pons, Paris, Gallimard, coll. « Folio classique », 1994, p.517 ; *Dictionnaire philosophique*, éd. Raymond Naves et Olivier Ferret, Classiques Garnier, coll. « Poche », 2008, p.LI.

3. Voir l'édition critique du *Dictionnaire philosophique*, sous la direction de C. Mervaud, V 35-36, 1994, chap. 9 de l'Introduction, « Editions », section établie par A. Brown avec la collaboration de Jeroom Vercruysse et Ulla Kölving, V 35, p.231-65.

4. Kehl, t. 37, p.2.

5. Voir Jeroom Vercruysse, V 33, p.xxi-xxix, ici p.xxi. En 1892, Georges Bengesco publie l'édition originale de 1764 et en 1930, les éditions de Cluny reproduisent l'édition de 1769. En 1936, les éditions Garnier reprennent les 118 articles en signalant les ajouts successifs de Voltaire et en reproduisant dans les notes à la fin du volume, « tous les remaniements, sections nouvelles, additions et variantes que pouvaient offrir les *Questions sur l'Encyclopédie* ». Julien Benda rédigea l'Introduction et le texte fut établi par Raymond Naves. La nouvelle édition des Classiques Garnier a supprimé « tous les extraits donnés par R. Naves qui ne pouvaient qu'entretenir paradoxalement l'illusion que les *Questions* ne sont qu'un prolongement tardif du *Dictionnaire philosophique* » (p.lii).

6. Voir ci-dessus le chap. 7.

7. Le numéro 6 de la *Revue Voltaire* en 2006 a publié 8 articles consacrés à la notion voltairienne de *mélanges* regroupés sous le titre : « Poétique et esthétique des mélanges voltairiens ».

8. On pourra consulter le tableau des ajouts successifs dans l'édition des Classiques Garnier, 2008, p.xc-xcvii.

9. Voir l'annotation de l'article « Inquisition », V 36, p.234-39.

10. CN, t. 5, p.784.

11. M, t. 19, p.476-85.

12. José-Michel Moureaux, « Ordre et désordre dans le *Dictionnaire philosophique* », *Dix-huitième siècle* 12, 1980, p.381-400, ici, p.387.

13. J.-M. Moureaux, « Ordre et désordre... », p.395.

14. V 62, p.218.

15. V 63A, p.402-08.

16. V 17, p.530.

17. Voir C. Mervaud, « Réflexions alphabétiques sur la Justice dans le *Dictionnaire philosophique portatif* », dans *The Secular City. Studies in the Enlightenment*, presented to Haydn Mason, ed. T.D. Hemming, E. Freeman et D. Meakin, Exeter 1994, p.112-19.

18. M 25, p.559.

19. Pierre-François Muyart de Vouglans, *Institutes au droit criminel, ou Principes généraux sur ces matières, suivant le droit écrit, canonique et la jurisprudence du Royaume. Avec un Traité particulier des crimes*, Paris 1757, p.508-10. Voltaire a lu très attentivement cet ouvrage juridique qu'il annote ; il relève un passage donné en exemple : Jean Diot et Bruneau le Noir, par arrêt du 5 juin 1750, ont été brûlés en place de Grève pour sodomie (CN 5, p.806).

20. *André Destouches à Siam*, juin 1766, V 62, p.117-26, ici p.119-20 et *Commentaire sur le livre des délits et des peines*, M 25, p.557-58.

21. *Relation de la mort du chevalier de La Barre*, M 25, p.501-16 et *L'Homme aux quarante écus*, V 66, p.375, où Voltaire recopie un passage du *Discours sur l'administration de la justice criminelle* (1767) de l'avocat-général du Parlement du Dauphiné, Michel Servan.

22. Voir d'autres citations dans V 36, p.239, n. 18.

23. *Questions sur l'Encyclopédie*, sous la direction de Nicholas Cronk et Christiane Mervaud, V 38, p.551-59.

24. V 1B, p.406. Sur le carême, C. Mervaud, *Voltaire à table*, Paris 1998, p.176-79.

25. CN 3, p.479-610.

26. *Essai sur les moeurs et l'esprit des nations*, éd. R. Pomeau, Paris 1963, t. 1, p.361.

27. M 28, p.342-45.

28. M 18, p.53-54.

29. V 38, p.540-50 et M 20, p. 465-67. « Credo » est repris dans l'article « Symbole ou Credo » des *Questions sur l'Encyclopédie*.

30. « Criminaliste », M 18, p.278 ; « Justice », M 19, p.549-50 (Moland ne reproduit pas la *Relation de la mort du chevalier de La Barre*, mais y renvoie) ; « Question », M 20, p.313-14 ; « Supplices », M 20, p.456-64.

31. V 38, p.22-31.

32. J.-M. Moureaux, « Ordre et désordre... », p.383.

33. Béatrice Didier, *Alphabet et Raison*, Paris 1996, p.5-8.

34. Voir le chapitre 1 ci-dessus.

35. Voltaire, *Œuvres historiques*, Paris 1957, p.1132-220.

36. Sur les « Artistes célèbres », voir F. Moureau, « Visions d'artistes dans Le

Siècle de Louis XIV » et sur les écrivains, C. Mervaud, « Le "Catalogue des écrivains" du *Siècle de Louis XIV* », dans *Voltaire et le Grand Siècle*, sous la direction de J. Dagen et A.-S. Barrovechio, *SVEC* 2006 : 06, p.289-98 et p.271-87.

37. Voir le chapitre 4 ci-dessus.

38. Voir ci-dessous, p. 233-249.

39. M 17, p.ix-x.

40. M 17, p.iii.

41. Raymond Naves, *Voltaire et l'Encyclopédie*, Paris 1938, p.89-90 et p.95-97. Voir aussi Jeanne R. Monty, « Voltaire's debt to the *Encyclopédie* in the *Opinion en alphabet* », dans *Litterature and history in the age of ideas ; essays on the French Enlightenment presented to George R. Havens*, éd. Charles G.S. Williams, [Columbus] : Ohio State U.P., 1975, p.153-67.

42. V 33, p.37-229.

43. Voir le chapitre 5 ci-dessus.

44. Voir ci-dessus, p. 22 et R. Naves, *Voltaire et l'Encyclopédie*, p. 89.

45. Frank A. Kafker et Serena L. Kafker, *The Encyclopedists as individuals : a biographical dictionary of the authors of the "Encyclopédie"*, *SVEC* 257, 1988.

46. V 38, p.3-11.

47. M 18, p.121.

Du *Dictionnaire philosophique*
aux *Questions sur l'Encyclopédie,*
reprises et réécritures[1]

Pour ses *Questions sur l'Encyclopédie*, Voltaire a puisé sans vergogne dans ses œuvres antérieures. Il a repris les articles « Eloquence », « Figure », « Histoire », « Idole, idolâtre, idolâtrie » composés pour l'*Encyclopédie*.[2] Il a reproduit des chapitres extraits de maints ouvrages : « Abeilles », « Air », « Anguilles », « Coquilles » proviennent des *Singularités de la nature* ; « Confession », « Confiscation », « Criminel », « Hérésie » du *Commentaire sur le livre des délits et des peines* ; « De l'histoire », « Pétrone » du *Pyrrhonisme de l'histoire* ; « Distance », « Figure » des *Eléments de la philosophie de Newton*. Il intègre un de ses contes, *Memnon*, qui devient l'article « Confiance en soi-même ». Il réemploie des textes figurant maintenant dans ses *Mélanges* : « Du divorce » de 1767, repris sous le titre « Mémoire d'un magistrat » dans l'article « Adultère », la *Relation de la mort du chevalier de La Barre* (1767) dans « Justice », *Des conspirations contre les peuples* dans « Conspiration ». Et la liste n'est pas exhaustive. L'*Essai sur les mœurs, Dieu et les hommes*, les *Colimaçons du R. P. l'Escarbotier*, l'*A.B.C.* ont fourni des textes.[3] La fin du *Poème sur le désastre de Lisbonne* est insérée dans l'article « Bien, Tout est », l'*Epître à l'auteur du livre des trois imposteurs* dans une des sections d'« Athéisme ».[4] Mais c'est principalement le *Dictionnaire philosophique* qui est mis à contribution. Les reprises du *Portatif* posent des problèmes spécifiques liés à la proximité temporelle et à la parenté structurelle des deux œuvres.

En effet, le *Dictionnaire philosophique* vient d'être publié sous sa forme définitive en cent dix-huit articles en 1769. Il est alors intitulé *La Raison par alphabet* et il ne cesse d'être réédité en 1770 alors que vont paraître en neuf tomes in-octavo, imprimés par Cramer à Genève, les *Questions sur l'Encyclopédie* de 1770 à 1772.[5] Le *Dictionnaire philosophique*, dont le succès ne se dément pas, est présent à l'esprit de tous, il se vend bien. Les deux livres vont-ils se concurrencer ? Il s'agit de deux œuvres-sœurs, toutes les deux sous forme alphabétique, ce qui est à la fois, pour Voltaire, une opportunité et un piège. Il est aisé de transférer des articles du *Dictionnaire* dans les *Questions*, mais injecter ainsi une partie de la première œuvre alphabétique dans la seconde comporte un inconvénient majeur, celui de faire passer les *Questions* pour simple redite, donc d'autoriser, à l'égard du patriarche de Ferney, l'accusation de radotage. Aussi Voltaire avait-il intérêt à naviguer serré entre des facilités qui s'offraient à lui et des écueils qu'il lui fallait éviter ou, du moins, contourner.

De plus, cette proximité et cette parenté ont induit en tentation les éditeurs de Kehl qui s'avisent de réunir « des morceaux destinés à faire partie d'ouvrages différents » sous le titre général de *Dictionnaire philosophique* comme ils l'expliquent dans l'Avant-propos du tome 37 de leur édition.[6] Cette erreur éditoriale a été consacrée par toutes les éditions des *Œuvres complètes* du XIXᵉ siècle, y compris celles de Beuchot et Moland. On a tout dit sur le monstre éditorial créé par l'édition de Kehl, sur son classement thématique niant toute perspective chronologique, donc sur la nécessité de rendre à chacune des œuvres son visage propre,[7] tâche à laquelle s'est attelée l'édition d'Oxford des *Œuvres complètes* avec la publication des articles destinés à l'*Encyclopédie* et au *Dictionnaire de l'Académie* en 1987 (t. 33), celle du *Dictionnaire philosophique* en 1994 (t. 35 et 36), enfin, celle qui vient d'être lancée, des *Questions sur l'Encyclopédie*.

Sans vouloir le moins du monde disculper les éditeurs de Kehl, il faut tout de même reconnaître qu'ils ont pu être désorientés par l'ampleur des reprises dans les *Questions sur l'Encyclopédie*. Suivant des critères esthétiques contestables pour nous, mais évidents pour eux, ils s'excusent auprès de leurs lecteurs d'avoir laissé subsister des répétitions et ils se vantent d'avoir procédé à des suppressions afin d'éviter des redites « autant qu'il a été possible de le faire sans altérer ou mutiler le texte ».[8] Une telle déclaration suscite la méfiance et laisse perplexe quant à l'ampleur des modifications imposées aux écrits de Voltaire. Mais cette politique qui de nos jours a été dénoncée, incite aussi à tenter l'examen des liens entre le *Dictionnaire philosophique* et les *Questions sur l'Encyclopédie*, et à s'interroger sur ces « répétitions », sur leur étendue et leurs avatars que l'établissement des textes à partir des éditions revues par Voltaire mettra clairement au jour. On évalue généralement à une cinquantaine le nombre des articles du *Dictionnaire* repris dans les *Questions*, soit un peu moins de la moitié du premier ouvrage insérée dans le second. On serait tenté de parler d'un apport massif, mais qui doit être relativisé à l'échelle des *Questions*, lesquelles comprennent quatre cent quarante articles ; ainsi cet apport représente *grosso modo* un peu plus de 11 % du nouvel ouvrage. Cette estimation devra sans doute être majorée, car des fragments n'ont pas été pris en compte. Nous nous limiterons ici aux deux premiers tomes de la dernière édition revue par Voltaire (75G) des *Questions sur l'Encyclopédie*, ce qui permet une approche à valeur de test et une analyse des stratégies éditoriales de Voltaire en matière de réemploi et de réécriture du *Dictionnaire philosophique*.

Voltaire n'a pas intérêt à se vanter de ces reprises du *Dictionnaire philosophique* alors qu'il lance un nouvel ouvrage alphabétique composé en un temps record. Dans l'« Introduction aux *Questions sur l'Encyclopédie* par des amateurs », il justifie le titre et le dessein de son œuvre. Quelques gens de lettres ayant étudié l'*Encyclopédie* « ne proposent ici que des questions, et ne demandent que des éclaircissements ». Puis il rend hommage à l'*Encyclopédie*, ce « monument qui honore la France », évoque son succès dans l'Europe entière, dénonce vigoureusement ses persécuteurs, enfin il annonce que plusieurs gens de lettres présentent ici « aux amateurs de la littérature un essai de quelques articles omis dans le grand dictionnaire, ou qui peuvent souffrir quelques additions, ou qui, ayant été insérés par des mains étrangères, n'ont pas été traités selon les vues des directeurs de cette entreprise immense ».[9] Pas un mot, pas une allusion au *Dictionnaire philosophique* dans cet Avertissement. Voltaire joue la carte d'ouvrages autonomes. Mais pour autant, dans le détail des textes, il ne camoufle pas systématiquement ses emprunts.

Les tomes I et II des *Questions*, dans l'édition encadrée, comprennent respectivement soixante-quatre articles de « A » à « Aristée » et soixante-neuf articles de « Aristote » à « Certain, certitude », soit cent trente-trois articles de « A » à « Certain ». Le *Dictionnaire philosophique* pour la même tranche alphabétique de « Abbé » à « Certain, certitude » en comprend vingt-neuf. En consultant les tables des matières des deux œuvres, on constate qu'elles ont vingt-trois intitulés communs. Mais ce dénombrement est trompeur. Pour neuf entrées, Voltaire a rédigé un nouveau texte, voulant dire du neuf aussi bien sur des personnages ou lieux bibliques comme « Adam », « Abraham », « Babel » que sur des questions religieuses comme « Carême », « Ame », « Ange », « Apocalypse » ou philosophiques comme « Bornes de l'esprit humain », « Anthropophages ». C'est dire que quatorze articles seulement ont été repris, d'abord ceux qui concernent des notions psychologiques

(« Amitié », « Amour », « Amour-propre », « Amour socratique »), ensuite des questions religieuses (« Antitrinitaires », « Apocalypse », section I, « Athéisme », section III, « Baptême »), puis des articles philosophiques (« Beau », « Bien [souverain] », « Bien, Tout est », « Caractère », « Certain, certitude »).

A cet inventaire, il convient d'ajouter quatre articles sous des entrées différentes, « Arianisme » reprend « Arius », « Aranda » reproduit une partie d'« Inquisition », « Apostat » intègre des morceaux ayant d'abord appartenu à « Julien le Philosophe », « Bœuf Apis » réécrit « Apis ». Sur ces dix-huit textes communs, la reprise est signalée pour six d'entre eux, tue ou dissimulée pour les douze autres.

Les renvois explicites au *Dictionnaire philosophique*, comme si la seconde œuvre alphabétique était la continuation de la première, tendent à gommer l'originalité du nouveau projet et à mettre l'accent sur des continuités dans la pensée. La liaison est indiquée dans le texte de l'article pour le tome I, par l'ajout de notes pour le tome II sans que l'on puisse démêler les raisons de ce changement.

Ainsi l'article « Bien, Tout est » précise en note : « Une partie de cet article se trouve ailleurs, mais moins étendue ; de plus il est bon d'inculquer ces vérités au lecteur dans plus d'un ouvrage ». Une volonté pédagogique motiverait donc cette reprise précédée de nouveaux paragraphes et suivie par la reproduction du *Poème sur le désastre de Lisbonne*. Les *Questions sur l'Encyclopédie* présenteraient une sorte de synthèse de la pensée philosophique de Voltaire, la réponse globale que Voltaire entend donner à Platon et à Leibniz. Même technique dans l'article « Souverain Bien » qui introduit quelques ajouts et précise en note : « Cet article est un de ceux qu'on retrouve ailleurs, mais il est ici plus complet ».[10] Le *Dictionnaire philosophique* n'est point nommé, désigné seulement par un « ailleurs » invitant à considérer l'œuvre de Voltaire comme un tout aux multiples facettes. Dans la ligne de la Préface de l'édition Varberg de 1765, ce nouveau livre suppose un lecteur actif qui pourra « prendre et corriger ou laisser des articles » à son gré,[11] un lecteur qui ne se lasse pas, prêt à comparer des textes, à apprécier le progrès d'une pensée, un lecteur bienveillant aussi qui n'interprètera pas ces réemplois comme du remplissage.

Dans le tome I, une autre technique avait été expérimentée. Voltaire, dans l'article « Apocalypse » composé de deux sections, s'est contenté de juxtaposer au texte du *Dictionnaire philosophique* reproduit sans variantes un nouvel ensemble de réflexions sur ce sujet introduit par ces mots : « Ajoutons à l'article "Apocalypse" que deux grands hommes [...] ont commenté l'Apocalypse », après quoi suivent plusieurs pages de réflexions sur Newton, Bossuet, puis sur l'évêque de Bellay, Le Camus.[12] Pour « Arianisme », Voltaire procède par la voie de l'autocitation. Dans un développement sur les fondateurs de secte, il insère l'article « Arius » ainsi présenté : « Mettons ici pour la commodité du lecteur, ce qu'on dit d'Arius dans un petit livre qu'on peut n'avoir pas sous la main ».[13] De même, dans l'article « Apostat », Voltaire reprend de larges extraits de « Julien le Philosophe » de 1767 et du « Portrait de l'empereur Julien » de 1769. La citation, avec quelques retouches textuelles, du *Dictionnaire philosophique* s'affiche clairement : « Voici comme on en parle dans un livre nouveau souvent réimprimé ».[14] Enfin, dans l'article « Anthropophages », Voltaire reproduit un long extrait du chapitre 146 de l'*Essai sur les mœurs*, avant d'insérer de nouvelles réflexions puis, dans une addition de 1774, il raconte de nouveau l'anecdote de la chandelière de Dublin faisant des chandelles avec de la graisse d'Anglais en renvoyant au *Dictionnaire philosophique* : « On trouve dans un livre qui a eu assez de succès chez les honnêtes gens, ces paroles ou à peu près ».[15] La partie inédite de cet article est donc encadrée par le rappel explicite de deux œuvres antérieures de grand renom, une synthèse historique, une œuvre alphabétique. La présence à éclipse du *Portatif* hante l'œuvre la plus longue de Voltaire sous la forme d'un « petit livre ».

On serait bien en peine de définir une politique claire et cohérente de Voltaire dans ces renvois suggérant une solidarité de fait entre ses ouvrages. Voltaire ne déteste pas se référer à ce qui lui a déjà assuré de la notoriété, mais il entend également sauvegarder l'originalité de son projet actuel. Il tire parti du succès du *Dictionnaire philosophique*, mais veut surtout assurer celui des *Questions sur l'Encyclopédie*. Il oscille donc entre des exigences contradictoires et résout cette équation au coup par coup, signale parfois ses emprunts à une œuvre antérieure, les dissimule le plus souvent, laissant à son lecteur le soin de les découvrir. Le lien entre ses œuvres alphabétiques peut avoir valeur publicitaire, même si un tel argumentaire doit être manié avec précaution, car si l'on se permet de reprendre un texte déjà connu, encore faut-il lui donner une apparence de neuf ou lui faire subir une cure de jouvence, voire un *lifting*. On va donc s'efforcer d'analyser les techniques mises en œuvre par Voltaire pour recycler des textes déjà publiés et qu'il s'agit de rénover.

La première et la plus simple consiste à reproduire l'article du *Dictionnaire philosophique* suivi d'une ou de plusieurs sections nouvelles. Ainsi a procédé Voltaire pour l'article « Apocalypse » ou pour l'article « Athéisme ».[16] L'article initial reprend du service, mais l'entrée s'enrichit de nouveaux développements qui lui sont juxtaposés. Le premier article est conservé dans son intégrité pour « Apocalypse », en partie pour « Athéisme », mais d'autres sections s'avèrent nécessaires pour le compléter. L'article primitif, celui du *Dictionnaire philosophique*, se trouve alors au sein de toute une constellation de textes, jouant sa petite partition dans l'orchestre, relativisé en quelque sorte, mais indispensable à sa place. Tel est le cas de l'article « Athéisme ». Après une section I consacrée à la comparaison si souvent faite entre l'athéisme et l'idolâtrie, une section II, en prise sur l'actualité, traite des athées modernes et des raisons des adorateurs de Dieu ; elle se termine par la reproduction de son *Epître à l'auteur du livre des trois imposteurs*. Puis Voltaire, dans la section III, reprend une grande partie de la section I de l'article « Athée, athéisme » du *Dictionnaire philosophique* de 1764. Ce texte prenait à partie l'article « Athées » de l'*Encyclopédie* et répondait également à Bayle sur la question : si une société d'athées peut subsister. Une quatrième section reprendra presque toute la septième lettre « Sur les Français » des *Lettres à son Altesse Mgr le Prince de ** sur Rabelais et sur d'autres auteurs accusés d'avoir mal parlé de la religion chrétienne*.[17] A la suite de tels transferts de textes, le statut de l'article du *Dictionnaire philosophique* se trouve profondément modifié : d'expression unique de la pensée sur un thème donné, il rétrograde au rang d'un développement parmi d'autres. L'élargissement du sujet comprend des strates chronologiques correspondant à un enrichissement de la pensée ou de l'érudition. Alors que le *Dictionnaire philosophique*, tant bien que mal, se voulait « portatif », les *Questions sur l'Encyclopédie* sacrifient délibérément la brièveté au profit d'une sorte de testament intellectuel ; elles offrent un dernier bilan de la pensée et c'est bel et bien une œuvre de vieillesse aux prétentions totalisantes.

La seconde technique de réfection des articles, la plus fréquente, qui affecte neuf entrées, reprend l'ensemble de l'article du *Dictionnaire philosophique*, pratiquement sans variantes notables, mais lui adjoint des paragraphes, placés soit au début, soit à la fin de l'article. L'intervention peut être minimale comme dans l'article « Antitrinitaires » dont le sort est pour le moins curieux.[18] Tiré de l'article « Unitaires » de l'*Encyclopédie*, cette entrée, dans le *Dictionnaire philosophique*, accréditait la thèse de l'ouvrage collectif. C'est de nouveau sa fonction dans les *Questions sur l'Encyclopédie*, où sa présence paraît plus étonnante. En effet, ce texte ne pose point de questions à l'*Encyclopédie* contrairement à ce qui avait été annoncé dans la déclaration préliminaire des amateurs, et le nouvel ouvrage de Voltaire inclut dans ses collaborateurs, probablement sans son assentiment préalable, Jacques-André Naigeon, auteur du très long article « Unitaires ». La démarche pourrait paraître cavalière, même si l'emprunt est signalé. Voltaire, par ailleurs, ne se préoccupe pas outre mesure de rigueur, puisque les *Questions sur l'Encyclopédie* sont censées compléter les articles de l'*Encyclopédie* ou se substituer à eux et non les recopier. Le toilettage de cet article se limite à une phrase d'introduction qui définit ces hérétiques, puis à l'ajout final d'un vœu en faveur de leur conversion. Cette hypocrisie finale est démentie par le renvoi à l'article « Trinité », texte qui donne raison aux antitrinitaires en démontrant que le mystère de la Sainte Trinité est incompréhensible. Voltaire joue sur deux tableaux : il est orthodoxe dans ses additions au corps de l'article, tout en suggérant sa véritable position à l'égard de ces hérétiques dont il rapporte complaisamment la doctrine. L'incitation à lire un autre texte, violemment critique à l'égard de la thèse catholique, indique bien qu'il ne condamne pas les antitrinitaires.

L'ajout de paragraphes initiaux ou finaux tend à élargir la perspective. Ainsi l'article « Amour-propre » du *Dictionnaire philosophique* s'ouvrait sur une anecdote, celle d'un gueux demandant l'aumône. Par instinct de conservation, il accepte de l'argent, mais sa dignité lui interdit de recevoir des conseils. Dans les *Questions*, cette fiction est précédée par le commentaire acerbe d'une pensée de Nicole qui, dans ses *Essais de morale*, déclarait qu'on réprimait « les pensées et les desseins tyranniques de l'amour-propre de chaque particulier » par « le moyen des gibets et des roues ».[19] La citation est juste, mais paraît d'autant plus dure et plus étonnante qu'elle est séparée de son contexte. Voltaire a beau jeu d'extraire d'un *Traité sur la charité* cette sévérité déplacée. Pour Nicole, l'amour-propre de chacun se traduit par un instinct de domination qui menace les autres. Chaque homme, pour sa propre conservation, doit s'unir aux autres hommes ; on a alors élaboré des lois et on doit châtier ceux qui les violent ».[20] On réprime donc des actions illicites qui prennent leur source dans l'amour-propre. Mais Voltaire n'a pas pris soin d'expliquer le raisonnement de Pierre Nicole dont il cite abruptement une conclusion d'apparence choquante. Puis Voltaire invite à réhabiliter l'amour-propre, « sentiment naturel de tous les hommes » : il accuse Nicole de mettre sur le même plan des peccadilles et des crimes. Une fois de plus, il combat les duretés des jansénistes et refuse leur analyse des puissances trompeuses. Par cet ajout, il sacrifie l'entrée en matière abrupte de l'article du *Dictionnaire philosophique* : « Un gueux des environs de Madrid demandait noblement l'aumône ». Une mise au point polémique prend place avant l'anecdote. Il ne résiste pas au plaisir de citer un jugement empreint d'une grande dureté et qui, hors de son contexte, paraît cruel et absurde. Dira-t-on que Voltaire, dans les articles recyclés des *Questions*, se montre moins sensible aux effets esthétiques d'un incipit frappant ? Du moins conserve-t-il la clausule insolite et provocante : « Cet amour-propre est l'instrument de notre conservation ; il ressemble à l'instrument de la perpétuité de l'espèce ; il est nécessaire, il nous est cher, il nous fait plaisir, et il faut le cacher ».

L'article « Beau » du *Dictionnaire philosophique* a également fait l'objet d'une réfection. Il était composé d'exemples illustrant la relativité du Beau ; on interroge un crapaud, le diable, enfin un philosophe auquel l'expérience enseigne qu'il doit s'épargner la peine de composer « un long traité sur le beau ».[21] L'entrée des *Questions* encadre ce texte d'une citation préliminaire de Platon, puis lui ajoute des réflexions sur la beauté universelle des vertus et la description des beautés du palais impérial de Pékin. La conclusion de l'article primitif, par une sorte de négligence, est répétée : « C'est encore une raison qui me détermine à ne point faire un traité sur le beau ». La pensée n'a point évolué, elle ne progresse que par l'addition de nouvelles « farcissures », s'il est permis de reprendre ici le terme employé par Montaigne. Voltaire revient sur ses propres traces, il les creuse de nouveau, et sans doute pense-t-il améliorer son texte et le rendre plus convaincant en ayant mieux précisé sa pensée.

La troisième technique de Voltaire, lorsqu'il réemploie des articles déjà parus dans sa première œuvre alphabétique, est celle d'une restructuration en profondeur. On prendra pour exemple l'article « Baptême ». Ce n'est pas que Voltaire ait une approche différente de ce sacrement, mais il dispose d'une documentation nouvelle qu'il met en valeur. L'article des *Questions* s'ouvre sur des réflexions générales suivies d'un historique du baptême, puis accueille des sections spécialisées, l'une sur le baptême des morts, l'autre sur le baptême par immersion. Des notes érudites, un renvoi à l'article « Expiation », démentent l'introduction faussement modeste : « Nous ne parlons point du baptême en théologiens ; nous ne sommes que de pauvres gens de lettres qui n'entrons jamais dans le sanctuaire ». L'article du *Dictionnaire philosophique*, auquel des passages sont empruntés, est en quelque sorte démembré ; les phrases qui en sont extraites ressurgissent, noyées dans un autre développement qui a sa logique propre. Des thèmes sont traités différemment. Voltaire avait cité l'article « Unitaires » de l'*Encyclopédie* dans une addition de 1767, les « idées des unitaires rigides sur le baptême » : il rappelait que les anabaptistes étaient opposés au baptême des enfants. Dans l'article des *Questions*, il justifie leur point de vue, car un enfant ne reçoit pas le baptême en connaissance de cause. Puis il introduit l'amorce d'une fiction sur cette objection des anabaptistes : « Il est arrivé souvent qu'un enfant baptisé par les Grecs à Constantinople a été ensuite circoncis par les Turcs ; chrétien à huit jours, musulman à treize ans, il a trahi les serments de son parrain ». Voltaire renoue avec une tragédie de sa jeunesse, *Zaïre* :

> J'eusse été près du Gange esclave des faux dieux,
> Chrétienne dans Paris, musulmane en ces lieux. (I, 1)

On n'entend, dans cet article rénové des *Questions*, qu'un écho lointain de l'article du *Dictionnaire philosophique*, encore présent mais réduit en quelque sorte au rôle de première ébauche ou de pourvoyeur de fragments. Cet article a été dépecé, absorbé, digéré, pour être finalement reconstruit autrement.[22]

Que déduire de cette chirurgie textuelle, très visible en matière d'implants mais qui suppose aussi le recours à quelques amputations ? Des articles du *Dictionnaire philosophique* servent de tremplin à une pensée qui ne cesse de s'approfondir ou de s'enrichir. Point de rupture. Voltaire ne se remet pas en cause, il s'affirme de nouveau, non sans maltraiter ses œuvres précédentes. Repris partiellement, le *Portatif* serait-il réduit au rôle d'appoint ? Le mouvement que l'on discerne ici dans ces reprises réécrites d'articles est amplifié si l'on considère les choix éditoriaux de Voltaire dans l'encadrée. Les articles non retenus du *Dictionnaire philosophique*, et qui n'ont pas été réemployés dans les *Questions sur l'Encyclopédie*, ont été répartis entre les tomes 36 et 38. Dans le premier, *Mélanges de littérature, d'histoire et de philosophie*, se trouvent trois Catéchismes (chinois, du Japonais, du jardinier[23]), le

« Catéchisme du curé » ayant été récupéré dans l'article « Curé » des *Questions.* Dans le second, *Pièces détachées, attribuées à divers hommes célèbres*, les « Fragments sur divers sujets par ordre alphabétique » sont composés de tous les autres articles non repris.[24] Ce démembrement du *Dictionnaire philosophique* a peut-être influencé le classement adopté par les éditeurs de Kehl qui pouvaient se prévaloir de l'autorité du maître. On en est réduit à des conjectures sur ce point, mais on se doit d'étudier le parti que Voltaire a tiré de ces reprises du *Dictionnaire philosophique* en se demandant si le *Portatif* ne joue pas le rôle d'un embrayeur de la pensée.

De la masse des articles repris dans les deux premiers tomes des *Questions sur l'Encyclopédie* se dégage une orientation générale. Voltaire réactualise ses textes, parfois de manière massive, parfois par un simple détail. Cette mise à jour concerne des faits ou des événements. On se limitera à quelques exemples, l'un qui consiste en une simple allusion, les autres qui affectent tout le sens de l'article.

Julien l'Apostat a été une figure de proue des Lumières. Il occupe une place de choix dans le panthéon voltairien. Son patronage est évoqué dans la correspondance de Voltaire et de Frédéric dès 1736 et jusqu'en 1778. Trois chapitres (33, 34, 35) de l'*Examen important de milord Bolingbroke* lui sont consacrés. En 1767, dans le *Dictionnaire philosophique*, paraît « Julien le philosophe, empereur romain » qui sera repris et allongé sous le titre « Portrait de l'empereur Julien » en 1769 dans l'édition publiée par Voltaire du *Discours de l'empereur Julien contre les chrétiens.* Dans les *Questions* en 1770, Voltaire insère encore un article « Apostat » composé de deux parties et qui tire une bonne partie de sa substance des écrits précédents.[25]

Voltaire invite ses lecteurs à rendre justice à Julien en contant comment il a réagi à une émeute de ses partisans. Des Alexandrins s'étaient révoltés contre l'évêque arien, Georges de Cappadoce, un « méchant homme, il est vrai », très agressif à l'égard des païens ; ils le mirent à mort dans son cachot le 24 décembre 361. Puis ils promenèrent son cadavre sur un chameau avant de le brûler et de jeter ses cendres à la mer, ce qui leur valut de sévères remontrances de l'empereur Julien indigné par la sauvagerie de cette exécution.

Or voici comment elle est rapportée dans l'article « Apostat » : « C'était le fils d'un maçon nommé Georges Biordos. Ses mœurs étaient plus basses que sa naissance, il joignait la perfidie la plus lâche à la férocité la plus brute, et la superstition à tous les vices ; avare, calomniateur, persécuteur, imposteur, sanguinaire, séditieux, détesté de tous les partis ; enfin les habitants le tuèrent à coups de bâton ». Après un tel portrait, il faut avouer que le sens de l'équité de Julien brille de tous ses feux quand il rappelle aux païens d'Alexandrie, ses coreligionnaires, qu'ils ont des lois et auraient dû déférer le coupable devant des juges et non se faire justice eux-mêmes en commettant un meurtre. Georges de Cappadoce, personnage historique qui a sa place dans l'histoire de l'Eglise, est ici nommé Georges Biordos, forme plaisamment hellénisée du nom de l'ennemi de Voltaire, l'évêque d'Annecy et de Genève, Jean-Pierre Biord. L'allusion était évidente pour les contemporains. Les éditeurs de Kehl précisent en note : « Biord, fils d'un maçon, a été évêque d'Annecy au XVIIIe siècle. Comme il ressemblait beaucoup à Georges d'Alexandrie, M. de Voltaire, son diocésain, s'est amusé à joindre au nom de l'évêque le surnom de Biordos ».[26] Les hostilités avaient commencé en 1768, lorsque Voltaire s'avisa de faire ses Pâques dans l'église de Ferney et de prononcer un sermon durant l'office ; nouvelle tension l'année suivante quand Voltaire, soi-disant malade, reçut le sacrement chez lui par-devant notaire. Voltaire a plus d'une fois prétendu que l'évêque d'Annecy était fils ou petit-fils de maçon, ce qui était faux, s'efforçant de le déconsidérer par cette basse extraction, procédé qu'il avait déjà utilisé à l'égard de Jean-Baptiste Rousseau.[27] Transformer en évêque hérétique Jean-Pierre Biord, lui qui exigeait de Voltaire un désaveu public de tous ses écrits, relève d'une vengeance délectable que s'octroie le patriarche de Ferney.

Les temps et les lieux se télescopent. Cet anachronisme illustre la permanence des persécutions religieuses, introduit une touche de polémique dans une matière historique lointaine et, par ailleurs, amplement ressassée. Cette malice à décrypter introduit fugitivement un zeste d'espièglerie dans le combat contre l'Infâme. Au sein du mythe de Julien patiemment élaboré se glisse une scène à valeur fantasmatique. Georges de Cappadoce a été roué de coups par les habitants d'Alexandrie au IVe siècle ; Voltaire roue de coups, au sens figuré, son ennemi du moment, tout comme il a rêvé de l'anéantissement des Inquisiteurs dans *La Princesse de Babylone* lorsque le grand anthropokaie et ses acolytes sont jetés dans un bûcher. Apparemment, le renouvellement ne porte que sur un mot. En réalité, au sein d'un article historique et militant, Voltaire s'accorde le droit à la fiction et à la fantaisie.

Il s'agit là d'un cas-limite où la réfection portant sur une allusion introduit un ton nouveau. Le plus souvent, les changements opérés par Voltaire sont très visibles et affectent le sens même de l'article. Ainsi l'article « Certain, certitude » du *Dictionnaire philosophique* qui mettait en cause l'article « Certitude » de l'abbé de Prades dans l'*Encyclopédie* entre de plain-pied dans la problématique des *Questions sur l'Encyclopédie*, celle d'une réponse au grand Dictionnaire. L'article de 1764 distinguait la certitude mathématique et celle qui est fondée sur les apparences ou sur les rapports unanimes des hommes ou sur des probabilités. Voltaire reprend ce texte dans les *Questions sur l'Encyclopédie*. Il le fait précéder par des développements sur les erreurs funestes des fausses certitudes en matière judiciaire. Il évoque des procès tristement célèbres, rappelle que des juges, forts de leur intime conviction, qui n'était qu'une « certitude prétendue », ont envoyé à la mort des innocents après leur avoir fait subir d'abominables tortures. Le commentateur du *Traité des délits et des peines* a réfléchi sur la validité des témoignages ; il a dénoncé une jurisprudence qui accepte des « demi-preuves ».[28] Son nouvel article est nourri de toute son expérience de redresseur de torts dans les affaires Calas, Sirven, Martin, Montbailli ; il se charge de réalités humaines douloureuses qui dépassent les pures spéculations intellectuelles. Ainsi se justifie la profession de foi qui clôt cet article : « Pour nous, qui n'avons entrepris ce petit Dictionnaire que pour faire des questions, nous sommes bien loin d'avoir de la certitude ». Voltaire fait écho à sa déclaration préliminaire dans laquelle des amateurs, auteurs de ces *Questions sur l'Encyclopédie*, se déclarent « douteurs et non docteurs ».[29] Ainsi se trouvent définis le dessein et l'originalité de cette nouvelle entreprise alphabétique.

La reprise d'articles du *Portatif* permet de suivre le cheminement d'une pensée. A l'origine de l'article « Aranda » des *Questions*, on trouve un fait divers, un cas de bigamie. Un décret du ministre espagnol, le comte d'Aranda, stipule que ce soldat bigame ne sera pas jugé par l'Inquisition, mais par des magistrats. Michel-Paul Gui de Chabanon en informe Voltaire. Ce dernier, le 7 mars 1770, lui promet que « cette petite anecdote trouvera sa place avant qu'il soit peu » (D16206). Enthousiasme de Voltaire : c'est en Espagne, terre d'Inquisition, qu'un ministre éclairé prend cette courageuse initiative et « coupe les ongles jusqu'au vif au très révérend grand Inquisiteur, archevêque de Pharsale» (D16199). Enfin les délits seront jugés par des tribunaux civils et non selon la loi ecclésiastique. Il faut bénir le comte d'Aranda. Aussi introduit-il un article portant son nom «quoique les noms propres ne soient pas l'objet de nos questions encyclopédiques».

En mai 1768, après la visite à Ferney du marquis de Mora, gendre du comte d'Aranda, alors que sont introduites des mesures restreignant le pouvoir de l'Inquisition en Espagne, il avait déjà crié victoire.[30] Il importe de donner de la publicité à cette nouvelle démarche venant d'Espagne. Son article «Inquisition» du *Dictionnaire philosophique* lui paraît alors, en mars 1770, convenir à la situation. Il va donc en reprendre de larges extraits. Il avait largement utilisé, lors d'une première lecture, le *Manuel des Inquisiteurs* de Morellet paru en 1762, un ouvrage qu'il s'était procuré dès sa publication et qu'il avait lu avec grand intérêt.[31] Il avait sélectionné des passages sensationnels : la patente de saint Dominique, les élucubrations sur les habits de peau que Dieu fit à Adam et Eve, modèle du *san-benito*, l'histoire de l'établissement de l'Inquisition au Portugal qui évoquait la singulière figure d'un aventurier, Saavedra. Il consulte de nouveau Morellet, et très attentivement la première partie de l'ouvrage qu'il avait jusqu'alors négligée. Il relève les noms d'Inquisiteurs, en particulier celui de maître Grillandus le bien nommé, recopie, dans une note, la formule des sentences contre les hérétiques, ajoute une précision concernant le *san-benito*.[32] De manière générale, l'érudition se fait plus attentive.

Mais il arrive aussi qu'un ajout détermine une nouvelle orientation. L'article «Amour» du *Dictionnaire philosophique* annonçait de prime abord qu'il fallait recourir au physique, et évoquait, non sans complaisance, les amours animales. Puis il démontrait la supériorité de l'amour humain. Une citation de Lucrèce assurait qu'il est possible de conjurer le vieillissement et la lassitude par les talents de l'esprit. Voltaire la traduit avant d'ajouter de nouveaux commentaires dans les *Questions sur l'Encyclopédie*. Or cet article affirme d'abord que l'on peut «sans être belle, être longtemps aimable», puis il prend un tour résolument pessimiste. Après avoir évoqué les amours d'Héloïse et d'Abélard, Voltaire s'adresse aux femmes et trace un sombre tableau de « l'amant qui a vieilli dans le service » : « les rides effraient ; les sourcils blanchis rebutent ; les dents perdues dégoûtent ; les infirmités éloignent. Tout ce qu'on peut faire, c'est d'avoir la vertu d'être garde-malade et de supporter ce qu'on a aimé. C'est ensevelir un mort ». Ainsi est introduite une variante masculine de l'irréparable outrage que font subir les ans qui passent. Faut-il y voir une confidence déguisée, un amer savoir de vieillard ? Un article qui célébrait le plaisir sexuel a été transformé en méditation, peut-être autobiographique, sur sa fugacité.[33] La réactualisation des articles n'est pas seulement de l'ordre d'une érudition qui s'enrichit, elle relève aussi de l'humeur ou de l'expérience. Mais en remettant l'ouvrage sur le métier, Voltaire, auquel de bonnes âmes conseillaient de dételer afin de faire place nette, entendait rester sur la brèche, encore et toujours, refusant de mettre un point final à son immense polygraphie.

En conclusion, que penser de ces articles migrants laissant l'impression de déjà-vu et qui ont pourtant subi bien des changements ? Leur analyse, même très partielle, prouve qu'on ne peut les classer simplement sous la rubrique du radotage ni prétendre, comme le suggère René Pomeau, que pour apprécier l'originalité des *Questions sur l'Encyclopédie*, il conviendrait de les débarrasser d'un certain nombre d'adjonctions, en particulier des reprises de textes déjà publiés.[34] Ces reprises ne sont point des excroissances inutiles ou parasites, elles font partie de l'œuvre, même si elles ne doivent être ni minimisées ni surévaluées. Elles me paraissent relever à la fois d'une pratique de l'écriture et d'une vision de l'œuvre.

Au fil des rééditions de son *Dictionnaire philosophique* Voltaire se corrige peu, mais ajoute beaucoup. L'œuvre alphabétique se prête à une prolifération sans limite. L'architecture d'ensemble d'un dictionnaire, toujours hanté par la tentation de l'encyclopédisme, peut accueillir d'autres textes sans dommage. Chaque article, constituant une entité, n'en souffre point, et reste susceptible d'ajouts, de refontes. Redonner un coup de jeune à des rogatons alphabétiques ayant déjà servi, telle était la tentation à laquelle Voltaire a succombé dans les *Questions sur l'Encyclopédie*. Solution de facilité, dira-t-on, et que la succession si rapide des œuvres a encouragée. Mais c'est aussi une mise à l'épreuve, une occasion de préciser sa pensée ou d'aborder un aspect jusqu'alors négligé du sujet, de faire le point, tout en prétendant poser des questions à l'*Encyclopédie*, la grande entreprise du siècle mise en œuvre par une génération d'hommes de lettres plus jeunes et dont certains vont illustrer ce courant matérialiste avec lequel le patriarche de Ferney a maille à partir. Selon cette perspective, emprunter des textes au *Dictionnaire philosophique*, c'est proclamer qu'il est toujours actuel et que Voltaire n'entend pas lâcher prise. Le réemploi ne répond pas seulement à une volonté mesquine de remplissage, à une sorte de panne de l'inspiration, mais à l'affirmation de la validité d'une vision du monde. La réécriture s'inscrit dans un contexte existentiel, mais ses implications sont d'importance sur le plan formel.

Réécrire ces articles du *Portatif*, c'est proclamer aussi qu'un écrit n'est point figé, qu'il peut fluctuer. C'est faire un pari sur la mobilité, car le monde est vivant donc mouvant. Point de canon pour des rogatons alphabétiques qui peuvent adopter bien des formes et pour lequel le problème des redites ou des recoupements ne se pose pas comme il se poserait dans un traité. Plus de sacralité d'un texte définitif, clos sur lui-même. Alors s'ouvre le règne de la variation. Des articles peuvent être disloqués, recomposés, recyclés et ainsi ressusciter, à la fois autres et toujours, par quelque endroit, semblables.[35] Dans l'œuvre de Voltaire, les *Questions sur l'Encyclopédie* restent le domaine privilégié des métamorphoses textuelles.

Notes

1. Cet article a déjà paru dans O. Ferret, G. Goggi, C. Volpilhac-Auger (dir.), *Copier/Coller. Ecriture et réécriture chez Voltaire*, Pisa 2007, p. 209-220.

2. *Œuvres alphabétiques*, éd J. Vercruysse, V 33. Nous renvoyons aux *Œuvres complètes* (Voltaire Foundation, Oxford) pour tous les textes déjà parus dans cette édition, sinon nous renverrons à l'édition Moland (M), sauf pour les *Questions sur l'Encyclopédie* pour lesquelles nous nous référons aux deux premiers tomes de l'édition encadrée 75G qui sera le texte de base de l'édition en préparation dans les *Œuvres complètes*.

3. Voir l'entrée « *Questions sur l'Encyclopédie* » par Ulla Kölving, dans *Dictionnaire général de Voltaire*, éd. R. Trousson et J. Vercruysse, Paris 2003. L'édition en cours des *Œuvres complètes* mettra en évidence l'ampleur de ces reprises.

4. « Bien, Tout est », t. II, p.270-275 et « Athéisme », t. II, p.113-140.

5. Sur les rééditions en 1770 de *La Raison par alphabet*, voir *Dictionnaire philosophique*, sous la direction de Ch. Mervaud, V 35, p.253-256.

6. Voir ci-dessus, p. 2 de *la raison paralphabet*.

7. Voir l'introduction par J. Vercruysse des *Œuvres alphabétiques*, V 33, p.xxi-xxiv.

8. Kehl, t. 37, p.2 : « On trouvera ici nécessairement quelques répétitions ; ce qui ne doit pas surprendre puisque nous réunissons des morceaux destinés à faire partie d'ouvrages différents. Cependant on les a évitées autant qu'il a été possible de le faire sans altérer ou mutiler le texte ».

9. T. I, p.1-6.

10. « Bien, Tout est », t. II, p.270 et « Bien souverain », t. II, p.252. Voir V 35, p.419-428 et 416-418. Chaque fois que nous citerons un article des *Questions sur l'Encyclopédie*, nous renverrons également à la même entrée dans le *Dictionnaire philosophique*.

11. Préface de l'édition Varberg, V 35, p.281-285 et t. I, p.6.

12. T. I, p.294-299 et V 35, p.362-368.

13. T. I, p.398-407 et V 35, p.369-374.

14. T. I, p.332-339 et V 35, p.344-350.

15. T. I, p.284-293 et V 35, p.344-350.

16. T. I, p.294-300 et V 35, p.362-368.

17. T. II, p.113-140 et V 35, p.375-392.

18. T. I, p.279-282 et V 35, p.351-357.

19. T. I, p.169-170 et V 35, p.334-336.

20. P. Nicole, *Essais de morale contenus en divers traités sur plusieurs devoirs importants*, G. Desprez, 1715, t. III, chap. 2, p.102.

21. T. II, p.233-236 et V35, p.407-410.

22. T. II, p.214-220 et V 35, p.397-406.

23. Ils sont présentés comme des dialogues philosophiques et intitulés « Cu-su et Kou », « L'Indien et le Japonais », « Tuctan et Karpos ».

24. Voir Bengesco, n° 1407.

25. Intarissable, Voltaire écrira encore un article « Julien » pour les *Questions sur l'Encyclopédie*.

26. Kehl, t. 37, p.446.

27. Sur les démêlés de Voltaire et de Jean-Pierre Biord, voir R. Pomeau *et al.*, *Voltaire en son temps*, t. 4, « Ecraser l'Infâme », *1759-1770*, Oxford 1994, p.366-368 et p.397-399.

28. M, t. 25, p.576.

29. T. I, « Introduction », p.1 ; t. II, p.395-401 et V 35, p.510-512.

30. Voir D14991, D14992, D14996, D15002, D15003, autant de variations sur le thème « on a coupé les griffes au monstre de l'Inquisition ».

31. Il s'est empressé d'acquérir cet ouvrage (voir D10284) qui figure dans sa bibliothèque (BV 2514 ; CN, t. 5, p.784).

32. Voltaire a pris des notes attentives sur ce manuel, voir Kehl, t. 41, p.347-353.

33. T. I, p.165-168 et V 35, p.323-327.

34. R. Pomeau, *Voltaire en son temps*, t. 5, *On a voulu l'enterrer*, Oxford 1994, p.13. R. Pomeau entendait mettre l'accent sur l'importance des articles nouveaux des *Questions sur l'Encyclopédie*. Beuchot et Moland, dans leur édition du *Dictionnaire philosophique*, ne reproduisent pas ces textes déjà publiés dans d'autres œuvres de Voltaire.

35. Voir aussi notre article « Réemploi et réécriture dans les *Questions sur l'Encyclopédie* : l'exemple de l'article 'Propriété' », *SVEC* 2003 : 01, p.3-26. Cet article porte sur la réutilisation par Voltaire d'un texte resté manuscrit et qui a été retrouvé par Vladimir Somov à Saint-Pétersbourg. Nous avons aussi mis l'accent sur l'importance de la réécriture et des métamorphoses textuelles dans un texte à paraître dans les *Mélanges en l'honneur de Jean Dagen*, et concernant quelques articles commençant par la lettre A.

Orientations bibliographiques

I. Bibliographies

Barr, Mary-Margar et H., *A century of Voltaire study : a bibliography of writings on Voltaire, 1825-1925*, New York 1929.

— et Spear, Frederick A., *Quarante années d'études voltairiennes : bibliographie analytique des livres et articles sur Voltaire, 1926-1965*, Paris 1968.

Bengesco, Georges, *Voltaire : bibliographie de ses œuvres*, Paris 1882-1890.

Besterman, Theodore, « Some eighteenth-century Voltaire editions unknown to Bengesco », *SVEC*, t. 111, 1973.

—, « Some eighteenth-century Voltaire editions unknown to Bengesco: supplement to the fourth edition », *SVEC*, t. 143, 1975, p. 105-112.

Bibliothèque de Voltaire : catalogue des livres, Moscou, Leningrad 1961.

Bibliothèque nationale, *Catalogue général des livres imprimés de la Bibliothèque nationale : auteurs*, t. 214, Paris 1978.

Brown, Andrew, « Calendar of Voltaire manuscripts other than correspondence », *SVEC*, t. 77, 1970, p.11-101.

Candaux, Jean-Daniel, « Premières additions à la bibliographie des écrits français relatifs à Voltaire, 1719-1830 », *Studi francesi* 13 (1969), p.481-490.

— « Voltaire : biographie, bibliographie et éditions critiques », *Rhl* 79 (1979), p.296-319.

Caussy, Fernand, *Inventaire des manuscrits de la Bibliothèque de Voltaire, conservée à la Bibliothèque impériale publique de Saint-Pétersbourg*, Paris, 1913, Genève Slatkine reprints, 1970.

Cioranescu, Alexandre, *Bibliographie de la littérature française du dix-huitième siècle*, Paris 1969.

Kölving, Ulla, *Bibliographie voltairienne* (depuis 2000), *Cahiers Voltaire*, Ferney-Voltaire, Société Voltaire et Centre international d'étude du XVIIIe siècle, 2002- [6 numéros parus].

Quérard, Joseph Marie, *Bibliographie voltairienne*, Paris 1842.

Spear, Frederick A., et Kreager, Elizabeth, *Bibliographie analytique des écrits relatifs à Voltaire 1966-1990*, Oxford 1992.

Trapnell, William H., « Survey and analysis of Voltaire's collective editions, 1728-1789 », *SVEC*, t. 77, 1970, p. 103-199.

Vercruysse, Jeroom, « Bibliographie des écrits français relatifs à Voltaire, 1719-1830 », *Les Voltairiens, 2ème série : Voltaire jugé par les siens, 1719-1749*, Millwood, N.Y. 1983, 1.xi-lxxx.

— « Additions à la bibliographie de Voltaire, 1825-1865 », R*hl* 71 (1971), p.676-83.

II. Editions

Œuvres complètes

Œuvres complètes de Voltaire, éd. Louis Moland, Paris 1877-1885. Les tomes 17-20 intitulés *Dictionnaire philosophique* reproduisent par ordre alphabétique les articles du *Dictionnaire philosophique*, des *Questions sur l'Encyclopédie*, de *L'Opinion en alphabet* en amalgamant ces trois ouvrages.

Œuvres complètes, Oxford 1968-.

Sur la conception d'ensemble des O.C., voir *Provisional table of contents for the Complete works of Voltaire / Œuvres complètes de Voltaire*, éd. Ulla Kölving, Oxford 1983.

Volumes parus :

1A. *Œuvres de 1711-1722* (2001).

1B. *Œuvres de 1707-1722* (2002).

2. *La Henriade*, éd. O. R. Taylor (1970).

3A. *Œuvres de 1723-1728* (2004).

3B. *The English Essays of 1727* (1996).

3C. *Hérode et Mariamne*, éd. Michael Freyne (2004).

4. *Histoire de Charles XII*, éd. Gunnar von Proschwitz (1996).

5. *1728-1738* (1998).

7. *La Pucelle*, éd. J. Vercruysse (1970).

8. *1731-1732* (1988).

9. *1732-1733* (1999).

10. *Adélaïde Du Guesclin*, éd. M. Cartwright (1985).

14. *1734-1735* (1989).

15. *Eléments de la philosophie de Newton*, éd. R. L. Walters et W. H. Barber (1992).

16. *Œuvres de 1736* (2003).

17. *1734* (1991).

18A. *Œuvres de 1738 I* (2007).

18B. *Œuvres de 1738-1740 II* (2007).

20A. *Œuvres de 1739-1741* (2003).

20B. *Mahomet*, éd. Christopher Todd (2002).

28A. *Œuvres de 1742-1745 I* (2006).

28B. *Œuvres de 1742-1745 II* (2008).

30A. *Œuvres de 1746-1748 I* (2003).

30B *Œuvres de 1746-1748 II* (2004).

30C. *Œuvres de 1746-1748 III* (2004).

31A. *1749 I* (1992).

31B. *1749 II* (1994).

32A. *Œuvres de 1750-1752 I* (2006).

32B. *Œuvres de 1750-1752 II* (2007).

33. *Œuvres alphabétiques I* (1987).

35-36. *Dictionnaire philosophique*, sous la direction de Christiane Mervaud (1994).

38. *Questions sur l'Encyclopédie II*, sous la direction de Nicholas Cronk et Christiane Mervaud (2007).

46-47. *Histoire de l'Empire de Russie sous Pierre le Grand*, éd. Michel Mervaud (1999).

48. *Candide ou l'optimisme*, éd. R. Pomeau (1980).

50. *1760 I* (1986).

53-55. *Commentaires sur Corneille*, éd. D. Williams (1974-1975).

56A. *Œuvres de 1762 I* (2001).

56B. *Œuvres de 1762 II* (2000).

56C. *Traité sur la tolérance*, éd. John Renwick (2000).

59. *La Philosophie de l'histoire*, éd. J. H. Brumfitt (1969).

62. *1766-1767* (1987).

63A. *1767 I* (1990).

63B. *1767 II* (2008).

63C. *L'Ingénu*, éd. Richard A. Francis (2006).

64. *La Défense de mon oncle*, éd. J.-M. Moureaux (1984).

66. *Œuvres de 1768 II* (1999).

67. *Œuvres de 1768 III* (2007).

68. *Histoire du Parlement de Paris*, éd. John Renwick (2005).

69. *1769 I* (1994).

71A. *Voltaire éditeur. Œuvres de 1769-1770 I* (2005).

71B. *Voltaire éditeur. Œuvres de 1769-1770 II* (2005).

73. *Œuvres de 1771* (2004).

74A. *Œuvres de 1772 I* (2006).

74B. *Œuvres de 1772 II* (2006).

80A. *Eloge et Pensées de Pascal*, éd. Richard Parish (2008).

81-82. *Notebooks*, éd. Th. Besterman (1968) ; supplément paru dans les *Studies* 148 (1976), p.7-35.

85-135. *Correspondence and related documents*, éd. Th. Besterman (1968-1977). L'Index de la correspondance de Voltaire par M. Chenais a été établi sur la première édition Besterman, *Voltaire's correspondence*, t. 103-107, Genève 1965. Se servir de la *Concordance to the correspondence of Voltaire*, éd. Th. Besterman and A. Brown, Studies 165 (1977).

136. *Corpus des notes marginales 1, A-Buzonnière* (2008).

141. *Corpus des notes marginales 6, Nadal-Plato* (2006).

142. *Corpus des notes marginales 7, Plautus-Rogers* (2008).

Œuvres séparées

Affaire Calas et autres affaires, éd. J. van den Heuvel, Paris 1957.

Candide ou l'optimisme, éd. A. Morize, Paris 1931.

— éd. L. G. Crocker, London 1958.

— éd. R. Pomeau, Paris 1959.

— éd. A. Magnan, Paris 1969 et reimpr.

— éd. J. Goldzink, Paris 1987.

Contes en vers et en prose, éd. S. Menant, Paris 1992-1993.

Corpus des notes marginales de Voltaire, éd. L. Albina, N. Elaguina, O. Golubieva, S. Manevitch, T. Voronova, Akademie Verlag, édition en cours, 5 tomes parus (1979-1994), des lettres A à M. soit 1183 titres. Pour le *DP*, voir R. Galliani, « Les notes marginales de Voltaire au *Dictionnaire philosophique* », *Studies* 161 (1976), p.7-18.

Correspondance, éd. Th. Besterman et F. Deloffre, Paris 1975-1993, t. I-XIII (on y trouve uniquement les lettres écrites par Voltaire).

Dialogues et anecdotes philosophiques, éd. R. Naves, Paris 1966.

Essai sur les mœurs et l'esprit des nations, éd. R. Pomeau, Paris 1963.

Facéties, éd. J. Macary, Paris 1973.

Histoire du docteur Akakia et du natif de Saint-Malo, éd. J. Tuffet, Paris 1967.

Letters concerning the English nation, éd. N. Cronk, Oxford 1994.

Lettres philosophiques, éd. G. Lanson et A.-M. Rousseau, Paris 1964, éd. F. Deloffre, Paris 1986.

La Loi naturelle, éd. F. J. Crowley, Berkeley 1938.

Mélanges, éd. J. van den Heuvel et E. Berl, Paris 1961.

Mémoires, éd. L. Lecomte, Paris 1992.

Œuvres historiques, éd. R. Pomeau, Paris 1957.

Romans et contes, éd. F. Deloffre et J. van den Heuvel, Paris 1979.

Le Temple du goût, éd. E. Carcassonne, Paris 1938.

Editions du *Dictionnaire philosophique*

Dictionnaire philosophique, éd. Béatrice Didier, Paris 1994.

—, éd. J. Benda et R. Naves, Paris 1936. Réédition 1967 avec une introduction par R. Etiemble. Les notes reproduisent des suppléments tirés des *Questions sur l'Encyclopédie*. Réédition 2008 par R. Naves et O. Ferret.

—, éd. Y. Florenne, Paris 1962.

— éd. R. Pomeau, Paris 1964.

—, éd. Alain Pons, Paris 1994.

— édition critique sous la direction de Ch. Mervaud, éditée par A. Brown, M.-H. Cotoni, J. Hellegouarc'h, U. Kölving, Ch. Mervaud, J. R. Monty, J.-M. Moureaux, B. E. Schwarzbach, J. Vercruysse, R. Virolle. *Œuvres complètes de Voltaire*, t. 35-36, Oxford 1994.

III. Ouvrages généraux

Biographies

Besterman, Théodore, *Voltaire*, Oxford 1976.

Cave, Christophe et Davies, Simon (dir.), *Les Vies de Voltaire : discours et représentations biographiques, XVIIIe-XXIe siècles*, SVEC 2008 : 04.

Desnoiresterres, Gustave, *Voltaire et la société française au XVIIIe siècle*, Paris 1871-1876.

Mason, H. T., *Voltaire, a biography*, London 1981.

Voltaire en son temps, sous la direction de René Pomeau :
1. Pomeau, René, *D'Arouet à Voltaire, 1694-1734*, Oxford 1985.
2. Vaillot, René, *Avec Mme du Châtelet, 1734-1749*, Oxford 1988.

3. Pomeau, René, et Mervaud, Christiane, *De la Cour au jardin, 1750-1759*, avec la participation de J. Hellegouarc'h, C. Lauriol, J. Mondot, U. van Runset et J. Spica, Oxford 1991.

4. Pomeau, René, « *Ecraser l'Infâme* », *1759-1770*, avec la participation de J. Balcou, M.-H. Cotoni, J. Dagen, S. Menant et C. Porset, Oxford 1994.

5. Pomeau, René, *On a voulu l'enterrer, 1770-1791*, avec la participation d'A. Billaz, M.-H. Cotoni, R. Granderoute, H. Lagrave, A. Magnan et S. Menant, Oxford 1994.

Voltaire en son temps, sous la direction de René Pomeau, 2e éd., 2 vol., Oxford-Paris 1995.

Revues

Cahiers Voltaire, Ferney-Voltaire, Société Voltaire et Centre international d'étude du XVIIIe siècle, 2002- [6 numéros parus].

Revue Voltaire, Société des Etudes voltairiennes et « Voltaire en son temps » du CELLF (Paris-Sorbonne), Presses de l'Université Paris-Sorbonne, 2001- [8 numéros parus].

L'Homme et l'œuvre

Goldzink, Jean, *Voltaire : la légende de saint Arouet*, Paris 1989.

Lanson, Gustave, *Voltaire*, Paris 1960.

Mason, H. T., *Voltaire*, London 1975.

Mervaud, Christiane, *Voltaire en toutes lettres*, Paris 1991.

Naves, Raymond, *Voltaire, l'homme et l'œuvre*, Paris 1966.

Pomeau, René, *Voltaire par lui-même*, Paris 1989.

Ouvrages de référence

Dictionnaires

Cronk, Nicholas (dir.), *The Cambridge Companion to Voltaire*, Cambridge 2008 (à paraître).

Goulemot, Jean, Magnan, André et Masseau, Didier (dir.), *Inventaire Voltaire*, Paris 1995.

Trousson, R., Vercruysse, J., Lemaire, J. (dir.), *Dictionnaire de Voltaire*, Éditions du Centre d'action laïque, Bruxelles 1994.

Trousson, Raymond et Vercruysse, Jeroom (dir), *Dictionnaire général de Voltaire*, Paris 2003.

Questions religieuses

Badir, G., *Voltaire et l'Islam*, Studies 125 (1974).

Bessire, François, *La Bible dans la Correspondance de Voltaire*, SVEC 367, 1999.

Cotoni, Marie-Hélène, *L'Exégèse du Nouveau Testament dans la philosophie française du XVIIIᵉ siècle*, Studies 220 (1984).

— « Présence de la Bible dans la correspondance de Voltaire », *Studies* 219 (1994), p.357-98.

Florida, R. E., *Voltaire and the Socinians*, Studies 122 (1974).

Gargett, Graham, *Voltaire and Protestantism*, Studies 188 (1980).

Hadidi, Djavâd, *Voltaire et l'Islam*, Paris 1974.

Lévy, David, *Voltaire et son exégèse du Pentateuque : critique et polémique*, Studies 130 (1975).

Pomeau, René, *La Religion de Voltaire*, Paris 1969.

Schwarzbach, B. E., *Voltaire's Old Testament criticism*, Genève 1971.

Le Siècle des Lumières et la Bible, sous la direction de Y. Belaval et D. Bourel, Paris 1986.

Trapnell, W. H., *Voltaire and the eucharist*, Studies 198 (1981).

Voltaire et les Juifs

Aubery, Pierre, « Voltaire et les Juifs : ironie et démystification », *Studies 24* (1964), p.67-79.

— « Voltaire and antisemitisme : a reply to Hertzberg », *Studies* 217 (1984), p.177-82.

Hertzberg, Arthur, *The French Enlightenment and the Jews*, New York 1968.

Katz, Jacob, « Le judaïsme et les Juifs vus par Voltaire », *Dispersion et unité* 18 (1978), P.135-49.

Labroue, Henri, *Voltaire antijuif*, Paris 1942.

Meyer, Paul H., « The attitude of the Enlightenment towards the Jew », *Studies* 26 (1963), p.1161-205.

Moureaux, José-Michel, « Race et altérité dans l'anthropologie voltairienne », dans S. Moussa (dir.), *L'Idée de race dans les sciences et la littérature (XVIIIᵉ et XIXᵉ siècles)*, Paris 2003, p.41-53.

Pinto, Isaac, *Apologie pour la nation juive*, Amsterdam 1762.

Poliakov, Léon, *Histoire de l'antisémitisme. De Voltaire à Wagner*, Paris 1968.

Schwarzbach, B. E., « The Jews and the Enlightenment anew », *Diderot studies* 16 (1973), p.361-74.

Voltaire historien

Brumfitt, J. H., *Voltaire historian*, London 1958.

Dagen, Jean, et Barrovechio, Anne-Sophie (dir.), *Voltaire et le Grand Siècle*, SVEC 2006 : 10.

Diaz, F., *Voltaire storico*, Torino 1958.

Moureau, François, « Voltaire, Frédéric et *Le Siècle de Louis XIV* ou les lectures du Prince », *Bulletin du bibliophile* (1994), p.56-80.

Voltaire européen

Delon, Michel et Seth, Catriona (dir.), *Voltaire en Europe. Hommage à Christiane Mervaud*, Oxford, Voltaire Foundation, 2000.

Kölving, Ulla et Mervaud, Christiane (dir.), *Voltaire et ses combats*. Actes du congrès international Oxford-Paris (1994), Oxford 1997, 2 vol.

Questions politiques

Gay, Peter, *Voltaire's politics : the poet as realist*, Princeton 1959.

Pomeau, René, *Politique de Voltaire*, Paris 1963.

Voltaire et la Chine

Basil, Guy, *The French image of China before and alter Voltaire*, Studies 21 (1963).

Etiemble, René, *L'Europe chinoise*, Paris 1989.

Pinot, V., *La Chine et la formation de l'esprit philosophique en France, 1640-1740*, Paris 1932.

Song, Shun-Ching, *Voltaire et la Chine*, Aix-en-Provence 1989.

Questions esthétiques

Barthes, Roland, « Le dernier des écrivains heureux », *Essais critiques*, Paris 1964, rééd. coll. « Points », p.94-100.

Cambou, Pierre, *Le Traitement voltairien du conte*, Paris 2000.

Cotoni, Marie-Hélène, « La place de l'imaginaire dans les textes philosophiques de Voltaire », *Revue Voltaire* 3 (2003), p.233-250.

Cronk, Nicholas et Mervaud, Christiane (dir.), *Les Notes de Voltaire. Une écriture polyphonique*, SVEC 2003 : 03.

Ferret, Olivier, *La Fureur de nuire : échanges pamphlétaires entre philosophes et antiphilosophes (1750-1770)*, SVCE, 2007 : 03.

Ferret, Olivier, Goggi, Gianluigi et Volpilhac-Auger, Catherine, *Copier/Coller. Ecriture et réécriture chez Voltaire*. Actes du colloque international de Pise (2005), Pisa 2007.

Goulbourne, Russell, *Voltaire comic dramatist*, *SVEC*, 2006 : 03.

Mervaud, Christiane, *Voltaire à table*, Paris, 1998.

— « Bestiaires de Voltaire », *SVEC* 2006 : 06, p.1-200.

— « Rire et érudition chez Voltaire », *Dix-huitième siècle* 32 (2000), p.111-128.

Menant, Sylvain, *L'Esthétique de Voltaire*, Paris 1995.

Naves, Raymond, *Le Goût de Voltaire*, Paris 1938.

Pujol, Stéphane, *Le Dialogue d'idées au dix-huitième siècle*, *SVEC* 2005 : 06.

Robrieux, Jean-Jacques, « Aspects rhétorico-argumentatifs de l'ironie chez Voltaire », dans Ph. Kœppel (dir.), *Humour, ironie et humanisme dans la littérature française*. *Mélanges offerts à Jacques Van den Heuvel par ses élèves et amis*, Paris 2001, p.221-258.

IV. Etudes sur le *Dictionnaire philosophique*

Etudes d'ensemble

Gay, Peter, *The Party of humanity*, New York 1963, p.7-54.

Todd, Ch., *Voltaire : Dictionnaire philosophique*, London 1980.

Trapnell, W. H., *Voltaire and his portable dictionary* Frankfurt am Main 1972.

Histoire de l'œuvre

Brown, A., et Kölving, U., « Voltaire and Cramer ? », *Le Siècle de Voltaire*, éd. Ch. Mervaud et S. Menant, Oxford 1987, p.149-61.

Granderoute, Robert, « Le *Dictionnaire philosophique* et ses lecteurs », *Op. cit.*, 3 (novembre 1994), p.107-112.

Mervaud, Christine, « Du *Dictionnaire philosophique* aux *Questions sur l'Encyclopédie* : reprises et réécritures », dans O. Ferret, G. Goggi et C. Volpilhac-Auger (dir.), *Copier/coller. Ecriture et réécriture chez Voltaire*, Pisa 2007, p.209-220.

Pomeau, René, Introduction à la table ronde sur le *Dictionnaire philosophique portatif*, organisée par S. Menant (Université de Paris-Sorbonne, 14 janvier 1995), *RHLF* (1995, n° 2), p.147-158.

« Histoire d'une œuvre de Voltaire : le *Dictionnaire philosophique portatif* », *L'Information littéraire* 7 (mars-avril 1955), p.43-50.

Schwarzbach, B. E., « Un regard sur l'atelier voltairien », *Rousseau et Voltaire en 1978* (1981), p.250-72.

— « The problem of the Kehl additions to the *Dictionnaire philosophique* : sources, dating, authenticity », *Studies* 201 (1982), p.7-66.

Sources et influences

Quelques ouvrages de référence de la Bibliothèque de Voltaire

Bayle, Pierre, *Dictionnaire historique et critique*, Rotterdam 1697 (BV 292).

La Sainte Bible contenant l'Ancien et le Nouveau Testament, trad. Le Maistre de Sacy, Paris 1730 (BV 397).

Calmet, Augustin, *Commentaire littéral sur tous les livres de l'Ancien et du Nouveau Testament*, Paris 1709-1734 (BV 613).

— *Dictionnaire historique, critique chronologique, géographique, et littéral de la Bible*, Paris 1730 (BV 615).

— *Dissertations qui peuvent servir de prolégomènes de l'Ecriture sainte*, Paris 1720 (BV 616).

Encyclopédie, ou Dictionnaire raisonné des sciences, des arts et des métiers, Paris 1751-1765 (BV 1216).

Fabricius, Johann Albert, *Codex apocryphus Novi Testamenti*, Hambourg 1719-1743 (BV 1284).

Fleury, Claude, *Histoire ecclésiastique*, Paris 1720-1738 (BV 1350).

Moreri, *Le Grand Dictionnaire historique*, Amsterdam 1740 (BV 2523).

Simon, Richard, *Histoire critique du Vieux Testament*, Rotterdam 1685 (BV 3173).

— *Histoire critique du Nouveau Testament*, Rotterdam 1689 (BV 3172).

Warburton, William, *The Divine légation of Moses demonstrated*, London 1738-1741 ; 1755 ; 1758 (BV 3825, 3826, 3827).

Etudes générales

Voir l'annotation des 118 articles dans l'édition des *Œuvres complètes*, t. 35-36, Oxford 1994.

Bessire, François, « De l'article 'David' du *Dictionnaire historique et critique* de Bayle à l'article 'David' du *Dictionnaire philosophique* de Voltaire », I. Delpla et Ph. de Robert (dir.), *La Raison corrosive : études sur la pensée critique de Pierre Bayle*, Paris 2003, p.69-83.

—, « Voltaire lecteur de dom Calmet », *Studies* 284 (1992), p.139-77.

Crist, C. M., *The « Dictionnaire philosophique portatif » and the early French deists*, Brooklyn 1934.

Deprun, J., « Le *Dictionnaire philosophique* et Malebranche », *Annales de la Faculté des lettres et sciences humaines d'Aix* 40 (1966), p.73-78.

Didier, Béatrice, *Alphabet et raison. Le paradoxe des dictionnaires au XVIIIe siècle*, Paris 1996.

— « Le paradoxe de *La Raison par alphabet* », dans U. Kölving et C. Mervaud (dir.), *Voltaire et ses combats*, Oxford 1997, t. 1, p.351-364.

Eluerd, Roland, « Voltaire, lecteur et concepteur de dictionnaires : 'l'énergie' des mots », U. Kölving et C. Mervaud (dir.), *Voltaire et ses combats*, Oxford 1997, t. 1, p.407-413.

Mason, H. T., *Bayle and Voltaire*, Oxford 1963.

Pomeau, R., « La documentation de Voltaire dans le *Dictionnaire philosophique* », *Quaderni francesi* 1 (1970), p.395-405.

Rétat, P. Le « *Dictionnaire* » *de Bayle et la lutte philosophique au XVIIIe siècle*, Paris 1971.

Torrey, N. L., *Voltaire and the English deists*, Newhaven 1930.

Forme et sens du *Dictionnaire philosophique*

Brockmeier, P., « La raison en marche : Über Form und Inhalt der Belehrung bei Montesquieu, Marivaux und Voltaire », *Europäische Lehrdichtung : Festschrift für Walter Naumann zum 70. Geburtstag*, Darmstadt 1981,vi.159-73.

Domenech, Jacques, « La morale dans le *Dictionnaire philosophique* », dans M.-H. Cotoni (dir.), *Voltaire et le « Dictionnaire philosophique ». Leçons et questions*, Nice 1995, p.39-55.

Ferret, Olivier, « Le traitement de l'exemple dans les œuvres alphabétiques de Voltaire », *Revue Voltaire* 6 (2006), p.231-242.

Florenne, Y., « Voltaire, ou de la raison et de la déraison par alphabet », *Europe* 40, n° 398 (juin 1962), p.40-53.

Goldzink, Jean, « La morale du *Dictionnaire* », *Op. cit.*, 3 (novembre 1994), p.99-105.

Lojkine, Stéphane, « Le cannibalisme idéologique de Voltaire dans le *Dictionnaire philosophique* », U. Kölving et C. Mervaud (dir.), *Voltaire et ses combats*, Oxford 1997, t. 1, p.415-428.

Marchal, Roger, « La religion dans le *Dictionnaire philosophique* de Voltaire : variation et transition », L. Châtellier (dir.), *Religions en transition dans la seconde moitié du dix-huitième siècle*, SVEC 200 : 02, p.233-241.

Mervaud, Ch., « Philosophie et écriture brève : le *Dictionnaire philosophique portatif* », *Revue internationale de philosophie* 1 (1994), p.65-75.

Moureaux, José-Michel, « Le dialogue dans le *Dictionnaire philosophique* », M.-H. Cotoni (dir.), *Voltaire et le « Dictionnaire philosophique ». Leçons et questions*, Nice 1995, p.105-120.

—, « Ordre et désordre dans le *Dictionnaire philosophique* », *Dix-huitième siècle* 12 (1980), p.381-400.

Naves, R., *Voltaire et l'Encyclopédie*, Paris 1938.

Perkins, Merle L., « Theme and form in Voltaire's alphabetical works », *Studies* 120 (1974), p.7-40.

Rétat, P., « Le *Dictionnaire philosophique* de Voltaire : concept et discours du dictionnaire », *Rhl* 81 (1981), p.892-900.

—, « L'âge des dictionnaires », *Histoire de l'édition française*, Paris 1984, ii.186-94.

Rœlens, M., « Le dialogue d'idées au XVIIIe siècle », *Histoire littéraire de la France*, sous la direction de P. Abraham et R. Desné, Paris 1976, vi.259-89.

Stenger, Gerhardt, « Amour et sensualisme dans le *Dictionnaire philosophique* de Voltaire », T. Belleguic, E. van der Schueren et S. Vervacke (dir.), *Les Discours de la sympathie. Enquête sur une notion de l'âge classique à la modernité*, Sainte-Foy (Québec) 2007, p.77-98.

Stucki, P.-A., *Essai sur les catégories de l'histoire littéraire*, Neuchâtel 1969.

Thèmes et travaux divers

Sur l'ensemble du Dictionnaire philosophique

Cazeneuve, J., « La philosophie de Voltaire d'après le *Dictionnaire philosophique* », *Synthèses* 16, n° 181-182 (juin-juillet 1961), p.14-31.

Cotoni, Marie-Hélène (dir.), *Voltaire/Dictionnaire philosophique*, Paris 1994 (présentation, p.3-32).

— « Histoire et polémique dans la critique biblique de Voltaire. Le *Dictionnaire philosophique* », *Raison présente* (4e trimestre 1994), p.27-47.

— (dir.) *Voltaire et le « Dictionnaire philosophique ». Leçons et questions.* Actes du colloque « Voltaire », Nice, 3-4 février 1995, Nice 1995.

— « Les *incipit* des articles du *Dictionnaire philosophique* », dans *Voltaire et le « Dictionnaire philosophique ». Leçons et questions*, Nice 1995, 71-90.

— « Les personnages bibliques dans le *Dictionnaire philosophique* de Voltaire », *RHLF* (1995, n° 2), p.151-164.

Desné, R., « Voltaire et les Juifs. Antijudaïsme et antisémitisme. A propos du *Dictionnaire philosophique* », *Pour une histoire qualitative : études offertes à Sven Stelling Michaud*, Genève 1975, p.131-45.

Granderoute, R., « Le bestiaire du *Dictionnaire philosophique portatif* », *Rhl* (1981), p.367-90.

Jaubert, Anna, « Voltaire et la question du style », M.-H. Cotoni (dir.), *Voltaire et le « Dictionnaire philosophique ». Leçons et questions*, Nice 1995, p.121-138.

Magerus, J. E., « An 'état présent' of studies on Voltaire's *Dictionnaire philosophique* », *Chimères* (automne 1975), p.11-28.

Marceau, W. C., « La religion de Voltaire d'après le *Dictionnaire philosophique* », *Bulletin de la Société des professeurs français en Amérique* (1978), p.17-24.

Mervaud, Christine, « Le *Dictionnaire philosophique* : combats et débats », *RHLF* (1995, n° 2), p.187-198.

— « La réflexion politique dans le *Dictionnaire philosophique* », M.-H. Cotoni (dir.), *Voltaire et le « Dictionnaire philosophique »*. *Leçons et questions*, Nice 1995, p.57-69.

— « Voltaire, la tolérance et l'intolérable », M.-H. Cotoni (dir.), *Voltaire et le « Dictionnaire philosophique »*. *Leçons et questions*, Nice 1995, p.13-36.

— *Le Scandale du « Dictionnaire philosophique »*. Célébration du troisième centenaire de la naissance de Voltaire, La Rochelle 1995.

— « L'annotation du *Dictionnaire philosophique* : problèmes et bilan », U. Kölving et C. Mervaud (dir.), *Voltaire et ses combats*, Oxford 1997, t. 1, p.385-395.

Mille, P., « Voltaire et les institutions du droit français à travers le *Dictionnaire philosophique* », *Revue historique de droit français et étranger* 48 (1970), p.181-82.

Rétat, Pierre, « Le *Dictionnaire philosophique* de Voltaire : une philosophie de l'histoire ? », *Op. cit.*, 3 (novembre 1994), p.121-127.

Rousseau, A.-M., « L'idée de progrès dans le *Dictionnaire philosophique* », *Annales de la Faculté des Lettres et Sciences humaines d'Aix* 40 (1966), p.65-71.

Shoaf, R., « Science, sect and certainty in Voltaire's *Dictionnaire philosophique* », *Journal of the history of ideas* 46 (1985), p.121-26.

Spica, J., « Agrégations 1973-1974. Voltaire. *Dictionnaire philosophique* », Université de Grenoble. *Recherches et travaux,* bulletin 8 (octobre 1973), p.16-22.

Virolle, R., « Où en sont les études sur le *Dictionnaire philosophique* de Voltaire ? », *L'Information littéraire 26* (1974), p.60-67.

Wagner, Jacques, « L'âme et le corps après la mort dans le *Dictionnaire* et les *Dialogues philosophiques* de Voltaire », G. Peylet (dir.), *La Fin des temps*, Talence 2000, p.135-153.

Travaux portant sur des articles

Alain, « Voltaire fut-il infâme ? », *Arcadie* 1 (mars 1954), p.26-34.

Becq, A., « Le Catéchisme chinois », *Aspects du discours matérialiste*, Textes et documents (1981), p.261-65.

Jenkins, F., « The article 'Conciles' , sources and presentation », *French review* 31 (1958), p.292-94.

Mervaud, Christiane, « Les cannibales sont parmi nous : l'article 'Anthropophages' du *Dictionnaire philosophique* », *Europe*, n° 781 (mai 1994), p.102-110.

— « Réflexions alphabétiques sur la justice dans le *Dictionnaire philosophique portatif* », T.D. Hemming, E. Freeman et D. Meakin (dir.), *The Secular City : Studies in the Enlightenment, presented to Haydn Mason*, Exeter 1994, p.112-119.

— « Quelques aperçus sur la théologie et les théologiens dans le *Dictionnaire philosophique* », *Littératures* 31 (automne 1994), p.79-90.

— « Questions sur les miracles dans le *Dictionnaire philosophique* », *Op. cit.*, 3 (novembre 1994), p.113-119.

Moureaux, José-Michel, « La politique de Voltaire dans le *Portatif* : de la première édition à l'article 'Maître' », *RHLF* (1995, n° 2), p.165-176.

Rougier, P., « Explication de texte de l'article 'Torture' dans le *Dictionnaire philosophique* », *Les Humanités* (12 janvier 1969), p.15-16.

Schlobach, Jochen, « L'article 'Abbé' du *Dictionnaire philosophique* », U. Kölving et C. Mervaud (dir.), *Voltaire et ses combats*, Oxford 1997, t. 1, p.397-405.

Schwarzbach, Bertram Eugene, « Compléments à l'annotation de l'article 'Messie' du *Dictionnaire philosophique* », *Dix-huitième siècle* 29 (1997), p.543-551.

—, « Les paganismes vus par l'*Encyclopédie* », *Les Religions du paganisme antique dans l'Europe chrétienne XVIᵉ-XVIIIᵉ siècles*, Paris 1988, p.163-84.

Simon, Nathalie, « Etude de style. Article 'Tyrannie' du *Dictionnaire philosophique* de Voltaire », *L'Information grammaticale* 65 (mars 1995), p.32-35.

Stenger, Gerhardt, « De la sensation à la superstition : éléments pour une histoire de l'esprit humain dans quelques articles du *Dictionnaire philosophique* de Voltaire », *Revue Voltaire* 7 (2007), p.239-254. [Sur les articles « Salomon », « Secte », « Sens commun », « Sensation », « Songes » et « Superstition »].

Waterman, M., « Voltaire and Firmin Abauzit », *Romanic review* 33 (1942), p.236-49 (sur l'art. « Apocalypse »).

Art et style

Branca, Sonia, « Le *Dictionnaire philosophique* : de la rationalité du dictionnaire à l'allégorie de la fiction », *L'Information grammaticale* 65 (mars 1995), p.22-27.

Cotini, Marie-Hélène, « Les clausules des articles du *Dictionnaire philosophique* », U. Kölving et C. Mervaud (dir.), *Voltaire et ses combats*, Oxford 1997, t. 1, p.365-376.

Cronk, Nicholas, « Voltaire autoplagiaire », O. Ferret, G. Goggi, C. Volpilhac-Auger (dir.), *Copier/coller. Ecriture et réécriture chez Voltaire*, Pisa 2007, p.9-28.

Cussac, Hélène, « La voix dans le *Dictionnaire philosophique* de Voltaire », J. Wagner (dir.), *La Voix dans la culture et la littérature françaises, 1712-1875*,

Actes du colloque de Clermont-Ferrand (1997), Clermont-Ferrand 2001, p.68-84.

Jaubert, Anna, « Voltaire et la question du style », M.-H. Cotoni (dir.), *Voltaire et le « Dictionnaire philosophique »*. *Leçons et questions*, Nice 1995, p.121-138.

Lojkine, Stéphane, « La violence et la loi : langage et poétique du *Dictionnaire* voltairien », *Littératures* 32 (printemps 1995), p.35-59.

Menant, Sylvain, *Littérature par alphabet*, Paris 1994.

— « La rhétorique dans le *Portatif* », *RHLF* (1995, n° 2), p.177-186.

— « Aspects de la polémique voltairienne dans le *Dictionnaire philosophique* », M.-H. Cotoni (dir.), *Voltaire et le « Dictionnaire philosophique »*. *Leçons et questions*, Nice 1995, p.91-104.

Mervaud, Christiane, « Philosophie et écriture brève. Le *Dictionnaire philosophique portatif* », *Revue internationale de philosophie* XLVIII/1 (1994), p.57-69.

Monty, J. R., « Notes sur le vocabulaire du *Dictionnaire philosophique* », *Studies* 41 (1966), p.71-86.

— *Etude sur le style polémique de Voltaire : le « Dictionnaire philosophique »*, *Studies* 44 (1966).

— « Voltaire's rhetoric : the use of written evidence in the alphabetical works », *Studies* 120 (1974), p.41-77.

Werner, Stephen, « Philosophie et comédie par alphabet : le *Dictionnaire philosophique* », U. Kölving et C. Mervaud (dir.), *Voltaire et ses combats*, Oxford 1997, t. 1, p.377-384.

Réfutations

Albertan-Coppola, Sylviane, « Les réfutations catholiques du *Dictionnaire philosophique* », U. Kölving et C. Mervaud (dir.), *Voltaire et ses combats*, Oxford 1997, t. 2, p.785-797.

Bergier, N. S., *Apologie de la religion chrétienne*, Paris 1769.

Bingham, A.-J., « The earliest criticism of Voltaire's *Dictionnaire philosophique* », *Studies* 47 (1966), p.15-37.

Chaudon, L.-M., *Dictionnaire anti-philosophique*, Avignon 1767.

Donato, Clorinda, « L'abbé Bergier et le *Journal helvétique*. Dix-sept articles contre Voltaire et le *Dictionnaire philosophique* », M. Cook et M.-E. Plagnol-Diéval (dir.), *Critique, critiques au XVIIIᵉ siècle*, Oxford-Bern 2006, p.127-136.

François, L., *Observations sur la Philosophie de l'histoire et le Dictionnaire philosophique*, Paris 1770.

Guénée, A., *Lettres de quelques juifs portugais, allemands et polonais à M. de Voltaire*, Paris 1770.

Lough, J., « Chaudon's *Dictionnaire anti-philosophique* », *Voltaire and his world*, Oxford 1985, p.307-22.

Nonnotte, C.-F., *Dictionnaire philosophique de la religion*, Liège, Bruxelles 1773.

Paulian, Aimé-Henri, *Dictionnaire philosopho-théologique portatif*, Paris 1770.

Rosset, J. A., *Remarques sur un livre intitulé Dictionnaire philosophique portatif*, Lausanne 1765.

Roger, Ph., « Le dictionnaire contre la Révolution », *Stanford French review* 14, n° 3 (Winter 1990), p.65-83.

Index

Wade, I.O., 180, 187
Waller, R.E.A., 201
Walther, 15
Warburton, William, 52, 61, 179, 202;
  Divine tegation of Moses, 25, 51, 61
Wirz, c., 173

Yahvé (Bible), 48
Yolanda, J., 192
Yvon, Claude, 4, 6, 169

Zadig (*Zadig*), 67
Zamri (Bible), 186
Zoroastre, 217
Zosime, 6

Table des matières

Compléments